Hans Thimig

Neugierig wie ich bin

Hans Thimig
Neugierig wie ich bin

Erinnerungen

Aufgezeichnet von Edda Fuhrich, Gisela Prossnitz und Renate Wagner

Amalthea

Bildnachweis

Archiv des Autors: 1, 2, 3 (Fotos: Hugo Thimig), 4, 5, 6, 7 (Foto: Alexander Bengsch, Berlin), 8 (Atelier Willinger, Wien), 9 (Foto: Hugo Thimig), 10 (Foto: Trude Fleischmann), 12, 13 (Foto: Trude Fleischmann), 14 (Foto: Trude Fleischmann), 18 (Foto: Willinger), 30 (Foto: Palffy, Wien), 34, 35 (Fotos: Hans Dietrich, Wien), 36 (Foto: Trude Fleischmann), 37, 39, 40, 41 (Foto: Wien-Film Hessler), 42, 43, 44, 45 (Foto: Hehn, Wien), 49 (Foto: Johann Klinger, Wien), 50, 52

Bibliothek Burgtheater: 27, 28 (Foto: Franz Hausmann, Wien), 29 (Foto: Palffy, Wien), 31, 32 (Fotos: Hans Dietrich, Wien), 33 (Foto: Bruno Völkel, Wien)

Max Hayek, Wien: 15 (Foto: Trude Fleischmann)

The New York Public Library, Vandamm Coll.: 20

Max Reinhardt-Forschungs- und Gedenkstätte, Salzburg: 11 (Foto: Ellinger, Salzburg), 16, 17, 19, 21, 22, 23, 24, 25, 26, 38, 46 (Foto: Ellinger), 47 (Foto: Ellinger), 51 (Foto: Ellinger)

Harry Weber, Wien: 48

Die Textillustrationen stammen aus den Archiven des Autors und der Max Reinhardt-Forschungs- und Gedenkstätte, Salzburg.

Schutzumschlaggestaltung: Christel Aumann, München, unter Verwendung eines Fotos von Gerhard Sokol
Verlagsredaktion: Bernhard Struckmeyer
Satz: Filmsatz Schröter GmbH, München
Druck und Bindung: Ebner Ulm
Printed in Germany 1983
ISBN: 3-85002-182-3

Inhalt

Neugierig wie ich nun einmal bin,

konnte es doch wohl nicht ausbleiben, daß ich der Aufforderung, Erinnerungen aus meinem Leben herauszubringen, nicht mehr widerstehen konnte. Ich hatte bisher immer wakker diesbezügliche Anerbieten ausgeschlagen, da ich fand, ein Buch über Hugo Thimig, ein Buch über Helene Thimig und ein Buch über Hermann Thimig seien doch letztlich genug für eine Familie. So ist es wohl meiner Neugierde zuzuschreiben, daß ich diesmal zu diesem Experiment ja sagte. Ich wollte eben doch einmal wissen, wie ich mich als Schreiberling bewähren würde.

War es nicht eigentlich immer meine Neugierde, die mich dazu trieb, mich in allen Sparten des mir vom Schicksal vorgezeichneten Berufes zu versuchen? Im Theater war ich Schauspieler und Regisseur. Im Film – Schauspieler und Regisseur. Im Rundfunk – Schauspieler und Regisseur. Ich habe im Fernsehen gespielt und mich im Tanz versucht. Ich war Vortragender, Lehrer, Direktor – Schauspieldirektor des Theaters in der Josefstadt und Direktor des Reinhardt-Seminars. Dilettierenderweise bin ich leidenschaftlich mit Gartenarbeit beschäftigt. Gerne, aber nicht wirklich gut, fabriziere ich Gedichte. Tatsächlich habe ich immer jede Gelegenheit wahrgenommen, Neues zu tun, zu sehen, zu erleben. So ungefähr, wie man bei jeder Wegkurve haltmacht, damit man um die Ecke schauen kann. Diese Aufzeichnungen sollen beileibe keine »Memoiren« sein. Ich bin ganz ohne Konzept an die Arbeit gegangen! Besser: sind wir an die Arbeit gegangen, denn Frau Edda Fuhrich und Frau Gisela Prossnitz – beide von der Max Reinhardt-Forschungs- und Gedenkstätte – unterzogen sich der gigantischen Mühe, die Tonbänder, die ich kunterbunt beschwatzte, zu sichten, zu ordnen und so etwas wie ein System in dieses Tohuwabohu zu bringen. Frau Renate Wagner hat das Manuskript liebevoll

redigiert. Mein Dank an diese liebenswerten Helferinnen ist über alle Maßen groß.
Es liegt auf der Hand, daß sich in so einem langen Leben allerhand an Geschehnissen ansammelt, die wert sind, daß man sich daran erinnert. Ebenso verständlich ist es, daß einem Erinnerungen, zeitverschoben, etwas durcheinander kommen. Darum, das muß ich ehrlich sagen, kann ich für alle Geschichten und Geschichtln, die ich so dahinrede, nicht hundertprozentig die Hand ins Feuer legen. Mein Gedächtnis ist nicht ganz so gut, wie ich es mir wünschte, und so kann es am Ende vorkommen, daß mir hie und da meine Phantasie einen Streich gespielt hat. Ich bin zwar ein alter Statistiker und habe Daten notiert, aber keine Begebenheiten. Da ich – außer in meiner Jugend – kein Tagebuch führte, ist es absolut möglich, daß sich in der Erinnerung Erlebtes mit Gehörtem, eigene Erfahrung mit Berichten aus anderem Munde vermengt haben. Man möge mir also verzeihen, wenn vielleicht ein Besserwissender mir bisweilen eine Ungenauigkeit, ja einen Fehler nachweisen kann.
Jeder aber, der in dem Buch liest, kann davon überzeugt sein, daß ich nicht bewußt lüge. Von allem, was ich sage, bin ich überzeugt, daß es wahr ist. Und färbe ich manchmal etwas zu bunt, vielleicht zu rosig, vielleicht auch zu schwarz, so schreiben Sie es meiner schauspielerischen Ader zu, die eben manches so sieht, wie es meinen Sehnsüchten entspricht. Gerne würde ich ja 150 Jahre alt werden, nur um zu sehen, wohin die Welt steuert. Obwohl ich fest daran glaube, daß im Weltall nie Energien verloren gehen können – also auch nicht Leben im übersinnlichen Sinn –, so fürchte ich doch, daß es mir im Jenseits versagt bleiben wird, meine kleinliche Neugierde irdische Dinge betreffend zu befriedigen.
So will ich zu Beginn dieses Buches meinen Leser vor allem um eines bitten: Nachsicht. Und um noch etwas: Verständnis für meine Unzulänglichkeiten. Und – aller guten Dinge sind ja drei – um Wohlwollen.

»komme sofort – stop – habe frau für dich gefunden«

Mein Elternhaus

Üblicherweise beginnt man seine Lebenserinnerungen mit der Feststellung: »Ich wurde am ... geboren ...« Wer bin ich, um mit solcher Tradition zu brechen? Also: Ich wurde am 23. Juli 1900 als viertes und jüngstes Kind von Hugo und Fanny Thimig in Wien geboren.

Mein Vater, Hugo Thimig, stammte aus Dresden. Er war das siebente Kind des königlich-sächsischen Handschuhmachers Friedrich August Thimig und seiner Frau Pauline. Er hatte zu beiden Eltern ein inniges Verhältnis. Besonders seine Mutter liebte er heiß und hielt bis zu ihrem Tod engen Kontakt. Sie schrieben einander zärtliche Briefe – ja, das gab es damals noch. Mein Vater sagte immer, er hätte nie versäumt, seiner Mutter alles, was er erlebte, zu berichten und sie stets auch in heiklen Fragen um Rat zu bitten.

Diese Großmutter Pauline, die ich persönlich nicht kannte, war es auch, die 1840 jene »Kleine Chronik der Familie Thimig« begann, die mein Vater dann von 1900 bis 1944, bis zu seinem Tod, fortführte, und aus der ich manche Jahreszahl nachgeblättert habe.

Auch Großmutter Pauline entstammte einer ehrbaren Bürgersfamilie. Ihre Vorfahren hatten seit Generationen das »Kleinuhrmacher«-Handwerk erlernt und zählten, wie die Thimigs, zu den alteingesessenen Dresdener Bürgern. So schien es ganz natürlich, daß bei solchen Familientraditionen auch Sohn Hugo einmal einen sogenannten »anständigen Beruf« erlernen sollte.

Also schickten ihn die Eltern, sobald er die Bürgerschule abgeschlossen hatte, in die Lehre. 1869 trat er, fünfzehnjährig, in die Firma Schramm & Echtmayer, ein altrenommiertes Materialwaren-Detailgeschäft mit dem Namen »Zum Bienenkorb«, ein. Mein Vater hatte aber nicht die geringste Lust, das Leben eines »gemischten Waren-Händlers« zu führen, Gurkengläser abzustauben und Rosinen auszuklauben. Der Alltag eines Lehrlings behagte ihm so gar nicht. Viel lieber spielte er heimlich im Warenmagazin mit einem selbstgebastelten Kasperltheater. Aus Kartoffeln und Sacktüchern machte er sich die Figuren. Dabei war ihm wichtig, seine Vorgesetzten zu parodieren und die anderen Lehrlinge zum Lachen zu bringen. Aber es kam, wie es kommen mußte – eines Tages ertappte ihn einer seiner Lehrherren. Hugo Thimig kam gar nicht dazu, sich zu entschuldigen, so rasch flog er hinaus. Damit hatte sein Lehrlingsdasein ein abruptes Ende gefunden.

Es spricht für die Einsicht und Güte meiner Großeltern, daß sie ihren Sohn deshalb nicht verdammten. Insgeheim aber gaben sie die Hoffnung nicht auf, daß er doch noch eine gutbürgerliche Karriere machen könnte. Sie schickten ihn zwar nicht mehr in die Lehre, ließen ihn aber in eine Handelsschule einschreiben. Hier sollte er als Schüler der »Höheren Abteilung« der »Lehranstalt der Corporation der Kaufmannschaft zu Dresden« sein Glück versuchen. Und hier gefiel es ihm auch wirklich besser.

Der Grund dafür war allerdings nicht die Buchhaltung oder eines der anderen nützlichen Fächer, die auf dem Stundenplan standen, sondern sein Deutschprofessor, der ehrwürdige Herr Doktor Christian Semler. Er wußte die heimliche Neigung seines Schülers zum Theater zu fördern. Worauf Hugo Thimig, solcherart ermutigt, mit gleichgesinnten Schulfreunden einen Theaterverein gründete.

Bald galt sein ganzes Interesse nur mehr der Organisation und der Vorbereitung von Theatervorstellungen. Durch die Spielerei mit dem Kasperltheater war die Neigung zum Schauspielerberuf unwiderstehlich erwacht und ließ ihn nun nicht mehr los: Er wollte unbedingt zum Theater. Sein Problem war nur: Wie sollte er das seinen Eltern beibringen?

Eines Tages faßte er dann Mut und gestand offen seinen

Berufswunsch. Und wieder zeigten sich seine Eltern wunderbar verständig. Sie sagten nicht ja und nicht nein. Sein Vater sagte nur: »Da mußt du dir schon selbst helfen, mir ist das eine fremde Welt.« Und das konnte angesichts seiner penibIen Bürgerlichkeit, die übrigens auf alle anderen Thimig-Kinder überging, auch gar nicht anders sein. Einer der Brüder meines Vaters wurde Uhrmacher – ein übergenauer Beruf. Woher Hugos »Künstlerblut« kam, das weiß niemand.

Die zurückhaltende Äußerung des Vaters genügte dem Sohn völlig. Es war Zustimmung genug, einen eigenen Weg zu wagen. Er verließ die Handelsschule und suchte kurz entschlossen den berühmten Dresdener Hofschauspieler Ludwig Dessoir auf, den er bat, sein Talent zu prüfen und ihm Unterricht zu erteilen. Er absolvierte 36 Lektionen und wußte: Das Theater war sein Leben. Eine Meinung, die auch Dessoir teilte. Er entließ den Schüler mit allen guten Wünschen: »Junge, dir hilft kein Gott«, sagte er. »Du bist dem Theater verfallen. Ich habe dir halbwegs gezeigt, was du auf der Bühne vermeiden sollst; was du machen sollst, kann dir nur der liebe Gott sagen. Hier hast du einen Ritterkragen, ein paar Ritterstiefel, ein paar lila Trikots und eine Pleureuse aus meiner Liebhaberzeit. Fahre mit Gott und mache mir keine Schande!«

Hugo Thimig schloß sich einer gastierenden Theatertruppe an und erwarb in dieser »Schmierenzeit« seine Praxis. Es folgten kurzfristige Engagements in der deutschen Provinz, in kleinen Städten wie Bautzen, Zittau und Freiberg. Dann kam er mit einem Dreijahresvertrag an das renommierte Lobe-Theater in Breslau, ein Haus, von dem aus man schon durchaus Karriere machen konnte. Und so geschah es dann auch.

Eines Tages kam der Direktor des k.k. Hofburgtheaters in Wien, Franz von Dingelstedt, auf der Suche nach hoffnungsvollen Talenten nach Breslau. Mein Vater war völlig überrascht, als er von diesem ein sogenanntes »Gastspiel auf

Engagement« angeboten bekam. Am 1. Juni 1874 traf er in Wien ein, um sich hier in vier Rollen vor dem ebenso kritischen wie fachkundigen Burgtheaterpublikum zu bewähren. Damals kannte der junge Hugo noch kein Lampenfieber und spielte frisch darauf los. Er ließ sich auch nicht aus der Ruhe bringen, als ihn der allgewaltige Direktor in die Direktionskanzlei rufen ließ.

Dingelstedt betrachtete ihn prüfend und meinte: »Ich habe Sie mir größer vorgestellt.«

»Ich bedaure schmerzlich, Ihnen nicht mit mehr dienen zu können«, antwortete ihm mein Vater unverzagt.

Dingelstedt war überrascht von der Forschheit des jungen Mimen. »Ich habe Sie mir auch älter vorgestellt«, erklärte er. Auch das brachte meinen Vater nicht in Verlegenheit: »Ich werde mich bemühen, Ihren Anforderungen stetig näherzukommen«, sagte er flott.

Daraufhin legte ihm Dingelstedt den Engagementsvertrag zur Unterzeichnung vor. Hugo Thimig, Jahrgang 1854, war somit im Alter von zwanzig Jahren Mitglied des ehrwürdigen Hofburgtheaters, was als letztes Ziel und höchste Auszeichnung für einen Schauspieler deutscher Sprache galt.

Damals war es auf dem Theater üblich, daß man für ein genau bezeichnetes Fach verpflichtet wurde. Bei Hugo Thimig stand im Vertrag: jugendlicher Komiker, Naturbursche, schüchterner Liebhaber – Aufgaben, die der Liebenswürdigkeit, der Natürlichkeit und der Pfiffigkeit meines Vaters auf den Leib geschrieben waren und bei denen es auch keineswegs störte, daß er in seiner Aussprache seine sächsische Herkunft nie ganz verleugnen konnte. Im Gegenteil, das Anklingen des Dialekts verstärkte für die Wiener nur noch seine komische Wirkung.

Sein erster großer Erfolg ließ für Hugo Thimig, der sein Engagement am 7. Oktober 1874 angetreten hatte, fast eineinhalb Jahre auf sich warten. Am 6. Februar 1876 spielte er in einer Festaufführung anläßlich des hundertjährigen Bestehens des Burgtheaters den Mopsus in William Shakespeares

Wintermärchen. Sogar Kaiser Franz Joseph war anwesend, und mein Vater schrieb voll Stolz in sein Tagebuch: »Schon bei meinem ersten Abgange lehnte sich der Kaiser aus seiner Loge heraus und applaudierte mir herzhaft, und das Publikum stimmte mit donnerähnlichen Bravorufen ein, so daß ich hinter den Coulissen schier glaubte vor Überraschung und freudigem Schreck in den Boden sinken zu müssen.«
Nach anfänglichen Problemen und Kümmernissen, weil er meinte, nicht die richtigen Rollen zu bekommen, verlief die Burgtheaterkarriere meines Vaters sehr glücklich. Seine scharf charakterisierten, komischen Shakespeare-Rollen wurden berühmt, desgleichen seine Interpretationen von Gogols Revisor und Goldonis Truffaldino im *Diener zweier Herren* (den ihm sein Sohn Hermann später so bravourös nachspielen sollte). Er war der Galomir in Grillparzers *Weh' dem, der lügt!* und der Orgon in Molières *Tartuffe*, der Klosterbruder in Lessings *Nathan der Weise* (auch hier folgte Hermann seinen Spuren) und der Dorfrichter Adam in Kleists *Der zerbrochene Krug.* Zwei klassische Lustspielrollen wurden seine Domäne: der Schmock in Freytags *Die Journalisten* und schließlich der Theaterdirektor Striese im *Raub der Sabinerinnen* der Brüder Schönthan, worin er seine sächsische Mundart völlig legitim gebrauchen durfte.
Schon 1881 wurde er zum k.k. Hofschauspieler ernannt, seit 1897 wirkte er auch als Regisseur am Haus, und 1889 schloß er einen Engagementsvertrag auf Lebenszeit mit dem Burgtheater, dessen Direktor er später noch werden sollte. Als Pensionist ernannte man ihn noch zum Ehrenmitglied. Obwohl er mit Orden und Titeln mannigfaltig geehrt wurde, machte er nie viel Aufhebens davon. Das einzige, worauf er wirklich von ganzem Herzen stolz war, war seine Ernennung zum »wirklichen Hofrat«, die noch in »k.u.k.«-Zeiten erfolgte. So war im Laufe der Jahre der Sachse, der mundartlich seinen Ursprung nie völlig loswurde, ein überzeugter Österreicher geworden.
Für uns Kinder war er der beste und rührendste Vater, den

man sich denken konnte, scherte sich wenig um Politik, haßte jegliche Vereinsmeierei und lebte außer seinem Beruf nur seiner Familie. Korrekte Pflichterfüllung und Ordnung im großen und im kleinen waren seine Lebensgrundsätze, von denen er im Laufe seiner neunzig Lebensjahre nie abwich.
Ihm stand eine Frau zur Seite, die gütig, immer freundlich und vergnügt, vor allem aber stets in der Lage war, alles zu verstehen und überall gütlich zu vermitteln. Sie war Schwäbin und kam aus Stuttgart. Als Tochter des dortigen Glasermeisters Friedrich Hummel entstammte sie einer Familie, die ebenfalls nie etwas mit dem Theater zu tun gehabt hatte.
Wie sich meine Eltern kennenlernten, ist wirklich erzählenswert. Daß sie sich überhaupt gefunden haben, verdankten sie Hermann Schöne, einem um vieles älteren Schauspielerkollegen und Mentor meines Vaters. Schöne war es, der meinen Vater bei seinem Engagement ans Burgtheater in die Tradition des Hauses einführte, sich um den Neuling kümmerte und ihm stets mit Rat und Tat beistand. Mein Vater vertraute Schöne ganz und gar: Er unternahm nichts, was dieser nicht guthieß.
Schöne wußte bald, daß sich der junge Hugo in Wien recht gut eingelebt hatte und daß er mit seiner künstlerischen Laufbahn nach einiger Zeit ziemlich zufrieden sein konnte. Dennoch war ihm klar, daß das nicht genügte, daß sich der Freund auch nach einem gemütlichen Zuhause sehnte, kurz: daß er recht gern geheiratet hätte. Aber wen?
Als Schöne wieder einmal nach Stuttgart reiste, um Freunde zu besuchen, lernte er dort ein junges Mädchen kennen, das ihm gleich sehr gut für seinen Hugo gefallen hätte. Kurz entschlossen telegrafierte er an meinen Vater: »komme sofort – stop – habe frau für dich gefunden.« Und Vater setzte sich postwendend in die Eisenbahn, fuhr nach Stuttgart, lernte besagtes Mädchen mit Namen Fanny, genannt Fannyle, kennen, verliebte sich spontan in sie und heiratete sie bald darauf. Das war am 21. August 1888. Im Jahre darauf schenkte Fannyle ihrem Mann eine Tochter: Helene. Wieder ein Jahr

später einen Sohn: Hermann. Nach weiteren drei Jahren noch einen Sohn: Fritz. Ich stellte mich dann erst, wie bereits berichtet, um die Jahrhundertwende ein.
Meine Geburt verdanke ich nicht zuletzt meiner Schwester Helene, genannt Leni. Sie war es, die sich sehnlichst noch ein Geschwisterl wünschte, ein Baby, mit dem sie spielen könnte wie mit einer Puppe. Leni war überglücklich über meine Ankunft und bedankte sich noch am Tag meiner Geburt bei unserer Mutter für das Brüderl. Vom Semmering aus, wo man meine Geschwister für ein paar Tage bei Freunden untergebracht hatte, damit ich ungestört in Wien zur Welt kommen konnte, schrieb sie:

Semmering, den 23. Juli 00

Liebe Mama!
Ich freue mich sehr daß wir einen kleinen Bruder bekommen haben. Ich werde ihn dann immer tragen, sage Papa er solle mich so früh wie möglich abholen. Herr und Frau Mimsch haben gesagt ich solle dir schreiben, daß du ihnen eine Photographie von dem Bruder schicken möchtest. Das Fräulein war gerade nicht da, sie war am Sonnwendstein, sie war so paff, daß sie beinahe am Boden gefallen ist.
Es grüßt und küßt dich, Papa, Großmama und das Kind
Deine Leni

Entschieden weniger entzückt über mein Auftreten war mein siebenjähriger Bruder Fritz. Ohne Umschweife erklärte er Freunden, ein Pony wäre ihm lieber gewesen. Als er daraufhin gerügt wurde, setzte er sich hin und schrieb gleichfalls ein Brieflein an Mama:

Liebe Mama!
Ich freue mich sehr wann ich nach Wien komme den kleinen Bruder zu sehe.
Küße ihn für mich ich küsse
dich dein Fritz

Ein besonders liebenswerter Brief traf von Onkel Hermann Schöne ein, der sich damals in Wildalpen aufhielt. Er prophezeite mir, den er noch nie gesehen hatte, darin eine glänzende Zukunft:

Wildalpen, d. 24. Juli 1900

Meine herzlieben Thimigs!
Das war ein Tag, der 23. Juli, von dem man noch lange reden wird, der in Biographien u. in Conversationslexikons seine Rolle spielen wird. Der allerkleinste Thimig wird einmal ein großer Thimig werden, das klingt mir so – ich weiß nicht wie. Gestern, als ich zum Mittagessen kam, schreien mich die Zieslers an: ein Telegram̄! u. schwenkten das Billet mit dem schwarz gelben Siegel. Von Schlenther? oder von Thimig? Von Schlenther – Frau Fannyle läßt sich Zeit – Schlenther aber auch. Rasch! Aufgemacht! Kapitaljungen! Hurrah!
Alles normal – nochmals Hurrah!! Schnell ins Zirbelzim̄er u. die Botschaft verkündigt.
Allgemeines Hurrah!!! Mathesons waren mit ihrem Wein zu Ende, schnell einen Rothen in den Weißwein ... geschenkt: Mutter u. der Kapitaljunge sollen leben! Ich glaube, auf den Vater haben wir vergessen. Das Zirbelzim̄er war in höchster Aufregung, Telegram̄e wurden aufgesetzt u. es war gar nicht zu erwarten bis Herr Zucker sein Institut eröffnete. Mittags und Abends wart Ihr der Gesprächsstoff, u. die Glückwünsche Aller sind, wie ein Zug Schwalben, nach der Gymnasiumstraße geflogen. Ich habe nun meine besondere Freude. Alles normal. Ich bilde mir ein, daß Frau Fannyle wieder die bewährte Tapfere gewesen ist, daß Frau Zehetlauer, die umsichtige, erprobte, die nöthigen Dienste gleistet hat, ohne den Obergott, den Professor Felsenreich zu belästigen, der ganz gemütlich in den Vormittagsstunden gekom̄en ist u. sich für völlig überflüssig erklärte. Die vierfache Großmama Hum̄el hat gelacht, daß sie ganz kleine Äugln kriegte u. hat gesagt: Ha no, mer sind abe e guete Art. Und der Vater, von dem bei solchen Ereignissen am wenigsten gesprochen wird,

der hat gebangt, gebebert, gezittert und ein bissle gethränt u. wie Alles gut gegangen, hat man einen großen Stein fallen hören, der ihm vom Herzen gekugelt ist.
Das Beste von dem, was ich mir einbilde, kom̄t noch. Ich denke mir nämlich, es ist eine althergebrachte Sache in der Familie Thimig, daß das Nesthäckchen von der Natur am erfreulichsten begabt u. so zum Stolze der Familie wird. Das war im̄er so – wir brauchen nicht weit zu suchen. Der allerjüngste Thimig wird keine Ausnahme machen; wer weiß was für Talente zur Blüthe in ihm gelangen, die schon seit Generationen unberührt heranwachsen, vielleicht überrascht er uns als malerisches Genie, oder er wird ein musikalischer Mensch, was er dan̄ der Hum̄el-Linie zu verdanken hätte. Jedenfalls soll sich Frau Fannyle darauf gefaßt machen, daß ihr Jüngster (wie Göthe der Frau Rath) ihr später einmal zu einem Denkmal verhilft. Aber was reden wir von der Zukunft, freuen wir uns der Gegenwart, Ich bin furchtbar glücklich mit Euch, u. küsse Euch der Reihe nach, Ihr mögt wollen oder nicht. Was gut angefangen, gehe gut seinen Weg weiter u. führe zum guten Ende. Falb ist Frau Fannyle wohlgesin̄t, er schickt ihr kühles Wetter, damit ihr das Bette nicht zu heiß wird. Wie mag er nur aussehen, der kleine Kapitalbock? Hat er auch eine richtige Nase mitgebracht? Wen̄ er nur gute Beleuchtung vertragen würde, wüßte ich bald wie er aussieht. Was hilft dir der herrliche Apparat, wen̄ du deinen Jüngsten nicht in helles Licht stellen darfst! –[...]
Als Kinderheiliger, als Nicolo, beuge ich mich über das jüngste Kind deiner Laune u. drücke ihm einen Kuß auf die Milchhaare. Was unsere Leni sagen wird! Die hält es nicht mehr auf dem Sem̄ering. Ihr Lieben, seid ans Herz gedrückt- von Eurem alten
H. Schöne

Ich habe Onkel Schöne, der im Leben meines Vaters eine so große Rolle spielte, nicht mehr bewußt kennengelernt. Er starb zwei Jahre nach meiner Geburt. Und doch bilde ich mir ein, das Kitzeln seines mächtigen Vollbarts, den er sich als Pensionist hatte wachsen lassen, in Erinnerung zu haben, wenn er mich liebevoll in seine Arme nahm... Erschüttert notierte mein Vater nach Schönes Tod: »Der treueste, reinste, künstlerischste Mensch, dessen Freundschaft mir ein bestes Teil meines Lebensinhalts und mein stolzester Ruhmestitel war und ist.«

Ich war genau zwei Monate alt, als ich am 23. September 1900 auf die Namen Hans Alois Emil getauft wurde. Meine Geschwister hatten illustre Taufpaten gehabt, Hermann neben anderen den Onkel Schöne, Helene die Frau des berühmten Burgschauspielers Ernst Hartmann, aber auch ich traf es mit meinen Paten sehr gut. Die eine war Emilie von Gutmann, die Tochter Hartmanns, die mit dem überaus begüterten Baron Max von Gutmann verheiratet war. Sein Reichtum basierte auf ergiebigen Kohlengruben, was ihm den Beinamen »Kohlen-Gutmann« eintrug.
Meine zweite Patin war Louise Römpler, die älteste Schwester meines Vaters. Sie war in Berlin verheiratet und konnte nicht persönlich bei meiner Taufe anwesend sein. Als Vertreterin fungierte Großmutter Fanny Hummel, die Mutter meiner Mutter, die eigens zu meiner Geburt aus Stuttgart angereist kam und einige Monate in Wien blieb. An sie erinnere ich mich nur undeutlich, aber ich weiß, daß sie bei ihren gelegentlichen Wien-Besuchen immer gute Sachen mitbrachte, die sie zu festlichen Anlässen übrigens auch aus Stuttgart schickte: köstliche »Guzle« (Zuckerl) und selbst fabrizierte Bäckereien, von denen mir die Zimtsterne unvergeßlich sind!
Ja, und einen dritten Paten hatte ich auch. Nochmals übernahm Schöne, der liebe Freund des Hauses, die Patenschaft, konnte jedoch den denkwürdigen Akt nicht selbst miterleben und übertrug seine Pflichten Carl Freiherrn von Ferstel. Soweit man den Tagebuchaufzeichnungen meines Vaters glauben kann, muß ich mich bei der feierlichen Taufe ganz

vorbildlich benommen haben. Seine Eintragung lautet kurz und bündig: »Also die Taufe war sehr nett. Hans schlief dabei den Schlaf des Gerechten; das Vernünftigste, was man in Glaubenssachen tun kann.«

Vater und Mutter lebten uns Kindern eine fast banal glückliche, beispielhaft harmonische Ehe vor, ohne die geringsten Krachs und Skandälchen, die heutzutage an der Tagesordnung sind. Und wenn es gewiß hin und wieder nicht zu vermeidende Klippen im Zusammenleben gegeben haben mag, so wußten sie dies in weiser Einsicht vor uns Kindern zu verbergen.

So kitschig es klingen mag – bei uns zuhause war die Welt wirklich heil. Und ich kann es nicht hoch genug einschätzen, daß meine Eltern es sich zur Aufgabe gemacht hatten, diese heile Welt uns auch zu vermitteln. Mit dem Älterwerden lernt man ohnedies von selber, daß nicht alles so rosig ist. Zu dieser Harmonie gehörte auch, daß wir sozusagen völlig unmerklich und selbstverständlich, ohne drohenden Zeigefinger erzogen wurden. Ich erinnere mich nur an ein einziges Mal, daß ich einen Klaps bekommen hätte – und da mit Recht. Ich hatte nämlich ein Butterbrot, das ich nicht essen wollte, in einem kalten Ofen versteckt. Als es gefunden wurde, war der Klaps wirklich fällig. Unnötig zu sagen, daß ich nie wieder ein Butterbrot in den Ofen gesteckt habe ...

Mein Elternhaus, das heute noch steht, befindet sich in der Gymnasiumstraße im 18. Wiener Gemeindebezirk, dem sogenannten »Cottage«, das damals die feinste Wohngegend war und es wohl auch heute noch ist. Während in Hietzing, dem 13. Bezirk, hauptsächlich die höheren Beamten des Hofes wohnten, ließen sich im Cottage vor allem Künstler nieder. Zu unseren Nachbarn zählten unter anderen so illustre Persönlichkeiten wie Hermann Schöne, Josef Kainz, Adolf Ritter von Sonnenthal, Max Devrient mit Gattin Babette Reinhold-Devrient, die gute, liebe, alte, viel gehänselte, aber sehr humorige Auguste Wilbrandt-Baudius, nicht zu vergessen Hedwig Bleibtreu mit ihrem damaligen Gatten

Alexander Römpler, Otto Tressler und sicher noch einige, die mir zur Zeit entfallen sind.
Mein Vater erwarb die rote, zweistöckige Backsteinvilla mit Garten 1890, zehn Jahre vor meiner Geburt. Als ich zur Welt kam, war das Haus bereits nach den Wünschen und Bedürfnissen der Familie umgebaut. Ich verbrachte dort eine ungestörte, heitere und wohlgeordnete Kindheit.
Wir waren ein richtiger gutbürgerlicher Haushalt. Die Wochentage unterschieden sich nur dadurch von den Sonntagen, daß wir unter der Woche immer gekochtes Rindfleisch mit einer Zuspeise, am Sonntag hingegen Braten, vorher Suppe, nachher Mehlspeise bekamen. Zum sonntäglichen Essen war es auch üblich, sich feiertägig zu kleiden.
Meine Mutter war immer beschäftigt. Die Hausarbeit als solche oblag zwar den Angestellten, eine Köchin und ein Dienstmädchen waren immer im Haus, und für die Wäsche kam eine Wäscherin. Mutter führte den Haushalt und war im übrigen immer mit einer Handarbeit beschäftigt – sie nähte, häkelte, strickte, klöppelte oder stopfte, denn damals stopfte man noch Strümpfe und warf sie nicht gleich weg, sobald sich das kleinste Loch zeigte!
Auch wenn Besuch da war, kannte ich meine Mutter nicht anders, als mit der Handarbeit dabeisitzend. Umso schwerer traf es sie, als sie durch ein Augenleiden, das oft schmerzhafte Krampfzustände hervorrief, daran gehindert wurde. Im hohen Alter mußte man ihr leider ein Auge entfernen, und danach war immer die Sorge um das andere gegeben.
Unser glückliches Familienleben hat meiner Mutter Kraft gegeben, mit dieser Krankheit zu leben – und Kraft brauchte sie auch in anderer Hinsicht. Es ist schon hart genug, die »Theatermutter« eines Familienmitglieds zu sein – aber als dann drei von den vier Kindern auch zur Bühne gingen, war das für sie seelisch kaum zu bewältigen. Allein das Zittern vor der Premiere! Und wie sich das Zittern bei der Vielzahl der Personen vermehrte! Es muß furchtbar gewesen sein, ich kann es ihr heute nachfühlen. Diese spezifische »Theater-

Nervosität« spürte man natürlich in unserem Haus, wenn es auch der Harmonie des Familienlebens keinerlei Abbruch tat.
Der Tagesablauf in der Familie war genau festgelegt und, wenn ich es recht bedenke, ganz auf meinen Vater ausgerichtet. In der Früh wurde er um neun Uhr abgeholt. Er gehörte zu jenen privilegierten Schauspielern, die einen »Comfortable«, einen Zweispänner, zur Verfügung hatten, der ihn ins Burgtheater brachte. Im Theater blieb mein Vater, wenn er Probe hatte, bis circa ein Uhr, kam dann zum Mittagessen nach Hause und legte sich anschließend eine Stunde hin, um zu ruhen. Hernach zog er sich in sein Arbeitszimmer zurück, wo er sich bis zum gemeinsamen Nachtmahl um circa halb acht Uhr abends aufhielt. Dann zog er sich wiederum in sein Arbeitszimmer zurück. Hatte er hingegen Vorstellung, wurde er bereits um sechs Uhr vom Zweispänner abgeholt. Genachtmahlt hat er immer erst nach der Vorstellung. Ich war zu diesem Zeitpunkt natürlich längst im Bett. Während seiner Direktionszeit fuhr er jedoch um fünf oder sechs Uhr ins Theater, wo er täglich bis nach Schluß der Vorstellung blieb.
In den Stunden, die Vater nachmittags in seinem Zimmer verbrachte, beschäftigte er sich mit seiner Sammlung. Er sammelte mit fanatischer Leidenschaft alles, was sich nur irgendwie auf das Theater bezog: Autographen, Bilder, Bücher, Gedenkmünzen, kleine Theaterrequisiten und Döschen. Was ihm wertvoll und interessant erschien, trug er zusammen. Zu seinen kostbarsten Besitztümern zählte der Spazierstock von Johann Nestroy und ein Pokal aus dem alten Burgtheater, mit dem es eine besondere Bewandtnis hatte. Am 12. Oktober 1888 fand die letzte Vorstellung im Haus am Michaelerplatz statt – »ein schwerer, tieftrauriger und doch stolzer und schöner Abend«, wie mein Vater in seinem Tagebuch notierte. »Nach Fallen des Vorhangs hielt Sonnenthal eine einfache, würdige Abschiedsansprache an uns, die in einem Hoch auf den Kaiser, Singen der Volkshymne und Anstoßen mit Champagner-gefüllten Gläsern endigte, die wir

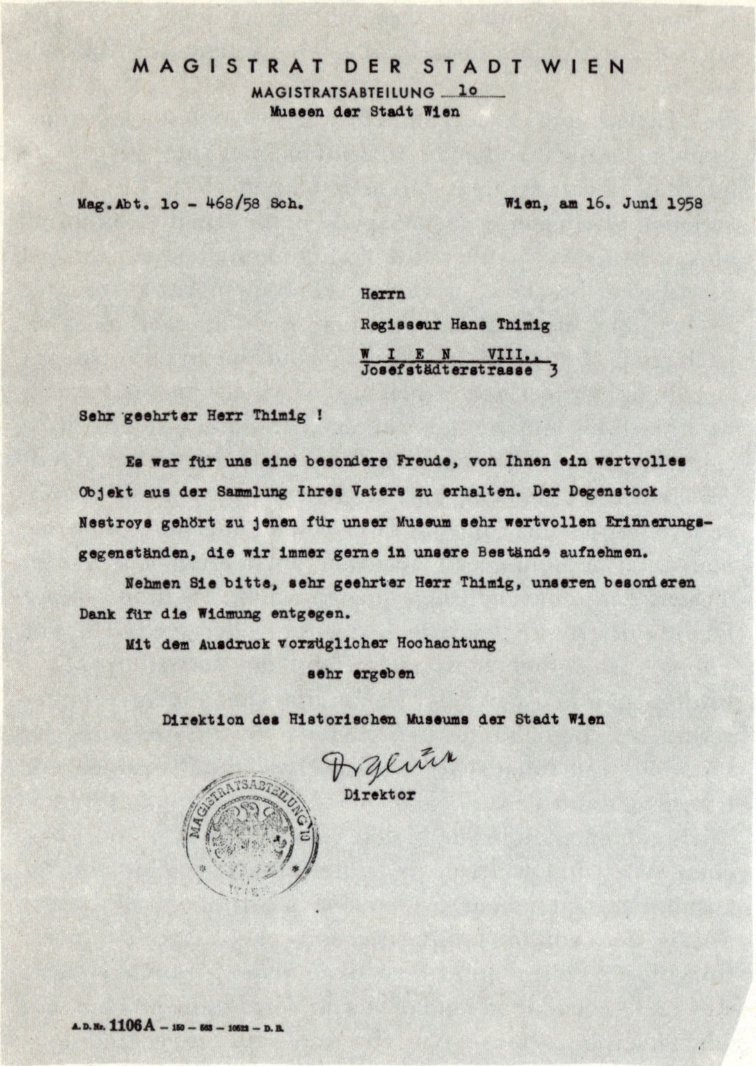

MAGISTRAT DER STADT WIEN

MAGISTRATSABTEILUNG 1o

Museen der Stadt Wien

Mag.Abt. 1o - 468/58 Sch. Wien, am 16. Juni 1958

Herrn

Regisseur Hans Thimig

W I E N VIII.,
Josefstädterstrasse 3

Sehr geehrter Herr Thimig !

Es war für uns eine besondere Freude, von Ihnen ein wertvolles Objekt aus der Sammlung Ihres Vaters zu erhalten. Der Degenstock Nestroys gehört zu jenen für unser Museum sehr wertvollen Erinnerungsgegenständen, die wir immer gerne in unsere Bestände aufnehmen.

Nehmen Sie bitte, sehr geehrter Herr Thimig, unseren besonderen Dank für die Widmung entgegen.

Mit dem Ausdruck vorzüglicher Hochachtung

sehr ergeben

Direktion des Historischen Museums der Stadt Wien

Direktor

A.D.Nr. 1106A – 150 – 563 – 10522 – D.B.

Den aus Vaters Sammlung stammender Spazierstock von Johann Nestroy vermachte ich dem Museum der Stadt Wien.

nach dem Trinken zerschlugen.« Ein einziges Glas war in diesem Scherbengericht einer verzweifelt-übermütigen Schauspielerschar ganz geblieben. Mein Vater, damals das jüngste Mitglied des Hauses, hob es auf und bewahrte es sorglich für die Nachwelt. Auch die Nummer über seiner Garderobentür, die ominöse 13, rettete er noch rechtzeitig vor der Spitzhacke und gliederte sie als wertvolles Erinnerungsstück seiner Sammlung ein.

Mein Vater war ein unerhört penibler Mensch. Er besaß eine große Bibliothek, für die er eigens einen Privatbibliothekar anstellte, der die vielen tausend Bände ordnete und katalogisierte. Mein Vater führte ein Tagebuch, das in erster Linie Berichte über das zeitgenössische Theatergeschehen, über Begegnungen mit berühmten Persönlichkeiten und Schauspielerkollegen enthielt, ebenso über die zahlreichen Erfahrungen, die er im Lauf seines langen Berufslebens machte. Für Interessenten ist dieses Tagebuch eine wahre Fundgrube und hat sich als solche wie auch als lebendiges Zeitdokument schon vielfach bewährt.

Daneben schrieb er mit großer Sorgfalt an der Familienchronik, die – wie schon erwähnt – meine Großmutter Pauline begonnen hatte. Darin notierte er alle Ereignisse, die unsere Familie persönlich betrafen. Freud und Leid sind präzise aufgezeichnet. In dieser Chronik spiegelt sich auch die beschauliche Atmosphäre, die in meinem Elternhaus herrschte. Auf Ruhe und Ordnung wurde viel gehalten.

Ruhe und Ordnung konnten aber jäh gestört werden, wenn in meinem Vater anstelle des Bürgers der Komödiant zum Durchbruch kam. Er war nämlich an sich von äußerst temperamentvoller, ja, man kann sogar sagen gelegentlich cholerischer Wesensart, was wir auch des öfteren zu spüren bekamen. So erlitt er jedesmal einen Tobsuchtsanfall, wenn sich etwas Unangenehmes ereignete. Wenn beispielsweise der Steuerbescheid kam.

Nun muß dazu gesagt werden, daß mein Vater, wie alle Burgschauspieler, Gagen bezog, die es ihm erlaubten, ein durchaus herrschaftliches Leben zu führen: immer mehrere Dienstboten, eine Gouvernante für die Kinder, jährliche Reisen, Kauf der Häuser in Wien und in Wildalpen, kostspielige Sammlertätigkeit – und all das ganz ohne Nebenerwerb, während heutzutage ein Schauspieler ja unbedingt bei Funk, Film und Fernsehen arbeiten muß, will er neben der Theatergage etwas zu einem einigermaßen guten Leben zubessern. Über Geld wurde zu Hause nicht gesprochen. Ich bekam als Junge fünf oder sechs Kronen Taschengeld – im übrigen waren finanzielle Belange kein Thema.

Obwohl es meinem Vater also keinesfalls schlecht ging, war die Steuer für ihn das rote Tuch. Sie bedeutete einen unausweichlichen Anlaß, um zu toben. Und da erlebte ich einmal etwas ganz Seltsames. Mutter war ausgegangen, als ich Vater randalieren hörte. Vorsichtig schlich ich mich zur Zimmertür und sah zu ihm hinein. Er warf den Sessel hin, schmiß sein Schreibzeug zu Boden, rannte wütend von einer Ecke zur anderen. So ging das eine Zeitlang, bis er sich abreagiert hatte. Als Mutter nach Hause kam, hatte sich Vater längst beruhigt. Aber was geschah? Derselbe Tobsuchtsanfall ereignete sich noch einmal, als er ihr von dem Grund seines Zornes berichtete: mit demselben Hinwerfen des Sessels, demselben Herunterschmeißen des Schreibzeugs, demselben Herumrasen im Zimmer – kurz, er wiederholte die Szene noch einmal, nur um Mutter zu demonstrieren, wie tobsüchtig er war. Na ja, irgendwie ist mein Bruder Hermann später diesbezüglich in seine Fußstapfen getreten ...

Ich kann es nicht mit Sicherheit sagen, aber ich glaube, daß die Stimmungsschwankungen meines Vaters nicht immer gespielt waren. Es lag etwas Zwiespältiges in seiner Natur, und hinter der heiteren Maske konnten sich ernste Depressionen verbergen. Wie unberechenbar er sein konnte, vermag vielleicht eine Geschichte zu verdeutlichen, die ich Jahre später mit ihm erlebte.

Ich war schon Schauspieler am Burgtheater und stand gelegentlich gemeinsam mit ihm auf der Bühne. Eines Abends

fuhren wir zusammen ins Theater. Plötzlich meinte er, er hätte das Gefühl, daß er nicht mehr lange leben würde. Er würde mir gern sagen, wo sein Testament liege und was er alles verfügt hätte. Er erklärte das mit so tieftrauriger Miene, daß ich ganz erschrocken war.
Als wir im Theater ankamen, ging jeder in seine Garderobe, um sich umzukleiden, und mein Vater tat plötzlich so, als wäre nichts geschehen. Als ich aber zu meinem Auftritt auf die Bühne kam, merkte ich, daß irgend etwas nicht in Ordnung war. Vom Schnürboden baumelte etwas herunter, etwas ganz Merkwürdiges. Was war geschehen? Vater hatte sich aus der Requisitenkammer ein fledermausartiges Tier geholt, es an einen Faden gebunden und so aufgehängt, daß uns dieses »Vieh« irritierend um die Nase schwirren mußte. Seine Depressionen von vorhin, keine halbe Stunde her, waren wie weggeblasen und einem bei ihm nicht seltenen Übermut gewichen. Plötzlich hatte ihn die Laune überkommen, seinen Schauspielerkollegen einen Streich zu spielen!

Meine Eltern luden oft Gäste ein. Teils, weil sie durch die Position meines Vaters dazu verpflichtet waren, teils, weil sie gern mit wahren Freunden zusammentrafen. Zu den echten Freunden zählte Katharina Schratt, die beliebte Hofschauspielerin und enge Freundin Kaiser Franz Josephs. Sie war eine warmherzige, feinfühlende Frau, die ihre Beziehung zu dem hohen Herrn immer wieder dazu benützte, ihren Kollegen helfend beizustehen. Stets hatte sie ein offenes Ohr für die Schwierigkeiten und Nöte anderer und trug sie dem Kaiser mit großem Takt vor. Nicht selten konnte sie auf diese Art eingreifen, wo der bürokratische Weg versagte – man wußte allgemein, daß sie verhindert hatte, daß der beliebte Schauspieler Alexander Girardi in einer Irrenanstalt landete, wohin ihn seine eifersüchtige Frau, Helene Odilon, stecken wollte. Vater war übrigens bei Frau Schratt einige Male zum Kaiser in Audienz befohlen – um fünf Uhr früh, einer recht unmenschlichen Stunde.

Durch Katharina Schratt lernte mein Vater auch Seine Hoheit, den König Ferdinand von Bulgarien, kennen. Dieser, aus dem Hause Sachsen-Coburg-Gotha stammend, besuchte gern mein Elternhaus, wenn er sich in Wien aufhielt. Das verursachte begreiflicherweise jedesmal große Aufregung. Wenn der König angesagt wurde, rief meine Mutter hektisch das Personal zusammen und begann, mit allen den Hofknicks zu üben.
Ich erinnere mich noch gut an Seine Majestät. Er trug ein Monokel, einen eleganten Frack, das Goldene Vlies an einem schwarzen Schnürchen unter der Krawatte und das bulgarische Tapferkeitskreuz en miniature als einzigen Knopflochschmuck. Er war stets charmant, zu Scherzen aufgelegt und immer bei ausgezeichnetem Appetit. Manchmal lud er meinen Vater auch in sein Palais in die Himmelpfortgasse zum Diner ein. Da gab es dann immer eine Überraschung. So konnte Vater zum Beispiel, als er die Serviette öffnete, darunter ohne weiteres einen Orden finden. Auch ich war übrigens einige Male im Palais eingeladen – Orden habe ich aber keinen bekommen ...
Ferdinand liebte das Theater. Einmal entdeckte er mich von seiner Loge aus zufällig unter den Zuschauern. In der Pause schickte er mir seinen Adjutanten: »Majestät lassen bitten, Herr Thimig möge in seine Loge kommen.«
Ich setzte mich also zu ihm und sah mir den Rest der Vorstellung von seiner Loge aus an. Es war ein Gastspiel mit dem bekannten Komiker Oskar Karlweis. Da Majestät schon ein wenig schwerhörig war, brüllte er mir während des Spiels – ansonsten herrschte Totenstille – ins Ohr: »Wie gefällt Ihnen denn der Karlweis?«
»Sehr gut, Majestät«, antwortete ich.
Darauf schrie er zurück, so laut, daß es jeder hören mußte: »Mir nicht. Also mir gar nicht!«
Ferdinand war nicht die einzige hohe Persönlichkeit im Bekanntenkreis meines Vaters, der bei Hof als persona gratissima galt. Anläßlich eines Kaiserjubiläums wurde er sogar

ausersehen, mit jungen Erzherzogen ein Theaterstück einzustudieren. Vater war für seine Unparteilichkeit bekannt, und auf sein Urteil war Verlaß. Also erfreute er sich auch der besonderen Wertschätzung des Fürsten Montenuovo, seines Zeichens erster Obersthofmeister und oberster Hoftheaterintendant. Dieser war es auch, der Vater 1912, nach dem Tod von Direktor Alfred von Berger, die provisorische Leitung des Burgtheaters übertrug und dann 1914 bei Kaiser Franz Joseph für seine definitive Ernennung zum Direktor eintrat.
Auch Fürstin Pauline Metternich, die eine Wiener Berühmtheit war, besprach mit Vater oft die Organisation adeliger Dilettantenaufführungen, die sie geschickt als gesellschaftliche Ereignisse zu arrangieren verstand und dabei beträchtliche Summen für wohltätige Zwecke einnahm. Bei aller Bewunderung stand Vater ihr durchaus kritisch gegenüber, vor allem, weil sie – wie viele Adelige – für die Zeichen einer neuen Zeit ziemlich unempfindlich zu sein schien.
Langjährige Freundschaft verband meinen Vater auch mit Seiner Exzellenz Hans Graf Wilczek, der als Gründer und Förderer vieler karitativer Einrichtungen bekannt war. Wenn er mit dem vielseitig interessierten Grafen, der 1870/71 sogar an der österreichischen Nordpolexpedition teilgenommen hatte, zusammen war, wurde den beiden die Zeit immer zu kurz. Vor allem, wenn es um gemeinsame Jagderlebnisse in Wildalpen ging – wovon an anderer Stelle noch die Rede sein wird.
Häufig waren bei uns auch die Baron Gutmanns zu Gast, die uns Kinder mit Geschenken überhäuften. Die Fürstin Fugger kam gern zu meiner Mutter zum Tee. Mutters Einladungen unterschieden sich übrigens wesentlich von den in Wien gebräuchlichen »Jausen«, da bei uns nicht Kaffee und Guglhupf, sondern Tee und Sandwiches gereicht wurden.
Selbstverständlich gingen bei uns in der Gymnasiumstraße auch Schauspieler und Literaten aus und ein. Hugo von Hofmannsthal oder Arthur Schnitzler kamen von Zeit zu Zeit, um mit Vater in privatem Kreis über Aufführungsprojekte zu

diskutieren. Als Kind war mir durchaus bewußt, daß es sich dabei um besondere Besucher handelte, denn das wurde mir von meiner Mutter mit allem Nachdruck eingeflößt. Ich durfte ja keinen Lärm machen oder sonst irgendwie stören. Und dabeisein durfte ich schon gar nicht.
Mit einer dieser Berühmtheiten verband mich dann später eine besondere Beziehung: mit Egon Friedell. Wir gründeten einen »Club«, der nur aus uns beiden bestand. Dabei vergaben wir jährlich einen Preis an einen Starschauspieler – für seine schlechteste Leistung. Die Bedingung war, daß er auch vorher niemals gut war. Selbstverständlich werde ich nicht erzählen, wen wir damals preiskrönten ...
Die vielen Theaterkollegen meines Vaters, die damals bei uns zu Besuch erschienen, kann ich gar nicht alle nennen. Aus dem allerengsten Freundeskreis fallen mir vor allem Rosa Albach-Retty oder Alexandrine von Schönerer, die Direktorin des Theaters an der Wien, ein. Gleichsam zur Familie gehörte Hedwig Bleibtreu.

Ich erinnere mich recht gut an die Zeiten der Monarchie, die für uns allerdings schon 1916, mit dem Tod von Kaiser Franz Joseph, zu Ende ging. Mein Vater hat noch oft von dieser Ära gesprochen, und in der nostalgischen Erinnerung liebe ich sie auch. Ihr Ende war für jene, die es miterlebten, mehr fließend als abrupt. Und heute empfinde ich mich als »gestandener Republikaner«, der sich »Kaisers Zeiten« keinesfalls zurückwünscht. Immerhin – es war meine Kindheit.

Das Häusl auf der Salzahöh'

Wildalpen

Mit Wildalpen verbinde ich nicht nur meine schönsten Kindheitserinnerungen, sondern es ist auch meine eigentliche Heimat – und das bis zum heutigen Tag.
Mein Vater konnte das »Häusl auf der Salzahöh'« 1893 erwerben. Damals machte er mit seinem treuen Freund Hermann Schöne einen Radausflug durch die Steiermark. Dabei kamen sie durch das Salzatal. Da es gerade Abend wurde, beschlossen sie, in dem kleinen Ort, in dem sie sich zufällig befanden, zu übernachten. Er hieß Wildalpen.
Das sogenannte »Hotel« war ein einfacher Gasthof. Die beiden ließen ihre Fahrräder dort stehen und gingen noch ein bißchen spazieren. Sie wanderten über eine Brücke der Salza und setzten sich auf der anderen Seite des Ortes auf eine Holzbank.
In der Nähe stand ein Haus, das meinem Vater auf Anhieb gefiel.
»Hugo, das müßtest du kaufen, das wär' was!« fand Hermann Schöne, der ja, wie bereits im Fall der Heirat mit meiner Mutter bewiesen, ein untrügliches Gefühl dafür hatte, was für meinen Vater gut war.
»Wer weiß, ob das überhaupt zu kaufen ist?« zweifelte mein Vater. »Und was es kostet?«
»Na, fragen wir einmal«, meinte Schöne resolut.
Sie gingen in das Haus, in dem ein Schuster wohnte. »Mir gehört es nicht«, gab er Auskunft. »Es gehört dem Wirt, bei dem Sie wohnen.«
So gingen die Freunde zu dem Wirt zurück und erkundigten sich geradewegs, ob er das Haus verkaufen würde. Warum nicht, meinte dieser. Und was er verlangen würde? – 5000 Gulden.

Das war damals viel Geld. Aber Schöne stieß meinen Vater in die Seite. Sie schlugen ein – und das Haus war gekauft. Das ganze war eine Sache von einer Stunde. Und es bestimmte das Leben einer ganzen Familie.

Dann tat mein Vater noch etwas sehr Vernünftiges: Er kaufte den Grund jenseits der Straße dazu, so daß wir nie ein Gegenüber bekommen konnten. Und er tauschte das Holzservitut, das zu dem Haus gehörte, gegen einen Eigenwald, der sich unmittelbar hinter Haus und Grund erstreckte. So konnte er als neuer Grundbesitzer auch einen halben Berg mit Wald sein eigen nennen.

Die »Salzahöh'« ist ein herrlicher Besitz, verschlang aber im Laufe der Zeit sehr viel Geld. Vieles mußte noch hergerichtet werden. Es handelte sich dabei um ein ortsüblich gebautes Haus mit großen Balken, lehmverschmierten Fugen und einem Holzschindeldach. Es verfügte über einen riesigen Heuboden, den mein Vater in Gästezimmer umgestalten ließ. Außerdem gab er dem Haus eine, wie er es nannte, »äußere und innere Haut«, indem er es mit Holz vertäfelte.

Im Laufe der Jahre, nachdem Wildalpen als Erbteil in meinen Besitz gelangt war, stellten sich natürlich weitere Bequemlichkeiten ein. Ich konnte mich zwar schwer von der gemütlichen Petroleumlampe trennen, aber mit zunehmendem Alter wird man doch etwas anspruchsvoller. So wurde elektrisches Licht eingeleitet, eine Heizung installiert, ein Badezimmer eingerichtet und dergleichen mehr. Die Idee aber, ein Schwimmbecken ausheben zu lassen, hatte schon mein Vater. Das geschah, als die Gemeinde an der Zweiten Wiener Hochquellenwasserleitung baute. Vater engagierte die dabei beschäftigten Arbeiter in ihrer Freizeit, und nach seinen Plänen entstand das, was man einen Swimming-pool nennt. Für uns Kinder war das der Gipfel der Vergnügungen.

Das Zustandekommen dieser Wiener Hochquellenwasserleitung verhalf Wildalpen zu einer gewissen Bedeutung. Mein Vater hatte sich persönlich sehr für dieses Projekt eingesetzt, was ihm die Gemeinde mit der Verleihung der Ehrenbürgerschaft lohnte. Wieviel meinem Vater daran lag, konnte man unschwer ermessen, als er sich sofort neue Visitenkarten drucken ließ. Und darauf prangte kein einziger seiner zahlreichen Titel – vielmehr stand darauf: »Hugo Thimig, Ehrenbürger von Wildalpen«.

In Wildalpen verbrachten wir alljährlich die Sommermonate. Die Reise von Wien glich jedesmal einer Expedition. Wir reisten mit vielen Koffern und Körben, die schon Tage vorher gepackt wurden. Alles Erdenkliche wurde mitgenommen, davon vieles, was ruhig hätte in Wien bleiben können. Aber man wagte nicht, es unbeaufsichtigt in der Stadt zu lassen.

Wir fuhren dritter Klasse mit der Bahn – Vater besaß in seiner Eigenschaft als Burgschauspieler eine Eisenbahn-Legitimationskarte, mit der er zu ermäßigtem Preis reisen konnte. Bis Großreifling dauerte es fünf bis sechs Stunden. Dort waren auf jeden Fall schon die Reiseproviant-Körbe leer, über die wir Kinder spätestens in Hütteldorf-Hacking herfielen.

Von Großreifling ging es dann mit einem Landauer und einem Gepäckwagen für weitere fünf, sechs Stunden in Richtung Wildalpen. Der Weg führte bergauf, und wir mußten größtenteils zu Fuß gehen, um die Pferde zu schonen. Wenn ungefähr auf der Hälfte der Strecke eine Rast eingelegt wurde, um sie zu füttern und zu tränken, waren wir recht begeistert, denn dann bekamen auch wir eine Jause.

Als wir dann endlich am Ziel eintrafen, hatten die Dienstboten, die alle mitgekommen waren, tagelang zu tun, um alles auszupacken und an den rechten Ort zu stellen. Obwohl das Personal mit war, lief hier in Wildalpen dann doch vieles anders als zu Hause. Für mich war es zum Beispiel immer eine Mordsgaudi, wenn ich die Schmutzwäsche zu einer einen Kilometer entfernten Waschhütte bringen durfte. Und dann war es auch meine Aufgabe, mit der gewaschenen Wäsche auf einem kleinen Handwägelchen zurückzukommen. Meine Mutter und Helene, sofern sie da war, betätigten sich im Freien als »Wäscheaufhängerinnen«.

Auch in Wildalpen führten meine Eltern ein gastliches Haus. Besucher kamen nicht nur zur Jause, viele logierten auch längere Zeit bei uns. Immerhin gab es elf Kammern, in denen neben meinen Eltern, uns vier Kindern und den drei Dienstboten bei Bedarf noch eine Menge Gäste untergebracht werden konnten. Abends traf man sich im großen Wohnraum, versammelte sich um den Tisch und spielte bis tief in die Nacht Gesellschaftsspiele.

Vom ersten Tag an wurde ein Gästebuch geführt. Es existiert heute noch und ist eine Chronik des Hauses, die immer weitergeführt wird. Der erste, der sich darin eintrug und auch eine schöne Zeichnung beisteuerte, war der bekannte Kunstmaler Alexander Demetrius Goltz. Zumindest den Salzburgern müßte er ein Begriff sein, denn von ihm stammt der schöne Mozart-Vorhang im dortigen Landestheater.

Am 12. September 1893 schrieb sich Katharina Schratt in unser Gästebuch ein, und es finden sich Namen darin wie Ludwig Gabillon, Ernst Hartmann, Ferdinand Gregori und viele andere aus der großen Burgtheaterzeit. Auch Hedwig Bleibtreu und Alexander Römpler kamen oft nach Wildalpen und blieben längere Zeit. Dann wurde auch eifrig musiziert und gesungen, wobei meine Mutter Gitarre spielte.

Der Komponist Bruno Granichstaedten war bei uns, als er 1896 auf einer Fußwanderung durch Wildalpen kam. Erich Wolfgang Korngold, Hugo von Hofmannsthal mit Ehefrau Gerty, Arthur Schnitzler und Richard Beer-Hofmann machten uns ihren Besuch.

Aus der unmittelbaren Nachbarschaft kamen Graf Wilczek und seine Nachkommen, die uns freundlicherweise oft zur Jagd einluden. Baron Reininghaus suchte uns auf, desgleichen Herbert Graf Schaffgotsch, der übrigens der erste war, der sich mit einem Automobil nach Wildalpen wagte, was in der Hauschronik natürlich gebührend verzeichnet wurde.

Nach einem unserer lieben Gäste ist sogar ein Berg benannt worden, nämlich nach dem Burgschauspieler Konrad Löwe. Wie es dazu kam, erklärte ein Einheimischer einem Beamten,

Als erster trug sich Alexander Demetrius Goltz in das Wildalpener Gästebuch meiner Eltern ein. Er steuerte diese Zeichnung bei.

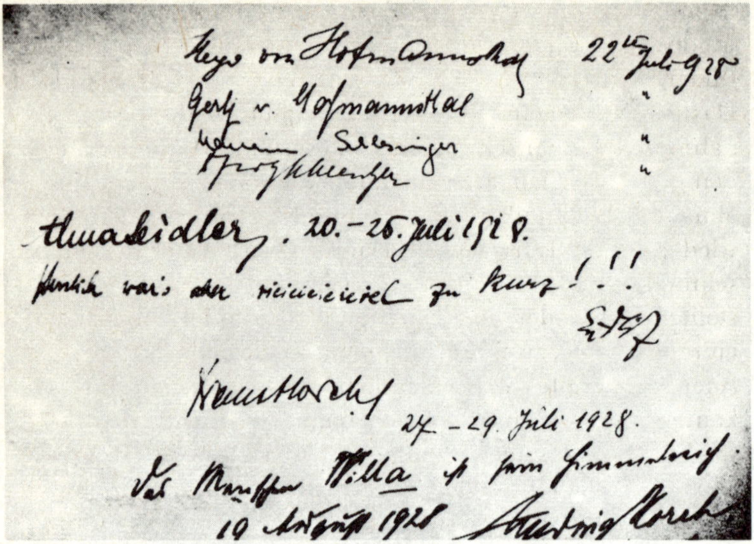

Aus der Wildalpener Hauschronik

den er anläßlich von kartographischen Vermessungen in der Gegend herumführte. Auf die Frage, wie ein gewisser Berg heiße, antwortete er: »Das ist der Löwekogel.«
»Wieso?« erkundigte sich der Beamte. »Hat es da einmal einen Löwen gegeben?«
»Na, einen Löwen net. Aber da is im Sommer immer a Schauspieler herkomma, der Herr Löwe. Jedes Jahr mit einer andern Nichte is er aufi auf'n Berg und hat brüllt wia a Löwe.«
Kurz und gut: Er hatte dort seine Sprechübungen gemacht. Die Wildalpener nannten den Berg daraufhin »Löwekogel«. Und so ist es auch auf der Landkarte vermerkt.

In Wildalpen hatte Vater Zeit und Möglichkeit, seiner ganz großen Passion nachzugehen: dem Fotografieren. Er war ein leidenschaftlicher Amateurfotograf und einer der ersten, der diese Juxfotos machte, bei denen man sich selbst drei- bis viermal auf ein- und derselben Platte aufnehmen ließ, was

einen ulkigen Bewegungseffekt ergab. Meine Mutter war die Leidtragende, denn sie mußte beim Apparat stehen und die Bilder machen.
Das war ein eigenes Ritual. Vater stand für die erste Aufnahme vor einem schwarzen Hintergrund. Mutter betätigte den großen Stehapparat, sie mußte die Kappe von der Linse abnehmen, einundzwanzig, zweiund... zählen und sofort wieder auf die Linse setzen. Dann zog sich Vater rasch um, schminkte sich, verwandelte sich in eine andere Figur und stellte sich wieder hin. Da begann das Spiel von neuem: einundzwanzig, zweiund... Und das mehrmals.
Aber was konnte inzwischen nicht alles geschehen! Wolken kamen und verdunkelten die Sonne, die Lichtverhältnisse wechselten – das alles erzeugte furchtbare Nervosität. Wenn aber am Ende ein schönes Bild zustandekam, konnte Vater geradezu überglücklich sein. Übrigens zeugen diese Aufnahmen weniger von seiner Fotografierkunst als von der des Komödianten, der sich geradezu virtuos in die verschiedensten Charaktere verwandeln konnte.
Auch wir Kinder wurden das Opfer seiner Fotografierleidenschaft. Wir wurden kostümiert, und dann arrangierte Vater mit uns kleine Szenen und holte uns als »lebende Bilder« zu endlosen Sitzungen vor die Kamera. Wir waren heilfroh, wenn er schließlich in der Dunkelkammer verschwand.
Als Vater älter wurde, beschäftigte er sich nur noch emsiger mit seinen Hobbys, ja, er ließ als Pensionist seinen Leidenschaften – Sammeln und Fotografieren – geradezu hemmungslos freien Lauf und verlegte sich vornehmlich auf Farbdias.

Was die weitere Geschichte von Wildalpen betrifft, so muß ich ein wenig vorgreifen. Heute ist das Haus auf der Salzahöh' mein Alterssitz. Das Dasein hier gehörte von jeher so zu meinem Leben, daß ich mich wirklich als »Wildalpener« fühle. Hier habe ich als junger Mann meine erste Gams geschossen und bin bei dieser Gelegenheit nach alter Sitte

zum Jäger geschlagen worden. Hierher kamen alle jeden Sommer, um neue Kräfte zu sammeln, hierher brachten wir jene, die wir liebten, hierher flüchteten wir, wenn es anderswo nicht weiterging. Meine Eltern und meine Geschwister hingen an Wildalpen wie ich.
Nach seiner Pensionierung 1917 und im Zuge der Inflation bekam mein Vater plötzlich Angst, den Besitz in Wildalpen nicht halten zu können. Man kann sich die Erschütterung von uns Kindern vorstellen, als er ernsthaft einen Verkauf erwog. Sofort setzte ich mich mit Hermann in Berlin in Verbindung, und ich besitze noch seine Briefe, in denen er seitenlang sein Entsetzen über den Gedanken zum Ausdruck bringt. Er erwog mehrmals selbst, ob wir den Eltern das Haus in Wildalpen nicht abkaufen könnten. Vater sollte übrigens nichts von unserer Korrespondenz erfahren. Darum adressierte Hermann, »kolossal raffiniert«, wie er schrieb, die Briefe an mich per Adresse Burgtheater und verstellte auf den Kuverts zusätzlich seine Schrift...
Schließlich kam es doch nicht dazu, daß sich meine Eltern von dem Besitz trennen mußten. Wahrscheinlich hat Vater nicht zuletzt des dafür nötigen Geldes wegen 1922 schweren Herzens seine geliebte theaterhistorische Sammlung an die Wiener Nationalbibliothek verkauft. Daß er dann 1924 von Reinhardt engagiert wurde, bedeutete für ihn eine finanzielle Besserstellung, die es ihm ermöglichte, das Wildalpener Haus zu behalten. 1935 war er mit meiner Mutter das letzte Mal dort.
Für mich und die Meinen sollte Wildalpen, wie ich später noch erzählen werde, nach dem Zweiten Weltkrieg Zuflucht bedeuten und meinen vielen Karrieren noch jene eines »Gemeindesekretärs« hinzufügen. Für alle von uns, für die Thimigs, war hier, auch in schwersten Zeiten, immer das Paradies.

»Frau Sopherl« – das war ich

Kindheit

Um jetzt über meine Kindheit berichten zu können, habe ich ein wenig in der Familienchronik nachgelesen. Da steht, daß ich als kaum Fünfjähriger am 20. März 1905 zu meiner ersten großen Auslandsreise zu den Eltern meiner Mutter nach Stuttgart geschickt wurde. Daran erinnere ich mich aus einem bestimmten Grund ganz gut. Ich bekam dort nämlich eine schwere Bronchitis, an der ich damals – und übrigens auch in späteren Jahren, wo sie sich bis zu einem Lungenspitzenkatarrh ausweitete – oft litt. Der Großvater wußte dazu ein sogenanntes alterprobtes Hausmittel: Ich wurde am ganzen Körper mit Schmierseife eingerieben und dann in heiße Tücher gewickelt. Schauerlich! Ob es genützt hat, weiß ich nicht mehr.

Aber Erinnerungen dieser Art erwartet der geneigte Leser wohl weniger, wenn von der Kindheit die Rede ist. Jetzt sollte ich doch vermutlich eine Reihe von Streichen aufzählen. Doch diese Erwartung muß ich ziemlich enttäuschen. Denn nicht ich war es, der die Streiche ausheckte, sondern sie wurden immer nur mir gespielt. Ich wurde das Opfer für den Übermut meiner Geschwister. Weil ich eben das Nesthäkchen war und mich noch nicht so recht wehren konnte, trieben's Helene, Hermann und Fritz manchmal schon sehr arg mit mir.

Helene zum Beispiel, die mich doch wirklich liebte, konnte mich auch schrecklich quälen. Ich weiß noch, wie gekränkt ich einmal war. Wir gingen spazieren und kamen zu einem Tümpel mit Kaulquappen. Sie blieb stehen, zeigte auf die häßlichen Tiere und sagte: »Schau, Hans, das sind deine Brüderchen!«

Nun war ich ja wirklich kein hübsches Kind: Ich hatte einen

riesigen Kopf und kaum eine Nase – man sah eigentlich nur zwei Löcher. Trotzdem traf mich Helenes Bemerkung sehr hart. Ich konnte doch nichts dafür, daß ich so häßlich war!

Natürlich waren meine Geschwister auch lieb zu mir. So bauten sie mir beispielsweise einen Greißlerladen, ein richtiges Geschäft, in das man hineingehen konnte. Ich Knirps stand dort hinter einer Budel. Aus dem Gemüsegarten holte ich mir allerlei echtes Gemüse, aus der Küche erbettelte ich mir einen Topf Reis oder Mehl oder etwas dergleichen. Dann setzte ich mich in meinen Kaufmannsladen und wartete, bis die Geschwister zu mir einkaufen kamen. Sie gaben mir auch richtiges Geld für meine Waren. Leider nannten sie mich in meiner Rolle auch »Frau Sopherl«, was mir weniger angenehm war. Aber bitte, ich hab es hingenommen – war ich halt die Frau Sopherl!

Doch auch da ging es ohne Streiche nicht ab. Meine Geschwister beschlossen plötzlich, mich einfach sitzenzulassen. Einsam wartete ich in meinem Geschäft auf Kunden – und niemand kam. Bis sie plötzlich alle auf einmal bei der Tür hereinstürzten und zu streiten begannen, wer zuerst drankommen sollte.

»Geben Sie mir eine Karotte!«

»Nein, ich war zuerst da!«

»Lächerlich, ich war überhaupt die erste, ich muß auch zuerst bedient werden!«

Auf die Art brachten sie mich wirklich in die Situation eines überbeanspruchten Verkäufers, und ich wurde direkt nervös. Dann verschwanden sie mit den Waren, die ich fein säuberlich eingepackt hatte, um nach kurzer Zeit wieder alle auf einmal zurückzukommen. Und das Geschnatter ging von neuem an.

»Die Karotte ist schlecht, die gebe ich zurück!«

»Sie haben mir zuviel gerechnet!«

»Sie haben mir einen Heller zu wenig herausgegeben!«

Sie haben mich schon zur Verzweiflung getrieben, meine

lieben Geschwister! Sie machten sich auch in unbeschwerter Grausamkeit nichts daraus, mich zu kränken. Ich fühlte mich verletzt, wenn sie mich etwa wegen meines Stotterns nach allen Regeln der Kunst verspotteten. Heute hört man ja glücklicherweise nichts mehr davon, aber in meiner Kindheit habe ich sehr darunter gelitten. Wie mußte das wirken, wenn ich im Stellwagen in die Schule fuhr und sich das so anhörte: »Fff fffür 14 Heller umsteigen...«

Wie das bei Kindern leider üblich ist, wurde ich wegen meiner Stotterei sehr oft ausgelacht. Es kostete mich viel Übung, bis ich dieser unglückseligen Behinderung Herr wurde. Ganz verschwunden ist es überhaupt nicht: Selbst heute noch habe ich manchmal winzige gedankliche Hemmungen bei gewissen Buchstaben. Mein Glück – auch in meiner Eigenschaft als Schauspieler –, daß man es nicht merkt.

Daß man Stottern nie ganz »verlernt«, habe ich später am eigenen Leib erlebt, als ich im Theater in der Josefstadt in John Galsworthys *Gesellschaft* einen Stotterer zu spielen hatte. Was soll ich sagen? Als ich anfing, absichtlich zu stottern, kam ich derart hinein, daß ich überhaupt kein vernünftiges Wort mehr über die Lippen brachte.

Während ich als Kind mit diesem Problem geschlagen war, beherrschte mein Bruder dagegen eine Kunst, um die ich ihn geradezu glühend beneidete: Er konnte unerhört gut pfeifen, und zwar mit zwei Fingern, richtig wie ein Wiener Strizzi, so daß es einem durch Mark und Bein ging. Einen so lauten Pfiff – das wollte ich auch können! Mein Ehrgeiz war erwacht.

Großmütig erklärte Hermann sich bereit, mich diese hohe Kunst zu lehren. Wir gingen in den Garten, und ich erwies mich als fleißiger Schüler. Ich verrenkte Lippen und Zunge kunstgerecht nach seinen Anweisungen und übte und übte. Wenn ich die Luft durch die Zähne blies, zischte das vielleicht wie bei einer heiseren Lokomotive, aber ein Pfiff wurde nicht daraus. Einmal pustete ich so enthusiastisch, daß mir zu wenig Luft zum Atmen blieb und ich ohnmächtig hinfiel... Das hatte ich von meiner Bemühung, so wie Hermann sein zu wollen!

Meine Bewunderung für den um zehn Jahre älteren Bruder war selbstverständlich riesengroß. Was er alles konnte und wußte! Ich muß ihm mit meinen Fragen ziemlich auf die Nerven gegangen sein, aber er hatte immer eine Antwort parat, auch wenn ich die typischen Kinderfragen stellte. Zum Beispiel wollte ich wissen: »Was ist eigentlich der Unterschied zwischen einem Stier und einem Ochsen?«

Worauf Hermann, ein wenig verlegen, belehrend erklärte: »Ja, weißt du, wenn sich ein Stier in einen Wagen einspannen läßt, dann ist er ein Ochse.«

Wenn mein großer Bruder etwas von mir wollte, tat ich es natürlich immer. So hatte er eines Tages die Idee zu einer etwas ungewöhnlichen Radpartie. Wir waren in Wildalpen, und er meinte:

»Hans, weißt du was, wir fahren den Löwekogel hinauf!«

Anstatt zu antworten, daß es wohl ein Unsinn wäre, einen Berg mit dem Rad hinauf zu wollen, sagte ich bereitwillig: »Ja bitte, wenn du meinst, selbstverständlich.«

Gesagt, getan, und auch als uns klar wurde, worauf wir uns eingelassen hatten, wollte keiner mehr zurückstecken. Wir schulterten also unsere Räder und schleppten sie im Schweiße unseres Angesichts auf den Löwekogel hinauf. Dort angelangt, jodelten wir vom Gipfel auf unseren Rädern sitzend hinunter ins Tal, wo die Leute aus dem Staunen nicht herauskamen. Sie betrachteten uns mit dem Feldstecher und hielten uns offensichtlich für zwei Wahnsinnige. Von einem wirklichen Hinunterfahren war natürlich auf dem steinigen Waldboden keine Rede, zumal ich schon bei dem ersten Versuch stürzte und sich mein Vorderrad verbog, so daß es sich nicht mehr richtig drehen konnte. Also schulterten wir die Räder wieder, und abgehetzt und erschöpft kamen wir als »Helden« zu Hause an.

So wurde ich in alles hineingezogen, der Jüngste der Schar,

der kleine Bruder. Seltsam, ich bin es immer geblieben. Und manchmal fühle ich mich heute, mit über achtzig, und obwohl alle meine Geschwister tot sind, noch immer so ... Es ist fast unheimlich.
»Bobby« haben sie mich damals genannt, warum, das ist mir ein Rätsel geblieben. Ja, und »Betsi Hula« riefen sie mich auch, aber das hatte wenigstens einen Grund. Diese Worte stammelte ich nämlich als Kleinkind und meinte damit einen spitzen Hut, den ich sehr gern hatte. Hermann wurde »Meme« genannt, was wahrscheinlich auch von einem kindlichen Ausspruch seinerseits abgeleitet war. Und Helene war immer die »Leni« ... Die beiden Großen wohnten übrigens in der Mansarde des Hauses, Fritz und ich in der Nähe der Mutter.
Unser Quartett wurde auseinandergerissen, als Vater von einem ganz ausgezeichneten Landeserziehungsheim im Harz hörte. Damals galt es als besonders fortschrittlich, weil die Schüler dort neben der gewöhnlichen Ausbildung auch ein Handwerk erlernen konnten. Also beschloß mein Vater, die beiden älteren Söhne hinzuschicken.
Er besprach den Plan mit Hermann Schöne, der überlegte und dann meinte: »Für Hermann ist das ideal. Für Fritz nicht.«
»Und warum nicht?«
»Der Fritz ist anders. Dem täte die Freiheit, fern vom Elternhaus, nicht gut.«
Mein Vater wollte es nicht glauben und schickte nach Hermann auch Fritz hin. Für Hermann war es tatsächlich ideal. Er lernte herrlich tischlern und konnte es sein Leben lang. Für Fritz war es wirklich falsch. Er geriet auf eine Bahn, die den Eltern viel Sorgen bereitete.
»Der Fritz ist anders« – das galt für ihn tatsächlich. Es war nicht nur das »F«, der andere Anfangsbuchstabe des Vornamens, der ihn von den Geschwistern unterschied. Sein Wesen war anders. Er ging als einziger von uns nicht zum Theater, obwohl er – meiner Meinung nach – vielleicht der begabteste

von uns war. So nützte er seine Fähigkeit, sich zu verstellen, im Leben – oft zu seinem Schaden. Als er den Schwierigkeiten, in die er geriet, nicht mehr gewachsen war, machte er seinem Leben ein Ende. Das war eine der großen Tragödien in unserer Familie.

Ich persönlich war, so glaube ich, charaktermäßig meiner Schwester Helene sehr ähnlich – übrigens möglicherweise auch in der Physiognomie. Kritiker haben das immer wieder festgestellt. Arthur Kahane, der uns Thimigs ein ganzes Buch widmete, schrieb darin: »Im Gesicht sind Vater Hugo und Hermann einander unverkennbar ähnlich, ebenso wie Helene und Hans einander.«

Helene und ich sind eigenwillig unseren Weg gegangen und haben selten den Rat unseres Vaters gesucht. Nicht so Hermann: Für ihn war Vater von jeher das Leitbild, und das mit der äußeren Ähnlichkeit stimmt wirklich. Manchmal, wenn ich ihn von hinten auf der Straße sah, dachte ich, es sei mein Vater...

Da meine Geschwister elf, zehn beziehungsweise sieben Jahre älter waren als ich, spielten sie zwar in den Ferien mit mir, kamen aber früh aus dem Haus. So war ich als Kind ein bißchen ein Einzelgänger. Was mir nichts ausmachte, denn ich konnte mich immer gut allein beschäftigen.

Langweilig war mir nie, wohl auch, weil ich sehr viel Spielzeug besaß. Von meiner vermögenden Taufpatin Emilie Gutmann, nach der ich auch den schönen Namen Emil trage, habe ich schon erzählt. Von ihr bekam ich immer phantastische Geschenke. Aber das machte mich gar nicht so froh. Damit war nämlich regelmäßig verbunden, daß ich zu ihr gehen und mich bedanken mußte. Weiß der Himmel, warum das für mich das Schlimmste war, was es gab. Lieber hätte ich auf die Geschenke verzichtet! Hemmungen, die mich eigentlich mein Leben lang begleiteten...

War das Bedanken vorbei, kam allerdings meist die Begeisterung über die schönen Sachen. Sie schenkte mir zum Beispiel einen kleinen Wagen mit Ponys aus Papiermaché, die davor-

gespannt waren. Ich konnte also Kutscher spielen und unternahm in meiner Phantasie die tollsten Fahrten.
Apropos Taufpatin und Taufe: Bei uns waren alle, wie in der Familienchronik nachzulesen ist, seit Generationen Protestanten. Unter den Thimig-Vorfahren finden sich sogar Pastoren. Also waren auch wir Kinder evangelisch. Was nicht bedeutet hat, daß Religion und Kirche bei uns eine große Rolle spielten. Mein Vater hatte seine eigenen Gottesvorstellungen und wollte von kirchlichen Gepflogenheiten nicht viel wissen. Als ich ins Schottengymnasium ging, mußte ich privat Religionsunterricht nehmen. Viel habe ich dabei nicht gelernt, denn der Pastor, der zu mir in die Wohnung kam, war ein alter Herr, der gern einschlief, wenn ich ihm aus der Bibel vorlas. Im Zeugnis bekam ich aber immer eine Eins.
Ich selbst bin in diesen Dingen meinem Vater nachgeraten. Ich habe meine eigenen Ideen zum Sein und Nichtsein, zum Vorher und Nachher, doch darüber müßte ich ein eigenes Buch schreiben, das gehört nicht hierher. Konfirmiert bin ich wohl geworden, aber ich denke, das war bis auf weiteres meine letzte religiöse Betätigung.
Auch meine Mutter war keine Kirchengeherin, hat aber mehr als die Männer der Familie an ihrem evangelischen Glauben festgehalten. Trotzdem war es ihr Wunsch – so wie der meines Vaters –, einmal verbrannt zu werden. Wer hätte ahnen können, und es ist gut, daß man es nicht weiß, daß sie beide zugleich dieses Schicksal erleiden würden?
Abschließend kann ich zum Thema Religion nur noch sagen, daß meine Frau katholisch ist, desgleichen meine Töchter, aber ich habe es ihnen, gemäß meiner Einstellung, völlig frei überlassen, sich in diesen Belangen eine eigene Meinung zu bilden.

In der Schule war ich ein geradezu ekelhaft braves Kind, unerhört sittsam! Aus heutiger Sicht finde ich mich Musterknaben gar nicht so sympathisch, aber ich kann's nicht ändern. Enorm pflichtbewußt und aufmerksam, war ich anfangs auch ein recht guter Schüler. Das legte sich allmählich, als sich in manchen Fächern große Schwierigkeiten auftürmten. In Geschichte zum Beispiel. Ich kann mir keine Jahreszahlen merken, und da gerät halt vieles durcheinander. Im Grunde hatte ich Angst vor der Schule. Stand eine Schularbeit bevor, litt ich schon tagelang vorher unter Alpdrücken, Schlaflosigkeit, Schweißausbrüchen und Zittern. Dadurch ging es natürlich oft daneben. Nein, ich möchte nicht noch einmal in die Schule gehen müssen! Die Erinnerung daran ist alles andere als schön.

Manchmal litt ich auch darunter, ein »Thimig« zu sein – und zwar, wenn mich die Lehrer deshalb bevorzugten. Das war schrecklich peinlich. Immerhin, bei meiner Französischlehrerin mit dem schönen Namen Polifka durfte ich in der letzten Bank sitzen und tun, was ich wollte. Ich nützte dieses Privileg, um Karl May zu lesen. Englisch hatte ich schon bei einer Gouvernante gelernt, die zwar Miss Tessa Jedlicka hieß, aber in Neuseeland geboren war und mir die Sprache einigermaßen beibrachte. Leider habe ich sie dann in den Jahrzehnten danach außer bei meiner einzigen Amerikareise nicht mehr gebraucht und folglich auch wieder verlernt.

Ein Naturgeschichtsprofessor im Gymnasium bevorzugte mich aufgrund meines Namens auffallend. Das spielte sich dann so ab:

»Thimig, wie viele Staubgefäße hat die Butterblume?«

Ich hatte keine Ahnung. Totenstille.

»Hmm. Das macht gar nichts. Ich weiß ja, daß du sonst alles kannst. Setzen, der Nächste!«

Ein Mitschüler war dann das Opfer. Auch er wußte nicht, wie viele Staubgefäße die Butterblume hat. Allerdings mit anderem Ergebnis: »Setzen, nicht genügend!«

Das hat mich ehrlich erschüttert. Protektion war mir mein ganzes Leben lang peinlich, ich vermied sie, wo ich nur konnte.

Mein Lieblingsgegenstand war Deutsch. Ich las viel, alles mögliche, angefangen von *Robinson Crusoe*. Wenn wir in der Schule Stücke mit verteilten Rollen lasen, tat ich mich natürlich hervor. Oft schlich ich in die Bibliothek meines Vaters, um mich mit Lesestoff zu versorgen. Es gab ein Buch, das ich immer wieder zur Hand nahm, weil es mich so faszinierte: *Die Frau von vierzig Jahren* von Sil-Vara, ein ganz schlechtes Theaterstück. Keine Ahnung, warum ich damals so begeistert davon war.

Im übrigen liebte ich als Knabe Wilhelm Busch und natürlich Karl May, der mich in eine fremde Welt versetzte, die mich unerhört anregte. Wenn ich Zeit hätte, würde ich ihn noch jetzt, im hohen Alter, wieder lesen.

Ins Theater durfte ich – aus Gründen, die ich noch darlegen werde – schon früh und oft gehen. Mein erster Besuch – ich glaube, es war *Schneewittchen* in der Volksoper – ging allerdings daneben. Ich empfand solche Angst, vermutlich vor der bösen Königin, daß ich nach dem ersten Akt nach Hause gehen wollte. Aber die Aversion dauerte nicht lange, und bald war ich begierig, ja, süchtig nach Theaterbesuchen.

Da mein Vater seit 1912, als er das Burgtheater erst provisorisch und dann bis 1917 definitiv leitete, dort eine eigene Loge zur Verfügung hatte (Parterre rechts, Nummer 10), ging ich oft und oft hin und sammelte unauslöschliche Eindrücke. Noch als Kind hatte ich Josef Kainz, der 1910 starb, in Grillparzers *Jüdin von Toledo* und in Anzengrubers *G'wissenswurm* gesehen. Natürlich liebte ich die Klassiker besonders, obwohl ich sie – Shakespeare beispielsweise – noch gar nicht richtig verstehen konnte. Ich beschränkte mich nicht auf das Burgtheater, ich ging auch in das Theater in der Josefstadt, das damals, vor Reinhardt, von Josef Jarno geleitet wurde, und ich werde nie vergessen, daß ich in der Neuen Wiener Bühne ein Gastspiel von Eleonora Duse – in Ibsens *Die Frau vom Meer* – gesehen habe.

Mit Ausnahme der Theaterbesuche stand es im übrigen um die musische Beziehung in unserer Familie nicht zum besten. Konzerte wurden nicht besucht, weil allen – auch meiner an sich musikalischen Mutter – das Verständnis dafür fehlte. Um in Ausstellungen zu gehen, nahm sich niemand Zeit. Von den Museen faszinierte mich das Naturhistorische am meisten. Heute würde ich gern nachholen, was mir damals entgangen ist; vor allem mein Interesse an der bildenden Kunst wäre enorm. Nicht so sehr an der modernen allerdings, die ich zwar nicht negiere, für die mir aber noch nicht der Knopf aufgegangen ist. Ich war halt mein ganzes Leben so sehr in der darstellenden Kunst befangen, daß ich mit der bildenden ins Hintertreffen geraten bin. Und der Grundstein für solche Versäumnisse wird schon in der Kindheit gelegt.

Sensibel und introvertiert, wie ich schon als Kind war, zeigte ich später auch ähnliche Schüchternheit, wenn es um angebetete Mädchen ging. Ich war sozusagen immer unglücklich verliebt, entweder, weil ich nicht den Mut hatte, draufgängerischer zu sein, oder, weil ich entdecken mußte, daß die Erwählten es nicht ganz ernst mit mir meinten.

So etwas passierte mir einmal bei einer Kinderjause.

Meine damals Angebetete war auch dabei. Nach den Gesellschaftsspielen saßen wir in einer Nische beisammen. Glücklich, neben ihr sein zu dürfen, war ich selig, als es plötzlich einen Kurzschluß gab. Im Dunkeln drückte ich mutig ihre Hand. Sie drückte zurück, und ich fühlte mich im siebenten Himmel. So lange, bis es wieder hell wurde. Dann sah ich, daß an ihrer anderen Seite ebenfalls ein Knabe saß, dem sie auch die Hand drückte!

Amateurdichter, der ich schon damals – und im Laufe meines Lebens immer wieder – war, habe ich meine Verzweiflung über den Vorfall in einem Gedicht verewigt:

Geburtstagsjause
Bei Krause.
Auf einmal kein Licht.
Ich weiß nicht,

Defekt oder Scherze.
Man ruft: »Eine Kerze.«
Man hole!
Großes Gejohle!
Dann wird es ganz still.
Man redet nicht viel.
Zu Deiner Linken Dir ganz nah.
Oh – wie wurde mir da!
Du suchst meine Hand –
Ich die Deine fand
Und drücke sie leise.
Mir dreht sich's im Kreise –
Mein Herz zum Zerspringen!
Sie reden von belanglosen Dingen.
Plötzlich wird's hell –
Nach dem glückhaften Dunkel – zu grell!
Da seh' ich, daß Deine andere Hand
Zu Deiner Rechten mit der sich von Otto verband.
Raus – nur raus!
Nach Haus!
Und alleine
Ich weine.

Das war der Auftakt zu meiner Karriere als unglücklicher Liebhaber, eine Rolle, die ich nicht nur auf der Bühne, sondern auch im Leben oft spielte ...

Im übrigen erinnere ich mich gut, wie sich mein Vater der heiklen Aufgabe entledigte, seinen Spätling – und ein solcher war ich in jeder Beziehung! – aufzuklären. Es war in Wildalpen, als mein Vater gemerkt haben muß, daß ich wieder einmal irgendein weibliches Wesen schrecklich anbetete. Es handelte sich um eine Sommerfrischlerin, die sich immer auf eine Bank setzte, ziemlich weitgehend entkleidete und sich dann sonnte. Ich schlich mich bei jeder Gelegenheit heran, um ein Auge zu riskieren.

Wie mein Vater mir auf die Schliche kam, weiß ich nicht, aber er zog jedenfalls seine Schlüsse. Eines Abends holte er mich in sein Zimmer.

»Also, Hans, ich muß dir etwas sagen«, hob er an. »Es wird jetzt wohl bald die Zeit kommen, wo ... du dich ... hm ... an eine Frau attachierst. Ich kann dir nur einen Rat geben: Halte dich vorerst an eine wesentlich ältere!«

Ich wollte, ich hätte seinen Rat befolgt.

Das war meine Provinz

Die Cottage-Bodenkammerspiele

Mein Vater hatte prinzipiell etwas dagegen, daß eines seiner Kinder zum Theater geht. »Gott sei Dank! Talent hat die Leni nicht!« glaubte er nach einer Liebhaber-Aufführung, in der er seine Tochter auf der Bühne sah, feststellen zu dürfen. Als Helene dann doch zum Theater wollte, machte er große Einwände – ganz ohne Erfolg. Da er sich nicht für kompetent hielt, ein Urteil über ihr Talent zu fällen, bat er Hedwig Bleibtreu darum. Auch sie kam zu dem Schluß, meine Schwester für gänzlich unbegabt zu halten.
Worauf mein Vater seiner Leni eröffnete: »Nein, mein Kind! Es hat gar keinen Sinn, daß du zum Theater gehst, schlag's dir aus dem Kopf. Beim Theater sind Halbheiten das pure Unglück.«
Helene nahm es zur Kenntnis, ohne eine merkbare Reaktion zu zeigen. Dann wurde sie krank. Sie hatte rätselhafte Schmerzen im Kopf, fieberte, es war ihr übel – aber der Arzt vermochte nicht zu sagen, was ihr fehlte. Nach einem Jahr erlitt sie einen Nervenzusammenbruch und schrie unter Weinkrämpfen ihren unterdrückten Kummer heraus: »Und ich will trotzdem zum Theater!«
Da kapitulierte mein Vater und Hedwig Bleibtreu auch. Sie nahm Helene für eine kleine Rolle auf ein Gastspiel nach Baden bei Wien mit. Diese Prüfung bestand sie. Und was dann weiter aus meiner Schwester geworden ist, dürfte ja allgemein bekannt sein ...
Der erste Protest hatte meinem Vater nichts genützt. Der zweite auch nicht. Denn Hermann wollte gleichfalls zum Theater. Mein Vater ließ sich gar nicht mehr darauf ein, ihn von irgend jemand als »unbegabt« bezeichnen zu lassen. Hermann sprach bei Max Grube vor, dem Intendanten des

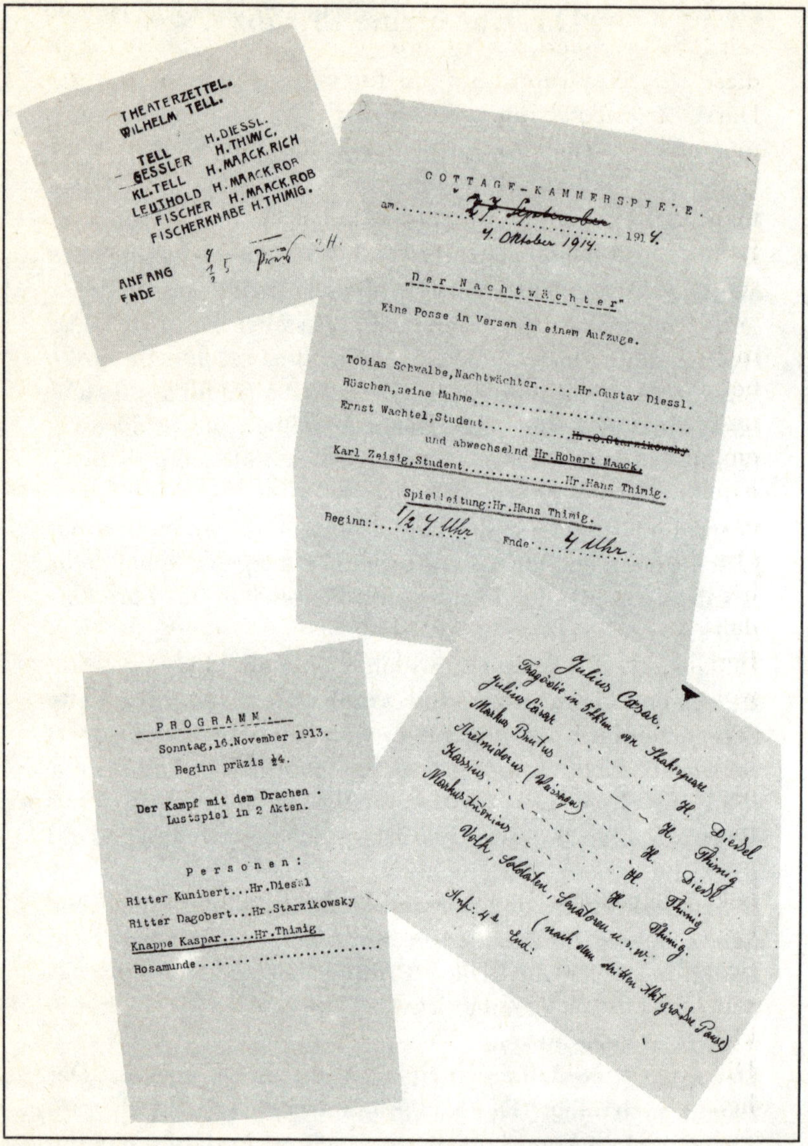

THEATERZETTEL.
WILHELM TELL.

TELL H.DIESSL.
GESSLER H.THIMIG.
KL.TELL H.MAACK.RICH
LEUTHOLD H.MAACK.ROB
FISCHER H.MAACK.ROB
FISCHERKNABE H.THIMIG.

ANFANG 1/2 5
ENDE

COTTAGE-KAMMERSPIELE.
am ~~27. September~~ 1914.
4. Oktober 1914.

"Der Nachtwächter"
Eine Posse in Versen in einem Aufzuge.

Tobias Schwalbe, Nachtwächter ...... Hr. Gustav Diessl.
Röschen, seine Muhme ....
Ernst Wachtel, Student .... ~~Hr.O.Starzikowsky~~
und abwechselnd Hr. Robert Maack.
Karl Zeisig, Student .... Hr. Hans Thimig.

Spielleitung: Hr. Hans Thimig.
Beginn: .... 1/2 4 Uhr
Ende: .... 4 Uhr

PROGRAMM.
Sonntag, 16. November 1913.
Beginn präzis 1/4 4.

Der Kampf mit dem Drachen.
Lustspiel in 2 Akten.

Personen:
Ritter Kunibert ... Hr. Diessl
Ritter Dagobert ... Hr. Starzikowsky
Knappe Kaspar ..... Hr. Thimig
Rosamunde ....

Julius Cæsar.
Tragödie in 5 Akten von Shakespeare
Julius Cäsar .... H. Diessl
Markus Brutus .... H. Thimig
Artemidorus (Weissager) .... H. Diessl
Kassius .... H. Thimig
Markus Antonius .... H. Thimig.
Volk, Soldaten, Senatoren u.s.w.
(nach dem dritten Akt größere Pause)
Anf.: 4 h
End.:

Ich war Direktor und führte ein strenges Regiment:
Theaterzettel der Cottage-Bodenkammerspiele

Herzoglichen Hoftheaters von Meiningen. Dort war Helene seit 1908 engagiert. Zwei Jahre später folgte Hermann ihr an diese Bühne. Grube hielt ihn für den geborenen »Väter«-Darsteller und gab ihm hauptsächlich alte Männer mit Bauch und Glatze zu spielen. Stolz schickte Hermann den Eltern ein Rollenfoto und schrieb darunter: »Mein Meineid-Bauer!« Er mag damals kaum über zwanzig gewesen sein...

Es muß für meinen Vater direkt eine Erleichterung gewesen sein, daß Fritz nicht auch zum Theater wollte, sondern sein zweifellos vorhandenes Fabuliertalent am Stammtisch und nicht auf der Bühne austobte. Und was mich, den Jüngsten, betraf, so versuchte er den Theaterbazillus nicht mit Verboten und Einwänden zu töten. Bei mir ließ er sich etwas anderes einfallen.

Ein Familienrat wurde einberufen, und dabei beschloß man, es so zu handhaben wie die Konditoren bei ihren Lehrlingen. Die dürfen bekanntlich von allem naschen, was ihr Herz begehrt, worauf sie sich so den Magen zu verderben pflegen, daß sie sich das Naschen fürs Leben abgewöhnen.

Bereits mit vier Jahren schleppte mich mein Vater ins Theater, wohl, um mir vorbeugend das Gegengift der Abstumpfung gegen das Gift der Theaterleidenschaft einzuimpfen. Das Ergebnis war niederschmetternd – für meine Eltern. Es war beglückend – für mich.

In jungen Jahren schon fand ich einen Bruder im Geiste, der genauso theaterbesessen war wie ich: Gustav Dießl, später ein bekannter Filmschauspieler und Gatte der Sängerin Maria Cebotari. Wir waren Nachbarskinder und besuchten dieselbe Schule. Leider nicht auch dieselbe Klasse, da sein Vater bei mir Latein und Deutsch unterrichtete. Aber in der Freizeit klebten wir aufeinander. Und spielten Theater.

Die Anfänge hat Gustav in Tagebuchnotizen niedergelegt. Da heißt es:

Wenn man ein Fernrohr nimmt und in unsere Vergangenheit schaut, sieht man einen Garten und zwei Buben darin. Beide gestikulieren heftig mit den Armen, einer schwingt einen Schlüssel in seiner Hand. Plötzlich springen sie auf, fechten mit dürren Zweigen, der eine sinkt tot zusammen, aber der andere triumphiert etwas zu früh. Denn dem Toten kommt eben der reizvolle Gedanke, nur scheintot gewesen zu sein. Er springt auf und erdolcht den Kameraden von rückwärts. So geht das eine Zeit fort. Dann verschwinden plötzlich beide, um bald versöhnt, jeder mit einem Butterbrot in der Hand, wiederzukehren. Jetzt kann man ruhig das Fernrohr zusammenschieben und die Frage tun, ob die zwei armen Kerlchen denn wirklich rettungslos verrückt sind.

Hübscher und rührender hätte man nicht formulieren können, wie Gustav und ich damals mit dem von uns erfundenen Stegreifdrama *Der Schlüssel* den Grundstein für unsere gemeinsame Theaterarbeit legten. Anfangs spielten wir so vor uns hin, legten nicht viel fest, hielten uns an Märchen, Geschichten, Gedichte oder auch Kinostücke. Es war richtiges Stegreiftheater, weil wir einfach alles sagten und taten, was uns im Moment einfiel. Wir waren so aufeinander eingestellt, daß es keinerlei Absprache bedurfte, um auf die Gefühle und Gedankengänge des anderen einzugehen.
Das änderte sich, als wir unser »Ensemble« vergrößerten. Es war 1913, als sich die Brüder Robert und Richard Maack unserem Theaterspiel anschlossen. Sie taten es gern, aber übermäßig begabt waren sie nicht, und sie haben auch später nichts mehr mit dem Theater zu tun gehabt. Ihnen mußten wir erst umständlich alles erklären, Inhalte darlegen, ja den Text sogar einflüstern, weil sie mit unserer genialen Improvisation nicht mitkamen. Aber das hatte auch sein Gutes, denn so kam uns die Idee: Warum können wir nicht etwas auswendig lernen und ein Stück richtig einstudieren?
Gleichzeitig entdeckten wir in dem Haus meiner Eltern unbenützte Räume ganz oben unter dem Dach. Bis dahin hatten sich unsere Spielmöglichkeiten im Sommer auf den Garten, im Winter auf mein Zimmer beschränkt. Aber der Dachbo-

den gefiel uns über alle Maßen. Er war für unsere Bedürfnisse wie geschaffen, denn er hatte nicht nur »Bühne« und »Zuschauerraum«, sondern auch Garderoben.
Nun konnte unser Theaterbetrieb so richtig beginnen. Ich nahm die Sache furchtbar ernst, so sehr, daß ich mich zum Direktor ernannte und ganz nach dem Vorbild großer Bühnen folgende Statuten für die von uns sogenannten »Cottage-Bodenkammerspiele« erließ:

Ständiger Direktor: Hans Thimig.
Spielleiter: Hans Thimig und Gustav Dießl.
Dekorationsmaler: Gustav Dießl.

Dem Direktor stehen folgende Rechte zu:
1) *Er darf das Repertoire wählen und kann aus freien Stükken bestimmen, auf welche Weise die zur Verfügung stehenden freien Tage im Sinne des Theaters auszunützen sind.*
2) *Er kann jeden Schauspieler verpflichten, die einmal übernommene Rolle zu jeder Zeit aufzuführen.*
3) *Er kann willkürlich ein Gastspiel ansetzen, jedoch nicht eine Wohltätigkeitsveranstaltung. Letztere kann nur bei Übereinstimmung aller Schauspieler stattfinden.*

Jeder Schauspieler hat das Recht, die Einberufung einer Versammlung zu verlangen. Notwendiger Weise hat dies zu geschehen bei folgenden Anlässen:
1) *Bei Aufnahme von neuen Schauspielern.*
2) *Wenn ein Gesetz des Theaters zu verbessern oder hinzuzufügen ist.*
3) *Aus finanziellen Rücksichten.*
4) *Bei Verhängung von Strafen dann, wenn der Schauspieler sich nicht der vom Direktor ihm auferlegten aus irgend einem Grunde unterziehen will.*

Aus der Theaterkasse, der das Erträgnis von den Vorstellungen, Strafen und Spendengeldern zufließen, werden sämtli-

che Utensilien für das Theater (auch Kostüme) angeschafft. – Die Theaterkasse gewährt jedem Schauspieler einen vierwöchentlichen Vorschuß bis zu 2 Kronen. Nach dieser Zeit wird dem Schauspieler dieses Geld von der Gage und dem Spielhonorar abgezogen. Jede Ausgabe für das Theater wird durch sie ersetzt. Gage und Spielhonorar muß am 1. jeden Monats ausbezahlt werden. In den Sommermonaten läuft die Gage nicht fort. Jeder Schauspieler hat das Recht, Einblick in die Finanzen der Kasse zu verlangen.

Den ersten Schauspielerkontrakt – mit einer echten Zwei-Heller-Stempelmarke versehen! – stellte ich natürlich für Gustav Dießl aus, den ich als ersten Liebhaber und Helden sowie gleichzeitig als Regisseur engagierte. Ich verpflichtete ihn am 22. Oktober 1913 vorerst nur für eine Saison mit einer genau ausgehandelten Gage, wobei auch eine Klausel auf Erhöhung bei Bewährung eingebaut wurde – also ganz professionell! Ende der Spielzeit konnte Gustav dann befriedigt zur Kenntnis nehmen, daß ich willens war, seinen Vertrag zu verlängern und sein Spielhonorar zu verdoppeln. Die Brüder Maack bekamen ebenfalls die ihren Leistungen entsprechenden Verträge, und schließlich sahen wir ein, daß unsere Männertruppe nicht, wie es zu Shakespeares Zeiten der Fall gewesen war, ganz auf eine Frau verzichten konnte. Melitta Despic, deren Mutter eine Freundin meiner Mama war, wollte gern bei uns mitwirken, und so waren wir auch diese Sorge los.

Die organisatorische Leitung unseres Unternehmens fiel mir nicht schwer. Schwieriger war es schon, für uns geeignete Stücke zu finden. Anfangs schrieben wir sie uns selbst, aber dann übten die Klassikervorstellungen des Burgtheaters, die wir sahen, eine unwiderstehliche Faszination auf uns aus. Also wagten auch wir uns an die Weltliteratur und wählten mit allem Übermut der Jugend gleich Shakespeares *Julius Cäsar* aus.

Wir machten uns die Sache durchaus nicht leicht und wollten

in keiner Weise stümpern. Also brauchten wir erst einmal entsprechende Dekorationen. Gustav, der im Zeichnen sehr begabt war, wurde der Bühnen- und Kostümbildner des Unternehmens. Wir entwarfen, zeichneten, malten, hämmerten, klebten und schneiderten, verbrauchten Unmengen an Packpapier und Wasserfarben und erbettelten von unseren Eltern die verschiedensten Haushaltsutensilien.

Dann konnten die Proben beginnen. Daß das Personenverzeichnis rund fünfzig Rollen aufwies, genierte uns nicht. Wenn jeder drei Rollen spielt, so dachten wir, und die restlichen einfach gestrichen werden, muß das gutgehen. Und wie ernst wir das alles nahmen, geht aus der Tatsache hervor, daß wir uns durchaus einem »richtigen Publikum« gewachsen fühlten. Folglich verschickten wir Einladungen an unsere Klassenkameraden und an den Bekanntenkreis unserer Familien.

Der Tag der Erstaufführung kam. Die Kasse stellte zugleich in lockender Weise das Buffet dar und wurde von unseren Mitschülern umlagert. Sie kauften in geradezu unheimlicher Menge eine Sorte kleiner, runder Zuckerl, die hier angeboten wurden – nur einem ganz Naiven, wie ich es war, konnte dabei kein Verdacht kommen. Die Theaterzettel, die auf eine wunderbar einfache Rollenbesetzung schließen ließen, waren verteilt – und der Vorhang ging auf ...

All das war so typisch für meine Anfänge, daß es erlaubt sei, die Aufführung des *Julius Cäsar* etwas ausführlicher zu schildern, wohl wissend, daß man sich auch noch dem Gelächter der Nachwelt preisgibt. Und dennoch – was wir damals veranstalteten, geschah mit dem sogenannten »Herzblut«, mit der ganzen Hingabe der rettungslosen Theaterenthusiasten.

Die erste Szene zeigte Cäsars Zimmer. Es bestand aus einem Bügelladen im Hintergrund, über dem Handtücher hingen und auf dem zwei papierene Büsten standen. Vorne befand sich ein Tisch und daneben ein Lehnsessel, auf dem Gustav, von einem Leintuch umschlungen, als Cäsar saß. Er trug eine rötliche Perücke mit einem Lorbeerkranz im Haar. »Calpurnia rief im Schlaf dreimal laut«, begann er zu deklamieren. Einiges von Shakespeare, anderes – aus alter Gewohnheit – aus dem Stegreif.

In der Rolle eines Verschwörers erschien ich, um ihn zum Senat zu bringen. Cäsar überlegte, ging aber doch mit. Schon seit einiger Zeit hatte das jugendliche Publikum Zielschießübungen mit den runden Zuckerln unternommen...

Wir hatten großzügig gestrichen und standen nun vor dem Problem, die Bühne mit einer erklecklichen Anzahl von Senatoren zu füllen. Der Vorhang öffnete sich, Gustav, noch immer Cäsar, und ich, Senator, gingen vorüber. Der Vorhang fiel, um gleich wieder aufzugehen. Wieder sah man zwei Senatoren, diesmal die Brüder Maack, vorbeischreiten. Der Vorgang wiederholte sich fünf- bis sechsmal, dann schienen uns genügend Senatoren eingeführt. Wir vier Darsteller hatten zu diesem Zweck stets andere Bettdecken und Leintücher übergeworfen.

Ohne weiteres Zögern wollten wir zum Höhepunkt kommen, also sah das dritte Bild Cäsars Ermordung vor. Die Verhandlung im Senat, die wir nicht darstellen konnten, wurde mit Hilfe eines Stimmengewirrs hergestellt, das aus dem Grammophon ertönte. Cäsar ging über die Bühne wieder ab, in den Senat, ich bezog als Brutus mit dem Dolche Position, als Cäsar herbeiwankte, schon verwundet, um von mir noch den endgültigen Todesstoß zu empfangen. Vorhang.

Für die vierte Szene hatten wir über die Träger des Bügelladens zwei Bademäntel gehängt. Der Sarg Cäsars, bestehend aus einer schwarzen Säule mit aufgespendelter weißer Maske, stand vor der Tribüne. Das bewegte Volk waren die Maack-Brüder mit Grammophon-Unterstützung, die die Aufgabe hatten, die jeweils schwankende Stimmung dem Publikum zu verdeutlichen. Ungeachtet dessen, daß im vorigen Bild ich der Brutus gewesen war, bestieg nun Gustav in dieser Rolle die eben beschriebene Rednerbühne und hielt seine Rede. Da es ihm zu schwierig war, sie auswendig zu lernen, las er sie von einem Zettel ab. Dann kam ich in der Rolle des Marc Anton. Ja, die Leichenrede »Mitbürger, Freunde, Römer, hört mich an...« kann ich heute noch auswendig, obwohl man mich später, auf einer »echten« Bühne, zu meinem Leidwesen, aber begreiflicherweise nie diese meine Traumpartie spielen ließ... Es folgte die Schlacht bei Philippi. Als geschickte Dramaturgen hatten wir uns die überwältigendsten Effekte für den Schluß aufgehoben. Ein Glanzpapierhintergrund bot grüne Erde und blauen Himmel. Rechts ein Baum und links ein Hügel, von Sesseln dargestellt. Diese letzte Szene mußte unbedingt durch ihre glanzvolle Ausstattung wirken, denn sie wurde vollkommen aus dem Stegreif gespielt. Gustav erschien als Brutus in voller Rüstung, die vor Gold- und Silber-Stanniolpapier nur so schimmerte, mit roßhaarbebuschtem Helm, Panzer, Schild, Schwert, Beinschienen – weiß der Himmel, wie lange wir daran gebastelt haben. Gleich darauf kam ich als Marc Anton, ähnlich gerüstet, vom Sessel herab: Kampf. Marc Anton zog sich nach einiger Zeit zurück, um Brutus Gelegenheit zu geben, sich zu erstechen und wirkungsvoll hinzufallen. Aus Versehen fuhr Gustav dabei mit einem Arm in den Hintergrund und riß ihn entzwei. Der letzte Auftritt gehörte dann noch einmal mir als triumphierendem Marc Anton, dann fiel endgültig der Vorhang. Als wir uns verbeugten, hatte das Publikum glücklicherweise den Großteil seiner Zuckerl schon verschossen...

Ungeachtet mancher Unzulänglichkeit hatte unsere Darbietung großen Erfolg, und wir nahmen den Beifall als willkommenen Ansporn, um mit unseren Bemühungen fortzufahren. Im Laufe der Zeit studierten wir eine beachtliche Anzahl von Stücken ein, und nichts war uns zu schwer: Goethes *Götz von Berlichingen* und *Egmont*, Schillers *Wilhelm Tell* und *Wallenstein*, Hebbels *Nibelungen*, Grillparzers *Der Traum ein Leben* und *Weh' dem, der lügt!*, Theodor Körners *Der Nachtwächter* und *Deutsche Treue* und anderes mehr.

Wir spielten entweder stark gekürzte Fassungen oder nahmen überhaupt nur die großen Monolog- und Dialogszenen heraus und ließen das, was dazwischen geschah, von einem Erzähler berichten, kurz, wir erfanden, aus der Not eine Tugend machend, nahezu das epische Theater. Selbstverständlich spielten wir nicht jeden Tag. Proben, Premieren und Reprisen, zu denen es auch kam, mußten sich nämlich nach unseren schulischen Verpflichtungen richten, die leider immer noch Vorrang hatten.

Am Ende jeder Saison konnte ich den Mitgliedern einen detaillierten Bericht über die abgelaufene Spielzeit vorlegen. Hier jener, den ich als stolzer, gerade fünfzehnjähriger Direktor ganz wie ein Profi herausgab:

Cottage Kammerspiele *No. 104*

Rückblick auf die
Saison 1914–1915

Trotz dieser ernsten und sorgenvollen Zeit, hatte sich auch heuer die Direktion der »Cottage Kammerspiele« entschlossen, den Spielplan aufzunehmen. Und sie hat diesen Entschluß wirklich nicht zu bereuen.

Sind doch heuer durch Vorstellungen		*169.46 K*
	durch Spenden, Strafen Photographien	*35.43 K*
Zusammen also eingekommen		*204.89 K*

Um dem Vaterlande einen, wenn auch nur kleinen Dienst zu erweisen, veranstaltete die Direktion zwei Wohltätigkeitsvorstellungen, in denen die ansehnliche Summe von 100 Kronen zusammenkam.

Daher sind die Ausgaben ziemlich gross.

Der »Bausteinsammlung vom Roten Kreuz« (Siehe Bestäti-

gung beim Direktor u. im Spendenausweis) . . 100 K
Die übrigen Auslagen für Dekorationen u. s. w. 72.08 K

Summe 172.08 K

Der Kassenstand beträgt somit
jetzt . . . . 204.89 K. . . Einnahmen
. . . . 172.08 K. . . Ausgaben

Stand: 32.81 K

Zu Beginn der Saison . . . . . 17.76 K
An die Mitglieder sind in diesem Jahre 28.48 Kronen zur Auszahlung gelangt.
Im Hinblick auf das Repertoir wird man sich wohl eine grössere Auswahl von Aufführungen erwartet haben. Aber dies ist nur der 2 ½ monatlichen Krankheit des Direktors Hans Thimig zuzuschreiben, während welcher Zeit nicht gespielt wurde.
Im Ganzen sind heuer 10 Aufführungen abgehalten worden.
»Der Nachtwächter« von Körner . . . . 4mal.
»Deutsche Treue« von Körner . . . . 3mal.
»Weh' dem, der lügt!« von Grillparzer . . . . 2mal.
»Wilhelm Tell« von Schiller . . . . 1mal.
Dieses Jahr war es das erste mal, daß eine Dame in den »Cottage-Kammerspielen« aufgetreten ist, ja es war das erstemal, dass überhaupt ein Gast gespielt hat. Fräulein Melitta Despic hatte die Rolle der Edrita in »Weh' dem, der lügt!« übernommen und hatte auch einen sehr schönen Erfolg erzielt.

Die Mitglieder sind die alten geblieben.

1. Hans Thimig;	*Direktor, Regisseur, Charakterrollenspieler und Komiker.*
2. Gustav Dießl;	*Regisseur, Dekorationsmaler, Heldenspieler.*

3. Otto Starzikowsky; Charakterrollenspieler, Maschienschreiber.
4. Robert Maack
für kleinere Rollen.
5. Richard Maack

Versammlungen wurden drei einberufen, in denen unter anderem auch frische Statuten zusammengestellt wurden. Die Summe der Zuschauer in diesem Jahr beträgt 81.

Hoffentlich wird auch kommendes und alle folgenden Jahre das Erträgnis ein so gutes sein!

Zusammengestellt von
Hans Thimig

Die bewußten Wohltätigkeitsvorstellungen, die wir – wie viele große Bühnen auch – im Krieg veranstaltet hatten und die besagte 100 Kronen einbrachten, erregten natürlich unseren Stolz. Wir übergaben das Geld Alexandrine von Schönerer, die eine der Patronessen des »Roten Kreuz«-Komitees war. Sie besuchte übrigens des öfteren unsere Vorstellungen, ebenso wie Rosa Albach-Retty. Ich weiß noch, daß sie sich königlich über den Ernst amüsierten, mit dem wir Knaben uns der Sache widmeten. Ich glaube, mein Vater, der auch gelegentlich zu unseren Vorstellungen kam, muß spätestens zu diesem Zeitpunkt geahnt haben, daß sein jüngster Sohn gleichfalls hoffnungslos dem Theater verfallen war. Ob er diese unvermeidliche Entwicklung mit väterlicher Sorge oder vielleicht sogar mit väterlichem Stolz beobachtete, vermag ich nicht zu sagen. Jedenfalls äußerte er sich nicht weiter.

Meine Geschwister waren damals in der Ferne, Leni am Königlichen Schauspielhaus in Berlin engagiert, Hermann von Meiningen weg an die Front kommandiert. Dennoch ließen sich beide fortlaufend über meine Tätigkeit berichten. Hermann versorgte mich mit brüderlichen Ratschlägen und sparte auch nicht mit Tadel. So schrieb er mir am 17. März 1915:

...Es ist nachgerade wirklich eine höchst lästige Sache für Dich nebenbei auch noch fürs Gymnasium lernen zu müssen, wo doch schon der Direktor alle Hände voll zu tun hat. Unbegreiflich von Deinen Lehrern, daß sie das nicht einsehen! Trotzdem kann ich nicht umhin, Dir wieder einen Vorwurf als Direktor zu machen. Alles was recht ist, mit dem Ausnützen Deiner Mitglieder gehst Du entschieden zu weit. Du wirst mir mit den »allgemeinen Teuerungen« kommen und daß Du »Kriegsgagen« zahlen müßtest; ja ja, schon gut, aber deswegen brauchst Du es doch nicht gleich dem Reinhardt nachmachen. 20 Heller willst Du einem Deiner besten Mitglieder für den Tagesdruck Deiner neuen Theaterzeitung zahlen. Also das ist die reinste Halsabschneiderei, wenn man bedenkt, was für eine enorme Einnahmequelle die Zeitschrift für Dich bedeuten wird! Du wirst sehen, das wird sich noch einmal rächen. Also rate ich Dir dringend, aus geschäftlichen Interessen, dem Starzikowsky [er war für kurze Zeit als Schauspieler beschäftigt und ich verwendete ihn auch als Mitarbeiter für meine Theaterzeitung, die ich herauszugeben gedachte] *entschieden mehr zu zahlen. Daß Du Dich nun endlich entschlossen hast, auch einmal eine Wohltätigkeitsveranstaltung zu geben ist höchst erfreulich. Lang genug hast Du zu diesem Entschluß gebraucht. Unverschämt von den Mitgliedern Honorare zu verlangen! Aber da siehst Du bereits die Früchte Deines habgierigen Sparsystems!!! Nun beherrsche Dich auch und stecke nicht die Hälfte der Einnahmen in Deine Tasche! Verzeih meine Offenheit.*

Dein Bruder
Hermann

Hermann sprang überhaupt bei aller Liebe recht gern barsch mit mir um. So hatte ich beispielsweise die »Theaterzeitschrift« geplant, selbstverständlich im voraus finanzielle Beiträge kassiert – es waren vergleichsweise nur kleine Summen, aber das echte Geld, das hier aufgewendet wurde, war wieder ein Zeichen dafür, wie ernst wir alles meinten –, und dann war ich nicht zeitgerecht fertig geworden. Hermann ließ mich das wissen:

d. 18. 6. 15

Geehrter Herr
Ich gestatte mir Sie darauf aufmerksam zu machen, daß wir heute, wie auch oben steht, den 18. Juni haben. Den 18. Juni! *Wissen Sie was das heißt? Nicht? Nun, da kann ich Ihnen Aufschluß geben. Vielleicht ist es Ihnen noch dunkel erinnerlich, daß ich mich vor ca. 5 Monaten, sage und schreibe 5 Monaten, auf Ihre »Theaterzeitschrift« aboñiert habe u. Sie es auch fertig brachten mir einen namhaften Betrag dafür abzulotsen. Heute haben wir, wie schon erwähnt, den 18. Juni u. noch entdecke ich keine, aber auch nicht die geringste Spur Ihres Käseblättchens. Jawohl, so muß ich es nennen, denn sonst könnte so eine maßlose Schlamperei in Ihrer Redaktion nicht vorkommen. Alle Ausreden, wie »Kriegszeiten«, »Nicht genug Arbeiter« od. »Feldpost« lasse ich im vorhinein nicht gelten. Ihr Betrieb ist einfach haarsträubend. So, jetzt wissen sie es.*

Ich erwähne nur, daß es selbstverständlich zu einigen Exemplaren der Zeitschrift gekommen ist! Ich war viel zu pflichtbewußt und korrekt, um sie nach der Ankündigung dann nicht herauszubringen. Bis heute besitze ich übrigens die ausführlichen Verzeichnisse, die ich damals – ganz der »listenfreudige« Sohn meines Vaters – von Dekorationen, Kostümen etc. angefertigt habe. Bei mir herrschte Ordnung – bis zum Kulissenverzeichnis:

In dem fast fünfjährigen Bestehen der Cottage-Bodenkammerspiele zwischen 1913 und 1918 habe ich fast alle Berufe ausgeübt, die man sich in einem Theaterbetrieb nur vorstellen kann: Ich war Direktor und führte als solcher ein strenges Regiment, ich war Schauspieler und Regisseur, Autor und Dramaturg, Inspizient, Beleuchter, Bühnenarbeiter und Sta-

tist, Maler, Tischler, Schneider, Garderobier und Requisiteur, Buchhalter, Redakteur einer Zeitschrift – alles in einem.
Viele meiner berühmten Kollegen begannen ihre Karriere, indem sie sich unter den schwierigsten Umständen von einem Provinztheater zum anderen durchschlugen, bis ihnen, oft sehr spät – ich denke zum Beispiel an den unvergeßlichen Hans Moser –, der Durchbruch gelang.
Mir blieben diese Lehr- und Wanderjahre erspart, vielmehr – ich absolvierte sie auf dem väterlichen Dachboden. Ich möchte unser privates, allerdings sehr ernsthaft betriebenes Liebhabertheaterchen gewiß nicht an der bitteren Realität eines Berufstheaters messen. Aber ich habe dort immerhin erfahren, daß Schauspielerei ein Handwerk ist, das man von der Pike auf lernen muß.

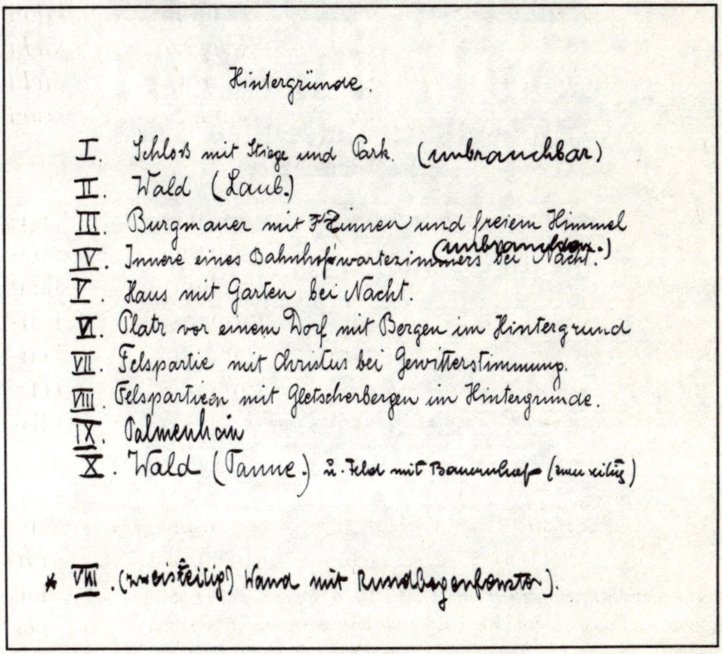
Hintergründe.

I. Schloß mit Stiege und Park. (unbrauchbar)
II. Wald (Laub.)
III. Burgmauer mit Zinnen und freiem Himmel (unbrauchbar.)
IV. Innere eines Bahnhofwartezimmers bei Nacht.
V. Haus mit Garten bei Nacht.
VI. Platz vor einem Dorf mit Bergen im Hintergrund
VII. Felspartie mit Christus bei Gewitterstimmung.
VIII. Felspartieen mit Gletscherbergen im Hintergrunde.
IX. Palmenhain
X. Wald (Tanne.) u. Feld mit Bauernhaus (zweiteilig)

* VIII. (zweiteilig) Wand mit Rundbogenfenster).

Aus dem Kulissenverzeichnis für mein Liebhabertheater

Volk in Not

Ein deutsches Heldenlied (3 Akte)

von Karl Schönherr.

Unter dem hohen Protektorat Sr. k. u. k. Hoheit des durchlaucht. Herrn Erzherzogs Karl Stephan zur Schaffung einer Kriegsinvalidenstiftung für österr. Bühnenangehörige.

Deutsches Volkstheater in Wien.

Uraufführung: Sonntag, den 2. Juli 1916, abends 8 Uhr.

Weitere Aufführungen vom Montag, den 3. Juli 1916, bis einschließlich Sonntag, den 9. Juli 1916, allabendlich 8 Uhr.

Leitung: Hugo Thimig. Regie: Otto Treßler. Bühnenskizzen: Alfred Roller. Dekorative Ausgestaltung: Franz Schallud. Mitwirkende: Marie Athan, August Augmüller, Karl Baumgartner, Hedwig Bleibtreu, Fritz Blum, Else Förn, Franz Füßel, Egon Großkopf, August Helfert, Eduard Heller, Franz Herterich, Alice Hessan-Holzer, Walter Huber, Hedwig Keller, Marie Krall, Wilhelm Leicht, Willy Loehr, Hans Marr, Maria Mayer, Hermann Moncza, Rosa Moncza, Rudi Merstallinger, Fritz Müller, Charlotte Pohl, Artur Ranzenhofer, Jenny Reingruber-Jensen, Julius Roth, Werner Schott, Tini Senders, Fritz Straßni, Otto Treßler, Erika von Wagner-Loehr, Hans Werner, Josef Wiesner, Auguste Wittels, Margarete Witzmann.

Anfang 8 Uhr. Ende 10 Uhr. Nach dem zweiten Akt eine größere Pause. Nach Beginn des Spieles findet der Einlaß nur in den Pausen statt. Abendkassen-Eröffnung 7 Uhr. Preise der Plätze: Für die Uraufführung werden erhöhte Preise erhoben. Für die weiteren 7 Aufführungen gelten die üblichen Preise des Deutschen Volkstheaters. Vorverkauf ab Dienstag, den 27. Juni 1916 bei Hugo Heller, Kunst- und Buchhandlung I., Bauernmarkt 3 und an der Kasse des Deutschen Volkstheaters.

In Anbetracht des wohltätigen Zweckes werden Überzahlungen gegen besondere Bestätigung dankend entgegengenommen.

Preis: 30 Heller.

Druck A. Berger, Wien VIII/2.

Mein erster Bühnenauftritt am 2. Juli 1916 unter dem Pseudonym Hans Werner. Mein Vater hatte die Aufführung organisiert.

1 Helene hatte sich sehnlichst noch ein Geschwisterl gewünscht und war überglücklich über meine Ankunft im Juli 1900. Stolz präsentiert sie das Baby Hans der Kamera unseres Vaters.

2 Onkel Hermann Schöne prophezeite mir eine glänzende Zukunft (oben).

◄ 3 Meine Geschwister Hermann, Fritz und Helene (Leni) hatten in mir einen begeisterten Zuschauer. Unser Vater hielt das Kinderidyll 1901 im Foto fest (vorhergehende Seite).

4 Im Jahr 1905 mit meinen Eltern Fanny und Hugo Thimig.

5 Die Familie Thimig in Wildalpen, 1905. Neben mir v. l. n. r.: Fritz, Mutter, Vater, Hermann, Helene.

6 *Meine Kollegen Karl Eidlitz und Alma Seidler besuchten mich – um 1919 – in Wildalpen. Ich war seit dem 24. Oktober 1918 Burgschauspieler.*

7 *In den Zwanzigerjahren bei Max Reinhardt engagiert zu sein, bedeutete, zwischen Wien und Berlin zu pendeln. In Berlin erstand ich im Herbst 1925 mein erstes Automobil, einen Essex.*

8 *Mit meiner Mutter war ich im Sommer 1927 Gast Max Reinhardts in seinem Salzburger Schloß Leopoldskron.*

10 Die Schauspielerfamilie Thimig, 1930: mich umrahmen (v. l. n. r.): Helene, Hermann und Vater Hugo.

◀ *9 Zweimal Hans Thimig: ein Schnappschuß meines Vaters.*

11 Die Reinhardt-»Verschworenen« formieren sich zum Gruppenbild, 1927: Heinz Herald (1), Einar Nilson (2), Tilly Losch (3), ? (4), Rudolf Kommer (5), Gastgeber Max Reinhardt (6), Hugo von Hofmannsthal (7), Rosamond Pinchot (8), Lili Darvas (9), Helene Thimig (10), Fräulein Witzmann (11), Harald Kreutzberg (12), Wladimir Sokoloff (13), Hugo Thimig (14), Hermann Thimig (15), Paul Hartmann (16).

»Einen Thimig kann man blind engagieren«

Vom Deutschen Volkstheater zum Burgtheater

1916 beschäftigte sich mein Vater intensiv mit dem Dichter Karl Schönherr, den er sehr schätzte. Dessen damals neues Stück *Volk in Not* fand er zwar ausgezeichnet, wagte aber nicht, es am Burgtheater aufzuführen. Es bildete sich jedoch ein Komitee unter dem Protektorat von Erzherzog Karl Stephan, das eine Wohltätigkeitsaufführung im Deutschen Volkstheater initiierte. Von dem Erlös sollte ein Fonds für Schauspieler gegründet werden, die durch den Krieg invalid geworden waren.

Mein Vater übernahm die Organisation der Aufführung und schlug mir vor, daß ich die Rolle des Seppele spielen sollte. Der Seppele ist der jüngste Sohn des Rotadlwirts, den Franz Herterich in diesem Drama verkörperte. Schönherr stellte darin das Schicksal einer Tiroler Bauernfamilie zur Zeit der Franzosenkriege dar – ganz in seiner bewährt erdverbundenen, kraftvollen Art.

Was meinen Vater zu diesem Schritt bewogen haben mag, mich Sechzehnjährigen erstmals auf die Bühne zu stellen, weiß ich nicht. Wir haben nie darüber gesprochen. Für mich bedeutete es nach den Erfahrungen der Cottage-Bodenkammerspiele natürlich etwas ganz Besonderes: mit echten Schauspielern spielen zu dürfen, von echtem Publikum gesehen zu werden, von echten Kritikern Beurteilungen zu erhalten ...

Die Proben, die teils im Theater in der Josefstadt, teils im Malersaal des Burgtheaters und schließlich auf der Bühne des Deutschen Volkstheaters stattfanden, waren ungemein aufregend für mich. Mein Vater hatte netterweise auch meinen Freund Gustav Dießl für eine kleine Rolle engagiert, und gemeinsam brannten wir unbeschreiblich darauf, uns neben großen Kollegen würdig zu erweisen. Einige, wie Hedwig Bleibtreu, die als Rotadlwirtin meine Mutter spielte, kannte ich ja, andere hatte ich bisher nur aus der Distanz bewundert. Den Andreas Hofer spielte Hans Marr, weiters wirkten vom Burgtheater neben anderen Otto Tressler, der auch Regie führte, und Tini Senders mit, vom Deutschen Volkstheater Werner Schott und Hedwig Keller.

Der langerwartete Tag der Premiere – der 2. Juli 1916 – kam. Man hatte einige Befürchtungen gehegt, ob das Publikum inmitten des Krieges ein, wenn auch historisches Kriegsstück sehen wollte. Doch diese Sorge erwies sich als unberechtigt: Die Zuseher feierten den Dichter, das Stück und die Schauspieler enthusiastisch. Vater schrieb in die Familienchronik: »Hans spielt in Schönherrs *Volk in Not* den Rotadl Seppele und zwar sehr brav. Unter dem Namen Hans Werner.«

Dießl und ich hatten ausgemacht, daß wir bei der Aufführung nicht unter unseren wirklichen Namen auftreten sollten. Er nannte sich August Helfert, ich nannte mich Hans Werner. Dieses Pseudonym hatte in unserer Familie eine Art Tradition: Schon Helene hatte versucht, dem verpflichtenden Namen Thimig zu entfliehen und debütierte 1907 in Baden bei Wien als »Helene Werner«. Es nützte ihr ebensowenig wie mir, denn es wußte ohnedies jedermann Bescheid. Der bekannte Kritiker Hans Liebstöckl schrieb im »Extrablatt« unter mein Bild: »Hans Werner, der jüngste Sohn Hugo Thimigs...«, und im »Neuen Wiener Tagblatt« stand zu lesen: »In der Rolle des Seppele debütierte ein flinkes Bürschlein namens Hans Werner. Der Kleine hat warmes Theaterblut. Er ist der jüngste Sohn des Theaterdirektors Thimig.« Da hab ich's dann aufgegeben, aus der Familientradition ausbrechen zu wollen.

Nach der Vorstellung gab es ein großes Fest, bei dem ich Max Grube, dem Intendanten des Hoftheaters von Meiningen, begegnete. Er hat mich allerdings nicht engagiert wie meine Geschwister, vielleicht war ich ihm zu unbekümmert. Er kam

auf mich zu und fragte ein bißchen von oben herab: »Nun, waren Sie sehr aufgeregt?«
Durch meine Cottage-Bodenkammerspiele war ich, offen gesagt, an Aufregendes gewöhnt, und so sagte ich ahnungslos und aufrichtig: »Nein, überhaupt nicht.«
»Ist schon faul«, meinte Grube und entfernte sich indigniert, was für mich Anfänger nicht sehr ermutigend war...
Karl Schönherr war entschieden netter zu mir und sagte mir viel Freundliches. Er schenkte mir sogar sein Foto, auf das er fein säuberlich schrieb: »Das Rotadlbüble bleibt mir haften.« Ich besitze es noch heute.
Am meisten freute und erstaunte mich, daß mein junger Ruhm sogar bis Berlin drang. Von Hermann, der dort bereits bei Max Reinhardt engagiert war, erreichten mich folgende Zeilen:

Lieber Hans Werner!
Gestern stürzte ich mich in einem Kaffee über die Wiener Zeitungen um einiges über das Volk in Not *zu erfahren. Was Felix Salten schreibt, muß man ja auch lesen und so nahm ich mir auch das »Fremdenblatt« vor. Da fiel ich aber dann doch fast vom Stengel als ich über Herrn Werner las! Na, und heute, auf der Untergrundbahn lese ich die »BZ« und finde beiliegende Notiz. Also auch in Berliner Blättern schreibt man über Dich. Ich finde, Du fängst etwas früh an, uns Konkurrenz zu machen. Gefreut hab ich mich aber doch darüber und es tut mir leid, daß ich die Vorstellung nicht sehen kann. Denn die anderen scheinen ja auch ganz nett zu sein, was?*

Sei umarmt von Deinem Hermann

Obwohl mein Debüt auf einer professionellen Bühne recht vielversprechend verlief, hatte es weiter keine unmittelbaren Folgen. Ich widmete mich wieder der Schule und meinem Privattheater.
Etwa ein Jahr später gab es in der Familie große Aufregung, die sich auf mich bezog. Ich wurde in der Blüte meiner

siebzehn Jahre zum Besuch eines »Ergänzungskurses« befohlen, um mein Jahr als »Einjährig Freiwilliger« abdienen zu können, was mitten im Krieg keine sehr angenehme Sache gewesen wäre. Es war eine recht anstrengende Arbeit, die ich neben der Schule unternahm. Zwar bestand ich die Prüfung in der Kadettenschule, aber die ganze Mühe wäre schließlich gar nicht nötig gewesen, weil ich bei der Musterung wegen körperlicher Schwäche für untauglich befunden wurde.
Ich muß gestehen, daß ich damals ziemlich unglücklich darüber war, weil ich mir dadurch minder vorkam und viel lieber schon als »Mann« gegolten hätte, denn immerhin waren meine beiden Brüder im Feld gewesen. Meine Eltern hingegen waren überglücklich, wenigstens mich zu behalten und nicht in dauernder Sorge sein zu müssen.

Am 1. September 1918 schrieb mein Vater in die Familienchronik:

Es kommt von Schwarzkopf die überraschende Nachricht, daß ihn Max Devrient, der jetzige geschäftsführende Regisseur des Burgtheaters, gebeten habe, mich zu sondieren, ob ich geneigt wäre, meinen Hans ans Burgtheater engagieren zu lassen. Ich sage heute Hans noch nichts davon, um ihm die Nachtruhe nicht zu stören, da wir morgen, am 2. September früh 1/44 Uhr aufbrechen zu einer Tagespartie nach Krimpenbach. Dort oben eröffne ich meinem Hans in der Jagdhütte nach dem Frühstück die schöne Chance und telegraphiere, daß ich es sehr gerne sehen würde, wenn das Engagement Hansens zustande käme.

Vater und ich wanderten tatsächlich am nächsten Morgen zur Krimpenbach-Alm. Es war ein ziemlich langer Weg und ein steiler Aufstieg. Oben angekommen, rasteten wir und blickten lange in die Landschaft.
Ich fiel so ziemlich aus allen Wolken, als Vater plötzlich sagte:

»Jetzt muß ich dich einmal was fragen, Hans. Willst du zum Theater gehen?«
»Selbstverständlich«, war meine Antwort.
»Na ja«, meinte er. »Wir haben nie darüber gesprochen, und du hast mir nie etwas davon gesagt.«
Ich hatte in der Tat nie ein Wort darüber verloren. Meine bisherigen Aktivitäten in diese Richtung ließen ja auch eigentlich keinen Zweifel daran. Ich fürchtete nicht Vaterfluch oder Enterbung, ich konnte mir bloß gar nicht vorstellen, daß über Selbstverständliches gesprochen werden müßte. Was hätte ich denn werden sollen? Mein Bruder war Schauspieler, meine Schwester war beim Theater, und mein Vater hatte es in dieser Branche ja immerhin auch zu etwas gebracht! Schauspieler – was sonst!
Beim dritten seiner Kinder, das mit diesem Berufswunsch kam, traf Vater die Eröffnung nicht mehr unerwartet. Mit einer resignierten Geste, die etwa: Da kann man nichts machen! bedeuten sollte, teilte er mir mit, daß ich ans Burgtheater engagiert werden sollte – ich, ein halbes Kind, das nie eine Stunde Schauspielunterricht erhalten hatte.
Wie es dazu gekommen war, erfuhr ich später genauer. Man hat sich nach Max von Millenkovich, der Vater 1917 als Burgtheaterdirektor folgte und die Geschicke des Hauses nur kurze Zeit leitete, auf keinen neuen Direktor einigen können. Da nahmen Hermann Bahr, Robert Michel und Max Devrient als Dreierkollegium die administrative und künstlerische Verwaltung des Burgtheaters wahr. Die Herren zerbrachen sich den Kopf über Neuengagements und kamen auf meinen Bruder Hermann. Aber Max Reinhardt dachte nicht daran, seinen jugendlichen Star, der bei ihm in Berlin einen Triumph nach dem anderen feierte, freizugeben.
Es war Alfred Roller, der berühmte Bühnenbildner, der die drei Herren darauf aufmerksam machte: »Aber es gibt ja noch einen Thimig!« Was er nur zu gut wußte, da er bei *Volk in Not* für die Ausstattung verantwortlich war und

Abschrift

K. K. HOFBURGTHEATER in WIEN.

Zahl *358* Jahr 19*18*

VERTRAG,

welcher vorbehaltlich der Genehmigung durch die k. und k. General-Intendanz der k. k. Hoftheater zwischen der k. und k. Direktion des k. k. Hofburgtheaters einerseits und de*m* Schauspieler *Herrn Hans Thimig* anderseits abgeschlossen worden ist.

Herr Hans Thimig wird ~~(bleibt)~~ für die Kunstgattung als Schauspieler *—* in den Verband des k. k. Hofburgtheaters aufgenommen, und zwar auf Grund der beigefügten, einen integrierenden Bestandteil des Vertrages bildenden allgemeinen Engagements-Bedingungen und folgender besonderen Bestimmungen:

Dieser Vertrag beginnt mit *ersten Oktober tausendneunhundertachtzehn (1918)* und endet mit *dreissigstem September tausendneunhundertdreiundzwanzig, 1923*

Der k. und k. Direktion des k. k. Hofburgtheaters ist das Recht eingeräumt, diesen Vertrag mit Ablauf des *dritten* Vertragsjahres jederzeit mittelst vorhergehender *sechs* monatlicher Kündigung zu lösen.

Herr Hans Thimig erhält während der Vertragsdauer einen Gesamtjahresbezug von *je 6000 (sechstausend) Kronen in jedem der fünf Vertragsjahre.*

eingeteilt in einen Gehalt von *je 3000 (dreitausend) Kronen in jedem der fünf Vertragsjahre,*

ein Garderobegeld von *je 3000 (dreitausend) Kronen in jedem der fünf Vertragsjahre.*

Der jeweilige Gesamtjahresbezug wird in zwölf gleichen Monatsraten antizipativ ausbezahlt.

~~Außerdem erhält~~ ~~für jede Vorstellung, in welcher in einer oder in mehreren Rollen beschäftigt wird, ein Spielhonorar im Betrage von Kronen~~

Eine bestimmte Anzahl von Spieltagen wird nicht zugesichert.

~~Dieses Spielhonorar wird jährlich~~ — ~~male garantiert. Sollte in einem Jahre nicht so oft gespielt haben, als die Garantie beträgt, so~~ ist für jede Absage ~~ein~~ Spielhonorar

~~und für die Anzahl von Tagen, welche .... im Jahre durch Krankheit, außerkontraktlichen Urlaub oder sonstige Gründe dem Dienste entzogen war, der aus dem Verhältnisse der Verhinderungstage zu den Spieltagen des Jahres sich ergebende Prozentsatz an Spielhonoraren abzuziehen.~~

Herr Hans Thimig erhält in jedem der fünf Vertragsjahre einen Urlaub im Sommer während der allgemeinen Theaterferien. Sollte auf Ersuchen des Herrn Hans Thimig ihm ein nicht vertragsmäßiger Urlaub von mehr als drei Tagen auf Antrag der Direktion von der k. und k. General-Intendanz der k. k. Hoftheater bewilligt werden, so verzichtet Herr Hans Thimig auf den der Dauer des Urlaubes entsprechenden Teil des Garderobegeldes ~~und des garantierten Spielhonorars.~~

~~Dem Engagement hat innerhalb der Zeit vom .... 19...... bis .... 19...... ein .... maliges Probegastspiel voranzugehen.~~

~~Falls nicht die k. und k. Direktion des k. k. Hofburgtheaters innerhalb vier Wochen nach Absolvierung des Gastspieles schriftlich erklärt, daß sie vom Vertrage zurücktritt, sind beide Teile an denselben gebunden.~~

~~............ erhält für jede Gastvorstellung ein Honorar von .... Kronen.~~

Herr Hans Thimig darf keine für öffentliche Vorführung bestimmte Filmaufnahmen inszenieren, auch nicht bei einer solchen als Darsteller mitwirken. Im Falle der Zuwiderhandlung ist die Direktion des Hofburgtheaters berechtigt, diesen Vertrag sofort, ohne Einhaltung einer Kündigungsfrist zu kündigen und nur verpflichtet Herrn Hans Thimig die bis zum Entlassungstage verdienten Bezüge zu zahlen. Ausgenommen hievon ist die Beteiligung an einer Filmaufnahme, zu der sich Herr Hans Thimig durch einen vor dem 15. Mai 1913 abgeschlossenen Vertrag verpflichtet hat.

Die eventuelle Konventionalstrafe wird mit sechstausend Kronen bestimmt.

Herrn Hans Thimig steht kein Anspruch auf die Benützung der Theaterwagen noch auf eine Entschädigung bei etwaiger Abschaffung dieser Einrichtung zu.

Herr Hans Thimig verpflichtet sich, für die Zeitdauer dieses Vertrages im Sinne der bestehenden Vorschriften entweder seine Wohnung in der Inneren Stadt Wien oder in den an diese angrenzenden Bezirken zu wählen oder auf eigene Kosten eine direkte telephonische Verbindung zwischen seiner Wohnung und dem k. k. Hofburgtheater herstellen zu lassen.

Vorstehender Vertrag tritt erst dann in Kraft, bis er von der k. und k. General-Intendanz der k. k. Hoftheater genehmigt ist. Bezüglich Erteilung dieser Genehmigung verzichtet Herr Hans Thimig auf die Frist des § 862 a. b. G.

Herr Hans Thimig erklärt, daß er minderjährig ist, daß ferner der Name, mit welchem dieser Vertrag unterzeichnet wurde, der ihm zukommende Vor- und Familienname ist ~~und daß der von ihm geführte Theatername der Unterschrift beigefügt wurde.~~

Wien, den 24. Oktober 1918.

Hans Thimig m. p.

Die k. und k. Direktion des k. k. Hofburgtheaters.

Hugo Thimig als Vater m. p.

Hermann Bahr m. p.

Genehmigt von der k. und k. General-Intendanz der k. k. Hoftheater.

ad 4549 Wien, 29. Oktober 1918

Korsetzky m. p.

Kollationiert und mit dem Originale gleichlautend befunden.
Wien, am 1. November 1918

K. und K. Direktion des K. K. Hofburgtheaters

Mein erster Burgtheatervertrag

dabei den »Hans Werner« auf der Bühne gesehen hatte. Sonst kannte mich keiner.
»Wie alt ist er denn?« erkundigte man sich.
»Achtzehn.«
Na gut, überlegten die Herren. Man könne sich ihn ja einmal anschauen. Er solle kommen und vorsprechen.
Worauf Hofrat Roller entrüstet erklärte: »Einen Thimig kann man blind engagieren. Dafür verbürge ich mich.«
Ja – so kam ich ans Burgtheater.
Meine Eltern waren, so glaube ich, sehr glücklich über diese Schicksalsfügung. Sie wußten nur zu gut, daß ich durch das Engagement ans Burgtheater – abgesehen davon, daß ich ohnedies als untauglich erklärt worden war – nicht mehr zum Militär und Kriegsdienst eingezogen werden konnte. Gründlich, wie mein Vater nun einmal war, erbat er von Hermann Bahr die Nachricht, ob mein Engagement auch als sicher anzusehen wäre. Dieser antwortete postwendend: »Sicher, aber noch Geheimnis.«
Am 24. Oktober 1918 unterzeichnete ich meinen Vertrag. Damit war ich »k.k. Hofburgschauspieler«, wahrscheinlich der letzte, denn wenige Tage später, am 3. November, gab es kein k.k. Hofburgtheater mehr. Mit dem Zusammenbruch der österreichisch-ungarischen Monarchie starb auch die Bezeichnung »kaiserlich-königlich« ... Der Würde des Hauses tat diese Reduktion des Titels keinen Abbruch.
Dieser mein erster Burgtheatervertrag belief sich auf ein Jahr und sicherte mir eine Monatsgage von 6000 Kronen zu. Das war nicht allzu viel, davon konnte man sich gerade einen Anzug und diverse Gebrauchsgegenstände des täglichen Lebens kaufen. Aber ich war ja noch Schüler – obzwar im Schottengymnasium als »ordentlicher Schüler« abgemeldet und als »Privatist« geführt –, wohnte bei meinen Eltern gratis und franko und brauchte nicht viel. Während der Inflationszeit, die in den nächsten Jahren bevorstand, kletterte auch meine kleine Gage in Millionenhöhe, aber das Geld war nichts wert.

Bestimmte Rollen waren mir vertraglich nicht zugesichert, doch ich konnte mit dem, was auf mich zukam, zufrieden sein. Als Fach teilte man mir vorerst den »jugendlichen Komiker« zu. Ich war aber heilfroh, daß ich auch ernste Partien erhielt. Mein Debüt fand am 15. Dezember 1918 statt. Ich durfte allerdings in keiner Premiere mitwirken, sondern hatte nach nur einer Probe als Fischerknabe Jenni in die bestehende Aufführung von Schillers *Wilhelm Tell* hineinzuspringen: »Es lächelt der See, er ladet zum Bade...«, lauteten die ersten Worte, die ich auf den Brettern des Burgtheaters sprach. Ich kann sie heute noch auswendig.

Die Inszenierung stammte von meinem Vater und stand seit 1904 im Repertoire. Damals hatte noch Josef Kainz den Melchthal gespielt. Georg Reimers war als Tell Partner meines kleinen Auftritts. Ich war schon wieder gar nicht aufgeregt – das hat sich in späteren Jahren geändert. Ich spielte die kleine Rolle nach bestem Wissen und Gewissen herunter und fand es gar nicht so schwierig. Ich wunderte mich, daß dieses Ereignis von allen als eine so besondere Sache angesehen wurde. »Mama und ich in der Loge Nr. 4 des ersten Ranges, rechts, als sehr bewegte Zuschauer«, notierte mein Vater in der Familienchronik.

Hedwig Bleibtreu, die in der Rolle der Gertrud mit mir auf der Bühne stand, würdigte mein Debüt mit einem großzügigen Geschenk. Sie überreichte mir die große Chronik von Aegidius Tschudi, zwei dicke Bände, in denen auch der Ursprung der Tell-Sage vorkommt, so wie Schiller sie dann übernahm. Ihrer noblen Gabe legte sie folgendes Brieferl bei:

Lieber Hans!
Nimm dieses Büchlein als Erinnerung an dein erstes Auftreten in Wilhelm Tell *am einstigen k. k. Hofburgtheater. Möge mit dem Einzug* deiner *Jugend auch dem nunmehrigen nur »Burgtheater« eine neue Jugend erstehen und mögest du, der heute als »Jenni« beginnt, dereinst als »Wilhelm Tell« auf diesen bescheidenen Anfang mit Freude zurückblicken und*

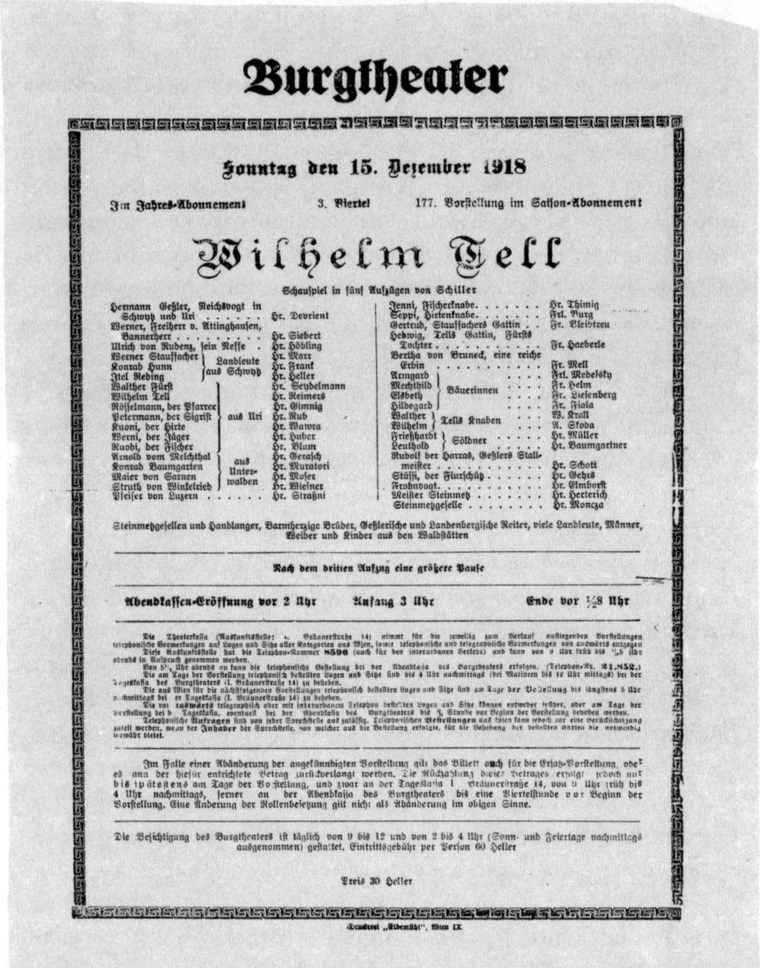

Burgtheater

Sonntag den 15. Dezember 1918

Im Jahres-Abonnement — 3. Viertel — 177. Vorstellung im Saison-Abonnement

Wilhelm Tell

Schauspiel in fünf Aufzügen von Schiller

Hermann Geßler, Reichsvogt in Schwytz und Uri	Hr. Devrient
Werner, Freiherr v. Attinghausen, Bannerherr	Hr. Siebert
Ulrich von Rudenz, sein Neffe	Hr. Höbling
Werner Stauffacher (Landleute aus Schwytz)	Hr. Marr
Konrad Hunn (Landleute aus Schwytz)	Hr. Frank
Itel Reding (Landleute aus Schwytz)	Hr. Heller
Walther Fürst (aus Uri)	Hr. Seydelmann
Wilhelm Tell (aus Uri)	Hr. Reimers
Rösselmann, der Pfarrer (aus Uri)	Hr. Gimnig
Petermann, der Sigrist (aus Uri)	Hr. Rub
Kuoni, der Hirte (aus Uri)	Hr. Wawra
Werni, der Jäger (aus Uri)	Hr. Huber
Ruodi, der Fischer (aus Uri)	Hr. Blum
Arnold vom Melchthal (aus Unterwalden)	Hr. Gerasch
Konrad Baumgarten (aus Unterwalden)	Hr. Muratori
Maier von Sarnen (aus Unterwalden)	Hr. Moser
Struth von Winkelried (aus Unterwalden)	Hr. Wiesner
Pfeifer von Luzern	Hr. Straßni
Jenni, Fischerknabe	Hr. Thimig
Seppi, Hirtenknabe	Frl. Burg
Gertrud, Stauffachers Gattin	Fr. Bleibtreu
Hedwig, Tells Gattin, Fürsts Tochter	Fr. Haeberle
Bertha von Bruneck, eine reiche Erbin	Fr. Mell
Armgard (Bäuerinnen)	Frl. Medelsky
Mechthild (Bäuerinnen)	Fr. Helm
Elsbeth (Bäuerinnen)	Fr. Liesenberg
Hildegard (Bäuerinnen)	Fr. Fiala
Walther (Tells Knaben)	W. Krall
Wilhelm (Tells Knaben)	A. Skoda
Frießhardt (Söldner)	Hr. Müller
Leuthold (Söldner)	Hr. Baumgartner
Rudolf der Harras, Geßlers Stallmeister	Hr. Schott
Stüssi, der Flurschütz	Hr. Gehrs
Frohnvogt	Hr. Elmhorst
Meister Steinmetz	Hr. Herterich
Steinmetzgeselle	Hr. Moncza

Steinmetzgesellen und Handlanger, Barmherzige Brüder, Geßlerische und Landenbergische Reiter, viele Landleute, Männer, Weiber und Kinder aus den Waldstätten

Nach dem dritten Aufzug eine größere Pause

Abendkassen-Eröffnung vor 2 Uhr — Anfang 3 Uhr — Ende vor ½8 Uhr

Die Theaterkassa (Auskunftsstelle: I. Bräunerstraße 14) nimmt für die jeweilig zum Verkauf aufliegenden Vorstellungen telephonische Vormerkungen auf Logen und Sitze aller Kategorien aus Wien, sowie telephonische und telegraphische Vormerkungen von auswärts entgegen.

Diese Auskunftsstelle hat die Telephon-Nummer **8596** (auch für den interurbanen Verkehr) und kann von 9 Uhr früh bis ½5 Uhr abends in Anspruch genommen werden.

Von 5½ Uhr abends an kann die telephonische Bestellung bei der Abendkassa des Burgtheaters erfolgen. (Telephon-Nr. **21.852.**)

Die am Tage der Vorstellung telephonisch bestellten Logen und Sitze sind bis 4 Uhr nachmittags (bei Matineen bis 12 Uhr mittags) bei der Tageskassa des Burgtheaters (I. Bräunerstraße 14) zu beheben.

Die aus Wien für die nächstfolgenden Vorstellungen telephonisch bestellten Logen und Sitze sind am Tage der Bestellung bis längstens 5 Uhr nachmittags bei der Tageskassa (I. Bräunerstraße 14) zu beheben.

Die von **auswärts** telegraphisch oder mit interurbanem Telephon bestellten Logen und Sitze können entweder früher, oder am Tage der Vorstellung bei d[er] Tageskassa, eventuell bei der Abendkassa des Burgtheaters bis ½ Stunde vor Beginn der Vorstellung behoben werden.

Telephonische **Anfragen** sind von jeder Sprechstelle aus zulässig. Telephonischen **Bestellungen** aus Wien kann jedoch nur eine Berücksichtigung zuteil werden, wenn der **Inhaber** der Sprechstelle, von welcher aus die Bestellung erfolgte, für die Behebung der bestellten Karten die notwendig[e] Gewähr bietet.

Im Falle einer Abänderung der angekündigten Vorstellung gilt das Billett auch für die Ersatz-Vorstellung, oder es kann der hiefür entrichtete Betrag zurückverlangt werden. Die Rückzahlung dieses Betrages erfolgt jedoch nur bis spätestens am Tage der Vorstellung, und zwar an der Tageskassa I. Bräunerstraße 14, von 9 Uhr früh bis 4 Uhr nachmittags, ferner an der Abendkassa des Burgtheaters bis eine Viertelstunde vor Beginn der Vorstellung. Eine Änderung der Rollenbesetzung gilt nicht als Abänderung im obigen Sinne.

Die Besichtigung des Burgtheaters ist täglich von 9 bis 12 und von 2 bis 4 Uhr (Sonn- und Feiertage nachmittags ausgenommen) gestattet. Eintrittsgebühr per Person 60 Heller

Preis 30 Heller

Druckerei „Elbemühl", Wien IX.

Debüt am Burgtheater: nach nur einer Probe sprang ich als Fischerknabe Jenni in »Wilhelm Tell« ein.

dich erinnern an deine, dann längst nicht mehr sein werdende, alte Collegin

Hedwig Bleibtreu

Im Gegensatz zu Freunden und Kollegen hatte die Presse von meinem Engagement ans Burgtheater und auch von meinem Debüt keinerlei Notiz genommen. So mußte ich mich mit den Gratulationen im kleinen Kreis zufriedengeben – vor allem die Lehrer am Schottengymnasium waren besonders stolz.
Als zweite Rolle verkörperte ich den Buben Georg in Goethes *Götz von Berlichingen*. Wieder spielte Georg Reimers die Titelrolle, der damals, mit Ende Fünfzig, von den Liebhaberrollen, für die er berühmt gewesen war, ins ältere Fach überwechselte. Ich erinnere mich genau daran, wie er einmal steckenblieb. Plötzlich kam eine endlose Pause – ich versank für ihn fast im Erdboden! Ihm hat es weniger ausgemacht. Schließlich hörte er, was der Souffleur ihm verzweifelt zuflüsterte, und es konnte weitergehen...
Vater schrieb in die Familienchronik:

Hans zum ersten Male in einer bedeutenden Rolle im Burgtheater, als Georg im Götz von Berlichingen. *In seiner ersten Szene durch ein Steckenbleiben seines Gegenspielers Reimers, als Götz, irritiert, sammelte er sich bald zu heller Frische und führte seine Aufgabe zu unserer Herzensfreude sicher durch und fand allgemeinen Beifall!*

Diesmal waren auch Kritiker im Haus und stellten fest, wie sehr ich meinem Vater ähnlich war (eine Tatsache, unter der mein Bruder Hermann in noch weit größerem Ausmaße zu »leiden« hatte): »Gewisse Bewegungen von drolliger Steifheit, sogar die unerwartet breit ausladende Sprechweise erinnern verblüffend an Hugo Thimigs humoristische Manier«, konnte ich da über meinen blonden, rotwangigen, leicht verwilderten Jungen des Götz von Berlichingen lesen.
Nach dieser Rolle war ich übrigens auch für die Zeitungen

interessant geworden. Achtzehnjährig gab ich dem bekannten Journalisten Karl Marilaun ein Interview, der es unter dem Titel »Beim jüngsten Thimig« im »Neuen Wiener Journal« veröffentlichte. Darin konnte er mich gar nicht genug dafür loben, daß ich sozusagen ein ganz normaler junger Mann war und kein, wie er es ausdrückte, »interessantes kompliziertes Nervenbündel und eine literarische Musterkarte sämtlicher gangbarer Neurasthenien«.

Nein, damit hatte ich allerdings wirklich nichts im Sinn.

Dann kam der *Julius Cäsar*, der mir aus meinen Cottage-Bodenkammerspiel-Jahren so vertraut war, auch im Burgtheater auf mich zu – leider nicht der Marc Anton, sondern nur der Lucius. In *Dies irae* von Anton Wildgans wirkte ich unter der Regie des Dichters im Chor mit. Interessant war die Rolle des geistesgestörten Knechts, des »Knechtl«, in Schönherrs *Erde*, einem Stück, das mir damals ungemein gut gefiel. Ich konnte mich anfangs über Mangel an Beschäftigung nicht beklagen. Allein im Jahre 1919 spielte ich elf verschiedene Rollen, darunter auch größere wie den Ulrich in *Logik des Herzens* von Franz Blei. Die Aufführung fand im Schönbrunner Schloßtheater statt, das seit dem 6. Juni 1919 vom Burgtheater bespielt wurde.

Damals war übrigens eine bewegte Zeit für mich, denn an den Tagen, da ich für das Blei-Stück probte, mußte ich auch meine Matura machen. Vater bestand auf diese Prüfung mit gutem Grund. Das Schottengymnasium war als strenge Schule bekannt, und ich kam vielleicht nur deshalb so glimpflich davon, weil ich die Matura als Externist ablegte.

In Mathematik, zum Beispiel – heute kann ich es ja gestehen, ohne Schaden befürchten zu müssen – habe ich schon ein bisserl geschwindelt. Mein Professor ließ mich mit den Fragen allein im Klassenzimmer, und da konnte ich der Versuchung nicht widerstehen, in meinen Schulheften nachzusehen, ob ich nicht irgendwo ein ähnliches Beispiel finden könnte ...

Der Reihe nach wurde ich in allen Gegenständen geprüft. Ich

stand also vormittags vor der Kommission und legte die Matura ab, und abends hatte ich dann auf den Brettern des Theaters Premiere. Mein doppeltes Lampenfieber kann man sich vorstellen. Aber ich fiel nicht durch – weder vormittags noch abends.

Die Aufführung von *Logik des Herzens* war auch noch aus einem weiteren Grund für mich bedeutungsvoll. Ich verliebte mich in meine Partnerin Alma Seidler. Alma, sie war die Tochter des ehemaligen Ministerpräsidenten von Seidler, wurde fast gleichzeitig mit mir ans Burgtheater engagiert, ist aber, anders als ich, ihr ganzes Leben ohne Unterbrechung diesem Hause treu geblieben. Sie war in ihrem Spiel ungeheuer vielseitig, konnte frech sein und poetisch und strahlte immer einen eigenen Zauber aus. Dieser Zauber nahm mich ganz gefangen, und ich wußte, daß das, was vorher an Tändeleien gewesen war, nichts bedeutete im Vergleich zu den Gefühlen, die ich der lieben, blonden Alma entgegenbrachte. Lange Zeit wagte ich es nicht, mich ihr zu erklären. Nun ja, ich spielte schließlich auf der Bühne schüchterne, linkische Liebhaber ... und das war ich auch im Leben. Ich schrieb ihr lange Liebesbriefe, die ich jedoch nicht abschickte. Meine Scheu hinderte mich, die seltsame Überzeugung, daß mich niemand lieben könnte.

Als ich mich schweren Herzens zu einer Liebeserklärung entschloß, nahm sie es lieb und nett auf – aber sie erwiderte meine Gefühle nicht. Denn in ihrem Leben gab es bereits einen anderen Mann, Karl Eidlitz, wie wir Schauspieler am Burgtheater. Beide heirateten, und Ende November 1920 machte ich bei der jungen Familie einen Besuch. Inzwischen war ein Sohn angekommen, und es berührte mich ganz eigenartig, daß Alma ihn Hans genannt hatte. Jetzt erst konnten wir unbefangen Freunde sein, und zwischen uns herrschte privat und beruflich die schönste Harmonie.

Diese Harmonie muß wohl über die Rampe hinweg spürbar gewesen sein, eine ganz Große des Burgtheaters hat es jedenfalls empfunden: Rosa Albach-Retty. 1921 sah sie uns beide,

Burgtheater

Donnerstag den 10. November 1921

Bei aufgehobenem Jahres-Abonnement | **Zu besonderen Preisen**

Zum ersten Mal

Und Pippa tanzt

Ein Glashüttenmärchen in vier Akten von **Gerhard Hauptmann**

Tagliazoni, italienischer Glastechniker	Hr. K. Zeska
Pippa, seine Tochter	Fr. Seidler
Der Glashüttendirektor	Hr. Schmöle
Der alte Huhn, ein ehemaliger Glasbläser	Hr. Danegger
Michel Hellriegel, ein reisender Handwerksbursche	Hr. Thimig
Wann, eine mythische Persönlichkeit	Hr. Paulsen
Wende, Wirt in der Schenke im Rotwassergrund	Hr. Maierhofer
Die Kellnerin in der gleichen Schenke	Frl. Wilke
Schädler } Glasmalermeister	Hr. Siebert
Anton } Glasmalermeister	Hr. Haeussermann
Waldarbeiter	Hr. Moser, Hr. Benard, Hr. Kramer, Hr. Moncza
Jonathan, stummer Diener bei Wann	Hr. Straßni

Gäste bei Wende, ein kropfiger Okarinaspieler

Das Märchen spielt im schlesischen Gebirge zur Zeit des Hochwinters

Regie: Heine

Bühnenbilder: Franz Wacik   Dekorationen gemalt von G. Lehner

Das offizielle Programm nur bei den Billetteuren erhältlich. Preis 8 Kronen

---

Nach dem zweiten Akt eine größere Pause

Kassen-Eröffnung vor 6½ Uhr   Anfang 7 Uhr   Ende vor 9¾ Uhr

Freitag den 11. Vorm Tode — Von ihm alle Tugenden — Die Heirat wider Willen. Bei aufgehobenem Jahres- und Stammsitz-Abonnement. Kein Kartenverkauf (Anfang 7 Uhr)

Der Kartenverkauf findet heute statt für obige Vorstellung und für

Samstag den 12. Und Pippa tanzt. Bei aufgehobenem Jahres-Abonnement (Anfang 7 Uhr)

Weiterer Spielplan:

Sonntag den 13. Nachmittags 2 Uhr: Die Journalisten. Außer dem Jahres- und Stammsitz-Abonnement. Kein Kartenverkauf
Abends 7 Uhr: Und Pippa tanzt

Montag den 14. Hochzeitstage (Anfang 7 Uhr)

Zum Dienstgebrauche

Mit »Pippa« Alma Seidler verband mich privat und beruflich die schönste Harmonie.

blutjung, in Gerhart Hauptmanns *Und Pippa tanzt!* Jahrzehnte später schrieb sie mir, wie sie damals geahnt hätte, daß aus uns beiden etwas werden könnte. Ich erhielt diesen Brief anläßlich einer meiner Geburtstage, und sie gab mir in diesem entzückenden Schreiben auch die große Ehre, mir das »Du«-Wort anzubieten:

Mein lieber Hansl!
Dieser Brief läuft in's Blaue! Ich weiß nicht, wo Du bist, aber einmal wirst Du ihn bekommen und dann sollst Du wissen, daß ich an Deinem Geburtstag mit einem Glas Wein (eine Seltenheit bei mir) mit Dir auf Dein Wohl und Deine Gesundheit angestoßen habe und mit Dir Bruderschaft getrunken habe! Dann erzähle ich Dir, daß ich Dich das erste Mal sah, als ich vor 63 Jahren bei Deinem Vater meinen Antrittsbesuch machte. Es öffnete sich da eine Türe und ich sah ein kleines »Etwas« auf dem Teppich kriechen, das kannst nur Du gewesen sein.
Viele Jahre sind dann vergangen bis ich Dich in Und Pippa tanzt! *(ich glaube mich nicht zu irren) mit Alma Seidler im Burgtheater sah. Und damals spürte man, daß da zwei große Persönlichkeiten heranwachsen. Und so war es! Jetzt möchte ich Dir noch sagen, wie sehr Du mich immer von der Bühne herab beglückt hast durch Deine Einfachheit, Menschlichkeit und Gestaltungskraft. Dafür möchte ich Dir heute danken und wünschen, daß Du uns noch viele, viele Jahre mit Deiner großen Kunst erfreuen mögst.*

Alles, alles Gute!
Herzlichst
Deine
alte
Rosa Albach-Retty

Auch mit Rosa Albach-Retty, die immer reizend zu mir war, durfte ich auf der Bühne stehen. Einmal, in Fritz von Unruhs *Louis Ferdinand, Prinz von Preußen*, hatten wir sogar eine Liebesszene. Sie spielte die Pauline Wiesel, ich den jungen

Hein. Sie hatte mich zu »verführen«, und ich glaube, sie tat es ganz gern...

In derselben Vorstellung gab Else Wohlgemuth die Königin. An ihrer Seite hatte ich schon 1919 meine bis dahin größte Rolle spielen dürfen, was möglicherweise nur auf meine Jugend zurückzuführen war: den Marchbanks in *Candida* von George Bernard Shaw. Die Wohlgemuth war nicht nur für mich der Inbegriff der Schönheit. Als sie seinerzeit engagiert wurde, meinten alle: »Na ja, sie ist wirklich wunderschön, aber halt schon sehr alt.«

Und wie alt war sie? Sechsunddreißig! Damit galt sie damals als alt. Heute ist eine Frau mit vierzig noch jung...

Wenn ich nicht beschäftigt war, ging ich – was heute nicht mehr erwünscht, ja in der Regel sogar verboten ist – zu Proben. Das war meine ganz große Schule, daß ich mich dauernd im Theater aufhielt. Ich lernte beim Zusehen vieles, wie man's machen soll, und vieles, wie man's nicht machen soll.

Diese ersten Burgtheaterjahre waren auch eine Schule für den Ensemblegeist. Daß man von Zeit zu Zeit größere Rollen zu spielen bekam – also etwa den Liebhaber bei Shaw oder den Leon in Grillparzers *Weh' dem, der lügt!* –, bedeutete nicht, daß man nicht auch zahlreiche Diener oder sonstige unbedeutende Rollen verkörpern mußte. Der Puck in einer Freilichtaufführung von Shakespeares *Sommernachtstraum* entschädigte mich für manchen Pagen oder so manche andere Charge.

1920 erlebte ich, daß man auch in einer kleinen Rolle auffallen konnte: In Arthur Schnitzlers Casanova-Lustspiel *Die Schwestern oder Casanova in Spa* spielte ich den Kellner Tito, der zwar nicht viel zu vermelden hat, aber im allgemeinen erotischen Quidproquo auch gern mitspielen würde. Das fiel sogar dem berühmten Kritiker Alfred Kerr auf, der vermerkte: »Das Casanoverl spielte Herr Thimig.«

1919 gab es zu Ehren meines Vaters, der, wie erwähnt, die Rolle des Schmock zu seinen berühmtesten zählte, eine Auf-

Schönbrunner Schloß-Theater

Mittwoch den 8. Oktober 1919

Zum ersten Male

Candida

Ein Mysterium in drei Akten v. Bernard Shaw, deutsch von Siegfried Trebitsch

Pastor Jakob Morell	Hr. Paulsen
Candida, seine Frau	Fr. Wohlgemuth
Burgeß, ihr Vater	Hr. Forest
Alexander Mill, Unterpfarrer	Hr. Schott
Proserpina Garnett, Maschinenschreiberin	Fr. Albach-Retty
Eugen Marchbanks, ein junger Dichter	Hr. Thimig

Ort der Handlung: Die St. Dominikpfarre, Viktoriapark, London E.
Zeit: Oktober 1894

Regie: Paulsen
Dekoration: K. A. Wilke

Das offizielle Programm ist nur bei den Billetteuren erhältlich.

Nach dem zweiten Akt eine größere Pause

Abendkassen-Eröffnung vor ½6 Uhr **Anfang sechs Uhr** **Ende vor ½9 Uhr**

Der Kartenverkauf findet heute statt für obige Vorstellung und für:

Donnerstag den 9. Oktober **Mirandolina – Die Heirat wider Willen** (Anfang **sechs** Uhr)
Freitag den 10. Oktober **Candida** (Anfang **sechs** Uhr)
Samstag den 11. Oktober **Candida** (Anfang **sechs** Uhr)
Sonntag den 12. Oktober **Candida** (Anfang **sechs** Uhr)

Theaterkasse: I. Bräunerstraße 14 (Telefon 8596), Proszeniumlogen- und Parkettsitze
Tageskasse Schönbrunner Schloßtheater (Telefon 82023)
Verkaufsstelle in Hietzing: August Schäfer, XIII. Hietzinger Hauptstraße 7 (Tel. 84035) } Logen-, Cercle-, Parkett- und Galeriesitze.

Zugang und Zufahrt nur durch das Schönbrunner Haupttor

*Meine bis dahin größte Rolle:
1919 der Marchbanks in Shaws »Candida«*

Sonntag den 6. Juni 1920

Im Rahmen der Meisteraufführungen Wiener Musik

Bei aufgehobenem Jahres- und Stammsitz-Abonnement

Zu erhöhten Preisen

Weh dem, der lügt

Lustspiel in fünf Aufzügen von Grillparzer

Gregor, Bischof von Châlons	Hr. Devrient
Atalus, sein Neffe	Hr. Pranger
Leon	Hr. Hans Thimig
Kattwald, Graf im Rheingau	Hr. Siebert
Edrita, seine Tochter	Frl. **Auguste Pünkösdy**
Galomir, ihr Bräutigam	Hr. **Hugo Thimig**
Gregors Hausverwalter	Hr. Baumgartner
Der Schaffer Kattwalds	Hr. Elmhorst
Ein Krieger (Kattwalds)	Hr. Rub
Drei Knechte (Kattwalds)	Hr. Wiesner, Hr. Wolf, Hr. Moncza
Ein Pilger	Hr. Strebinger
Ein fränkischer Anführer	Hr. Herterich

Gäste, Knechte, Mägde bei Kattwald, fränkisches Volk

Schauplatz: Im ersten Aufzuge Dijon; im zweiten, dritten und vierten Aufzuge Rheingau; im fünften Aufzuge vor Metz

„Edrita" Frl. **Auguste Pünkösdy** vom Deutschen Theater in Berlin als Gast
„Galomir" Herr **Hugo Thimig** als Gast

Nach dem dritten Aufzug eine größere Pause

Kassen-Eröffnung vor ½6 Uhr — **Anfang sechs Uhr** — **Ende ½9 Uhr**

Der Kartenverkauf findet heute statt für obige Vorstellung und für:

Montag den 7. Das Märchen vom Wolf (Anfang sechs Uhr)
Dienstag den 8. Medea (Anfang **sechs Uhr**)

Weiterer Spielplan:

Mittwoch den 9. Der Gewissenswurm. „Horlacherlies" Frl. Auguste Pünkösdy vom Deutschen Theater in Berlin a. G. (Anfang **halbsieben** Uhr)
Donnerstag den 10. Liebelei — Literatur (Anfang **sechs** Uhr)
Freitag den 11. Weh dem, der lügt. „Edrita" Frl. Auguste **Pünkösdy vom Deutschen Theater** in Berlin **als Gast**. „Galomir" **Hr. Hugo** Thimig als Gast. Bei aufgehobenem **Jahres-** und **Stammsitz-Abonnement**. Kein Kartenverkauf. (Anfang **sechs** Uhr)
Samstag den 12. Der Bauer als Millionär (**Anfang sechs Uh**
Sonntag **den 13.** Königin Christine (Anfang **halbsieben** Uhr)

Preis 2 Kronen

Heft 9 der **„Blätter des Burgtheaters"** enthält: Franz Werfel, Neuer Prolog zu den Troerinnen und neue Szene der Helena; Franz Herterich, Zur Inszenierung der Troerinnen; Hölderlin, Anmerkungen zum Ödipus; Paul Claudel, Aus dem Agamemnon; Franz Sponda, Alfieri oder über die Verwirklichung der Antike; Vinko Vitezica, Die Hekuba der Jugovici. — Das Heft ist wie alle vorhergehenden bei den Billetteuren und an den Kassen erhältlich.

Eine herrliche Rolle für mich jungen Schauspieler: Grillparzers Küchenjunge Leon

Burgtheater

Freitag den 26. März 1920

Bei aufgehobenem Jahres-Abonnement

Zu erhöhten Preisen

Zum 1. Male

Die Schwestern

oder: Casanova in Spa

Ein Lustspiel in Versen, Drei Akten in Einem von **Arthur Schnitzler**

Andrea Bassi, ein wohlhabender junger Mann aus Ferrara	Hr. Schott
Anina, ein junges Mädchen aus der gleichen Stadt	Fr. Aknay
Der angebliche Baron Santis	Hr. Danegger
Flaminia, die Baronin	Fr. Albach-Retty
Herr von Gudar, ein verabschiedeter holländischer Offizier	Hr. Heine
Casanova	Hr. Treßler
Teresa, eine berühmte Tänzerin aus Neapel	Frl. Marberg
Tito, der Kellner	Hr. Thimig
Ein Lord	Hr. Schmidt
Eine Witwe aus Amsterdam	Fr. Littig
Eine Dame aus Lyon	Fr. Helm
Ihre Tochter	Frl. Löhrmann
Erster Gast	Hr. Müller
Zweiter Gast	Hr. Gehrs

Die Handlung spielt zu Spa, Mitte des 18. Jahrhunderts, an einem Sommertag in dem schönen, beinahe prächtigen Fremdenzimmer eines vornehmen Gasthofes

Gäste, Musikanten, Kellner

Regie: Heine   Bühnenbilder von A. A. Wilke

Die „Blätter des Burgtheaters" (Macbeth-Heft 5/6) bei den Billetteuren und an den Kassen erhältlich

Das offizielle Programm ist nur bei den Billetteuren erhältlich

Keine Pause

Kassa-Eröffnung vor 5 Uhr   Anfang halbsechs Uhr   Ende 3/4 8 Uhr

Samstag den 27. Macbeth. Bei aufgehobenem Jahres- und Stammsitz-Abonnement. Kein Kartenverkauf (Anfang halbfünf Uhr)

Der Kartenverkauf findet heute statt für obige Vorstellung und für:

Sonntag den 28. Die Schwestern oder Casanova in Spa. Zu erhöhten Preisen (Anfang halbsechs Uhr)

Weiterer Spielplan:

Montag den 29. Die Schwestern oder Casanova in Spa (Anfang halbsechs Uhr)
Dienstag den 30. Die Tragödie des Eumenes (Anfang halbsechs Uhr)
Mittwoch den 31. Die Schwestern oder Casanova in Spa (Anfang halbsechs Uhr)

Zum Dienstgebrauche

»Das Casanoverl spielte Herr Thimig«:
Kellner Tito in Schnitzlers »Die Schwestern oder Casanova in Spa«

führung der *Journalisten* von Gustav Freytag. Ich durfte darin den Bellmaus darstellen, den früher mein Vater gespielt und den auch Hermann sowohl in Meiningen wie in Berlin verkörpert hatte. Familienscherze dieser Art liebten Publikum und Presse besonders. So schrieb etwa Felix Salten:

Vor Zeiten ist dieser Hugo Thimig der kleine Bellmaus gewesen, blond, schüchtern und lyrisch ... und da steht nun wieder ein kleiner Thimig als Bellmaus. Genauso blond, genauso schüchtern und genauso lyrisch. Wenn der Vater Thimig die Szene betritt und den jüngsten Sohn als Bellmaus erblickt ... mag ihm wohl ein wenig sonderbar zumute sein. Dann gehen die beiden Arm in Arm ab. Und da wird an Bellmaus und Schmock, an Vater und Sohn, an Hugo Thimig und Hans Thimig, eine besondere Kontinuität sinnfällig. Eine menschliche, eine künstlerische und eine Kontinuität des Burgtheaters ... Das Publikum stürmt Applaus, wie es die beiden Thimigs abgehen sieht.

Für meinen Vater war das ein besonders wichtiger Abend, denn er bedeutete sein erstes Auftreten seit 1915 und seine Rückkehr auf die Bühne, die er nun, als Pensionist, wieder öfter betrat. 1921 wiederholte sich das Zusammenspiel zwischen mir und meinem Vater in Shakespeares *Kaufmann von Venedig*, wo wir, tatsächlich Vater und Sohn, den alten und den jungen Gobbo, spielten. Später, 1924, hat Vater dieselbe Rolle dann in Reinhardts Josefstädter Inszenierung zusammen mit meinem Bruder Hermann verkörpert. Und, um noch tiefer in die Theatergeschichte zu steigen – 1880 hatte mein Vater seinerseits den jungen Gobbo dargestellt. Wer diese Rolle dann nach meinem Abgang vom Burgtheater übernahm, kann niemand erraten: Es war meine angebetete Alma Seidler, die dafür in Hosen schlüpfte.
Es wurde mir nachgerade zur lieben Gewohnheit, mit meinem Vater auf der Bühne des Burgtheaters zu stehen, in Shakespeares *Coriolanus*, in Unruhs *Louis Ferdinand, Prinz*

von Preußen, in Schönherrs *Judastragödie* und in Bahrs *Krampus* ebenso wie in Shakespeares *Wintermärchen*.

»Burgschauspieler zu sein ist kein Beruf, das ist ein Zustand«

Halbgötter, Kollegen, Direktoren

Wenn ich auch mit der Unbefangenheit der Jugend auf die Bretter des Burgtheaters stieg, so bedeutet das doch nicht, daß ich nicht vollen Respekt vor diesem Haus gehabt hätte. Sein Rang als künstlerischer und geistiger Raum war unbestritten. Die Atmosphäre teilte sich jedem Mitglied mit, und die Verbundenheit, die man über kurz oder lang auch selbst empfand, äußerte sich darin, daß man sein Bestes leistete und sich dem »Ensemblegeist« des Hauses ganz selbstverständlich verpflichtet fühlte.

Zu den Traditionen gehörte das Vorhangverbot, das die Schauspieler ohne Einschränkung hinnahmen. Wenn allerdings ein Dichter, ein Gast oder ein Ensemblemitglied anläßlich eines Jubiläums sich dem Publikum zeigen durfte, war das eine besondere Angelegenheit. Der dunkel gekleidete Abendregisseur oder auch ein als Zeremonienmeister fungierender Kollege erschien und verkündete dem hochverehrten Publikum, daß er die Ehre hätte, den Dank von ... auszusprechen. Dann kam der Geehrte hinzu, und schließlich verbeugte er sich allein. Heute, da man das Vorhangverbot nun letztlich aufgehoben hat, mag nicht mehr verständlich sein, welches Hochgefühl die Geehrten seinerzeit bewegte – aber es drückt doch die innere und äußere Haltung aus, die in diesem Haus herrschte.

Zu solchen Formalitäten, die auch mir nicht erspart blieben, gehörte beispielsweise auch, daß man bei seinem Engagement sogenannte »Antrittsbesuche« zu absolvieren hatte. Der Direktor, der Oberregisseur und die ersten Schauspieler des Hauses konnten erwarten, daß sich ein Neuling wie ich im besten Anzug und mit Handschuhen auf den Weg machte. Wenn man Glück hatte, traf man den Besuchten nicht zu Hause an und ersparte sich die mir ohnedies so peinlichen Floskeln. Aber man mußte zumindest seine Visitenkarte abgeben, die an der rechten oberen Seite umgebogen war. Das bedeutete, daß man persönlich vorgesprochen hatte.

Bei solcher Gelegenheit mochten sich auch ganz amüsante Dinge ergeben. Ich erinnere mich noch genau, wie ich bei Carl von Zeska meinen Antrittsbesuch machte. Zeska war zu Hause und bat mich freundlich in den Salon. Ich mußte Platz nehmen. Er fragte mich dieses und jenes – Belanglosigkeiten. Plötzlich schritt er feierlich auf mich zu und sagte: »Junger Freund, jetzt will ich Ihnen verraten, wie ich meine Rollen einstudiere.«

Er löschte die Lampen aus und begab sich in eine Ecke des Salons. Dort holte er von einer kleinen Etagere eine nackte Frauenfigur aus Alabaster mit einer Glühbirne im Bauch herunter. Diese entzündete er, und schummriges Licht erfüllte geheimnisvoll den Raum.

»So studiere ich meine Rollen ein, junger Mann!« ertönte seine Stimme mit Pathos.

Na ja, jeder bekommt seine Inspiration eben anders – ich konnte mich damit nicht anfreunden!

Innerhalb des Ensembles gab es natürlich eine ganz bestimmte Rangordnung. Die Ehrerbietung der jüngeren Mitglieder den älteren gegenüber war eine Selbstverständlichkeit, ebenso die Hochachtung vor dem Können der Stars. Mir fiel der Respekt nicht schwer, hatte ich doch Reimers, Devrient, Zeska und alle anderen Berühmtheiten seit meiner Jugend bewundert. Sie schienen mir unerreichbare Größen der Schauspielkunst, wenn ich auch heute meine, daß ich sie damals vielleicht ein wenig überschätzt habe...

Aber sie waren Persönlichkeiten, wie man sie in unserer Zeit kaum mehr findet. Und so waren mir ein paar Schritte Abstand hinter den älteren Kollegen ganz selbstverständlich, und ich sprach nur, wenn ich gefragt wurde.

Als ich mich einmal – trotz dieses wohl angeborenen und sicher auch anerzogenen Respekts – doch ein wenig zu jugendlich unbekümmert gab, erteilte mir Max Devrient wohlmeinend, aber nichtsdestoweniger streng eine Lektion über Ehrfurcht auf dem Theater.

Es muß in meinem ersten Jahr am Burgtheater gewesen sein, als ich nur eine kleine Rolle spielte. Nach der Vorstellung hatte ich es aus irgendeinem Grund eilig, zog mich schnell um und raste aus der Garderobe. Schon im Laufen setzte ich mir den Hut auf, schlüpfte in meinen Überzieher und rannte über die schon verdunkelte Hinterbühne.

Da trat mir aus dem Schatten Devrient entgegen, der Grandseigneur und Père noble des Hauses. Mit weißbehandschuhter Hand hielt er mich am Arm fest und setzte mit gedämpfter Stimme zu einer kleinen Rede an, deren mahnender Unterton nicht zu überhören war:

»Auch wenn niemand in der Nähe ist, wenn niemand zuschaut, wenn man ganz allein die Bühne überquert, sei es bei Tag oder bei Nacht, nie darf man auf den Brettern, die eine geheiligte Welt bedeuten, den Hut auf dem Kopfe tragen! Ob Jüngling oder Greis: Ehrfürchtig hat man der Bühne durch Abnehmen des Hutes Respekt zu bezeugen!«

Devrient, der einer berühmten alten Theaterfamilie entstammte und am Burgtheater seine Karriere vom jugendlichen Helden bis zum interessanten Charakterspieler durchschritt – er spielte den Alba, den Geßler und König Philipp –, war sich seiner Bedeutung im Rahmen des Hauses wohl bewußt. Er nahm Vorrechte in Anspruch, die man ihm ohne Murren einräumte. Im Künstlerzimmer war ein bestimmter Haken an der Wand nur für ihn reserviert, wo einzig und allein er seinen Hut und seinen Mantel aufhängen durfte. Auch hatte er einen Sessel, auf den sich niemand sonst zu setzen wagte. Wenn er sich im Künstlerzimmer aufhielt, so vermied jeder, im Raum herumzugehen, denn man wußte, daß ihn das nervös machte. Sagte einer im Gespräch etwas Gescheites, so konnte es allerdings geschehen, daß Devrient

ihm huldvoll gestattete, sich von einer Ecke in die andere zu bewegen.
Von Devrient, aber auch von Adolf von Sonnenthal, also von den großen alten Herren des Hauses, erzählte man die Anekdote, daß eine Fliege es wagte, sich auf ihre Nase zu setzen. Starr vor Fassungslosigkeit donnerten die Stars in schönstem Burgtheaterdeutsch: »Wohl wahnsinnig geworden!?«
Über dieses Burgtheaterdeutsch, das von vielen auch als »Burgtheaterpathos« bezeichnet wird, habe ich mir eine eigene Theorie zurechtgelegt. Es geht zweifellos auf jene Zeiten des traditionsreichen Hauses zurück, als oft bis zu 120 Stücke auf dem Repertoire standen und auf Abruf spielbereit sein mußten. Lange Probenzeiten gab es damals noch nicht, also saßen auch die Texte nicht so sicher. Was war die Folge? Alles konzentrierte sich auf den Souffleur, von dem die Schauspieler mehr oder minder abhängig wurden. So spielten sie sich zu ihm hin und sprachen langsam und getragen, um zwischendurch mit halbem Ohr auf die nächsten Einflüsterungen zu lauschen, die ihnen aus dem Kasten vor ihren Füßen entgegenkamen. Konnten sie einmal nicht weiter, so entstand Stille. Diese wurde allerdings mit einer ungeheuren Spannung gefüllt, und das Publikum war fasziniert, denn die Pause wirkte eindrucks- und absichtsvoll gesetzt, bis der erlösende nächste Satz fiel.
An der Abhängigkeit mancher Mimen vom Souffleur änderte sich auch in späteren Jahren nichts, als sich die Anzahl der im Repertoire befindlichen Stücke reduzierte. Es gab nun einmal Schauspieler, die immer wieder mit Textunsicherheiten kämpften und diese entweder virtuos oder auch weniger gut überspielten. Die Episoden, die sich um solche »Hänger« großer Darsteller ranken, sind zahllos. Einer der Souveränsten in dieser Hinsicht war Raoul Aslan. Als man ihn einmal fragte, ob ihn der Souffleur nicht störe, antwortete er: »Stört den Kapitän der Lärm der Schiffsschraube?«
Eine andere Anekdote berichtet von einem Schauspieler, der vor Aufgehen des Vorhangs wie wahnsinnig zum Souffleurka-

sten eilte. Die Souffleuse wollte ihm seinen ersten Satz sagen, aber er zischelte ungeduldig: »Keine Details! Welches Stück?«
Mich persönlich störte der Souffleur besonders dann, wenn es sich um eine Souffleuse handelte, die – wie es tatsächlich vorkam – mir statt des Textes Kußhändchen zuwarf.
Neben dem Souffleur gab es in meinen Burgtheateranfängen noch eine Person, die damals von niemandem als störend empfunden wurde – was sich mittlerweile geändert hat: den Regisseur. Dieser hatte seinerzeit noch nicht annähernd dieselbe Bedeutung wie heute, wo sich die Regisseure oft für allwissend, unentbehrlich und allein maßgebend halten. Früher nahmen altgediente Schauspieler die sogenannte »Regietätigkeit« wahr, zu der sie entweder vom Direktor oder den Kollegen ausersehen wurden. Streng genommen führten sie nicht Regie, sondern arrangierten das Spiel, indem sie Anweisungen gaben, von welcher Seite jemand aufzutreten hatte und wo er abgehen sollte. Stehenbleiben und Niedersetzen wurde ebenso geregelt, und damit hatte es sich sozusagen auch schon. Über »künstlerische Auffassung« oder wie man eine Rolle »anlegt«, wurde nicht gesprochen. Man spielte sie eben so, wie man es für gut und richtig hielt. Da man sich dermaßen selbst überlassen blieb, ist es für mich aus heutiger Sicht fast erstaunlich, daß dennoch ein Zusammenspiel zustandekam. Vielleicht war das nur möglich, weil sich die Schauspieler so gut kannten. Sie waren ja oft jahrzehntelang am selben Haus engagiert, hatten jahrzehntelang dieselben Kollegen und wurden mit ihren Partnern alt.
Im Gegensatz zur heutigen Lebens- und Arbeitsweise war es damals für Schauspieler eine geruhsame Zeit. So etwas wie Film- und Fernsehurlaub gab es nicht, selbst ein Urlaub für ein Gastspiel war nur schwer zu bekommen. Während der Saison trat man am Burgtheater auf, und in den Ferien erhielt man die Rollenhefte, um sich auf die kommende Spielzeit vorzubereiten. Vor allem hatte man Gelegenheit, sich richtig auszuruhen. Es war sogar von seiten der Burgtheaterdirektion

verboten, während des Urlaubs eine berufliche Tätigkeit auszuüben. Dafür bekam man ja, so wurde nicht zu Unrecht argumentiert, zwei Monate lang seine volle Gage ausbezahlt. Das gab es nicht, daß man schon zu Beginn der neuen Saison erschöpft und ausgepumpt war, weil man den Sommer über von einer Festspielstadt in die andere hetzte und zwischen Rundfunkaufnahmen noch rasch einen Film drehte.

Zurück zum alten Burgtheater, wie ich es in meiner Jugend erlebte, und den Rollen, mit denen es dort eine besondere Bewandtnis hatte. Noch in meinen Anfangsjahren unterschied man zwischen Rollen, die einem auf Wunsch oder Anordnung der Direktion »übergeben« wurden, und solchen, auf die ein bestimmter Schauspieler ein unantastbares Besitzrecht hatte. Bekam man eine Rolle übergeben, konnte sie einem jederzeit wieder abgenommen werden, »besaß« man sie hingegen, konnte man sie bis ins hohe Alter spielen, um sie dann nach eigenem Ermessen an einen würdigen Nachfolger weiterzuvererben.

Das setzte allerdings voraus, daß man uneitel genug war, um den richtigen Zeitpunkt zu erkennen, wann man eine Rolle eigentlich nicht mehr spielen sollte. Dieses »Erbrecht« machte es doch tatsächlich möglich, daß am Burgtheater noch Greise in den Partien jugendlicher Helden auftraten. Schon Heinrich Laube, der große Burgtheaterdirektor und -reformer, hatte diesen Mißstand angekreidet und in der berühmten Formulierung verewigt:

> *»Den Romeo spielen hier weißgelockte Greise,*
> *und bei Julias Kuß wackeln die Zähne im Mund.«*

Das führte dann gelegentlich zu szenischen Notlösungen. Als Stella Hohenfels in höheren Jahren noch die Hero in Grillparzers *Des Meeres und der Liebe Wellen* spielte, wurde die Steinbank, auf der sie zu sitzen hatte, geschickt mit einem weichen Polster ausgestattet, der wie Stein bemalt war. Der bei dieser Gelegenheit beanspruchte Körperteil der

Künstlerin war eben im Alter schon etwas empfindlich geworden...
Es ereignete sich aber auch immer wieder der rühmliche Fall, daß einer der ehemaligen Heldendarsteller einsah, daß ihm der Heldenvater doch besser anstünde, und er rechtzeitig ins reifere Fach überwechselte. Diese Erkenntnis kam beispielsweise Hermann Schöne, der relativ früh zu der Überzeugung kam, daß manche Rollen, die ihm gehörten, für meinen Vater besser geeignet wären. Er übergab sie ihm – und stand dann, in anderen Aufgaben, noch oft gleichzeitig mit ihm auf der Bühne. Aber nicht jedem ist es gegeben, dem Jüngeren neidlos den Erfolg in Rollen zu gönnen, in denen er selbst einmal brilliert hatte! Mein Vater jedenfalls dankte Hermann Schöne diese Hochherzigkeit mit lebenslanger Freundschaft und Treue.
Es war besonders eine Schwäche der Damen, die vom Alter gesetzten Grenzen zu übersehen. So verzögerte sich etwa das Engagement von Rosa Albach-Retty, die Max Burckhard vom Deutschen Volkstheater wegholen wollte, um volle drei Jahre, weil ihre Rollen am Burgtheater »besetzt« waren und von den Besitzerinnen ebenso hartnäckig wie erfolgreich verteidigt wurden.
Rollenbesitz war aber bei weitem nicht das einzige Privileg, das den bekanntesten Mitgliedern des Hauses zustand. Wurde ein Akteur zum »Hofschauspieler« erhoben – diesen Titel verlieh der Kaiser in Privataudienz –, so stand ihm zum Beispiel auf Reisen ein reserviertes Bahncoupé zur Verfügung.
Und wehe dem, der es wagte, in solche Vorrechte eingreifen zu wollen! Es kam fast zu einer Palastrevolution, als Direktor Paul Schlenther 1906 erwog, aus wirtschaftlichen Gründen die sogenannten Theaterwagen abzuschaffen. Die Affäre erregte auch bei uns zu Hause die Gemüter, denn mein Vater wurde, obwohl er nicht »geschädigt« werden sollte, in die Sache hineingezogen.
Die vier Theaterwagen wurden vom Burgtheater bezahlt, um

auserwählte Schauspieler zu Proben und zu Vorstellungen zu fahren. Schlenther wollte diese doch recht teure Einrichtung auf sieben Herrschaften beschränken, auf die Damen Hohenfels und Reinhold-Devrient, auf die Herren Sonnenthal, Baumeister, Lewinsky, Hartmann und Hugo Thimig.
Mehr hat er nicht gebraucht! Vor allem das übrige weibliche Ensemble lief gegen diese Anordnung Sturm. Von »Zurücksetzung« und »Protektion« war die Rede, und Schlenther sah sich genötigt, den Rückzug anzutreten, wollte er es sich nicht mit allen Damen des Hauses aufs nachdrücklichste verderben.
Ein Burgtheaterdirektor konnte sich nur halten, wenn er nach allen Seiten für Kompromisse offen war. Er mußte seine Schauspieler kennen, aber auch sein Publikum!
Dieses erkor sich seine Lieblinge sehr kritisch. Wer aber die Gunst der Wiener einmal gewonnen hatte, dem bewahrten sie treue Anhänglichkeit und zeigten rege Anteilnahme an dessen Wohl und Wehe. Daraus entstand nicht selten ein regelrechter Starkult, und die Neugier der Verehrer folgte den so Bewunderten des öfteren bis ins Privatleben hinein. Nicht nur Rollen, Rollenwechsel, Triumphe und Niederlagen, auch Liebesgeschichten und Heiratssachen wurden so zum Gegenstand allgemeinen Interesses.
Zu dem ergreifendsten Ritual, das das Burgtheater seinen Mitgliedern bieten konnte, gehörte der endgültige Abschied. Das bedeutete, daß der Verstorbene auf der Bühne, die einst seine Welt bedeutet hatte, aufgebahrt wurde. Das ganze Ensemble versammelte sich um den Sarg und geleitete ihn im feierlichen Kondukt um das Haus herum. Meist hatten sich dann auch Tausende Zuschauer eingefunden, die gleichfalls von dem Toten Abschied nahmen und an der Ringstraße Spalier standen. An diesem Brauch wurde noch bis in die jüngste Zeit festgehalten.
In meiner Erinnerung erscheinen die Burgschauspieler wie eine große, glückliche Familie. Das entsprach natürlich nicht der Wirklichkeit. Sicher, sie kannten sich gut, verkehrten

auch vielfach privat und trafen sich am Burgtheaterstammtisch. Dort, beim »Perschil«, konnte es geschehen, daß Hedwig Bleibtreu an einem Abend zehn Krügel Bier und dazwischen jeweils ein Stamperl Schnaps trank.
Menschliches, Allzumenschliches war auch den hochverehrten Persönlichkeiten des traditionsreichen Hauses nicht fremd. So tat es der allgemeinen Würde durchaus keinen Abbruch, wenn eine Probe unterbrochen werden mußte, weil eine Schauspielerin in der Garderobe ihr Baby stillte. Es war Annie Rosar, die sich diese Extravaganz leistete. Wenn sie in ihrem großen Elektromobil am Bühnentürl des Burgtheaters vorgefahren kam, entstiegen ihm auch der Chauffeur und das Kindermädchen mit dem Baby. Und sie schaffte es mühelos, sowohl den Pflichten dem Kind wie ihrem begeisterten Publikum gegenüber nachzukommen.
Annie Rosar war kurz vor mir, also 1917, ans Burgtheater gekommen. Sie schied dann ein Jahr vor mir aus, allerdings ohne später wiederzukehren.
Daß sie absolut nicht aus der Fassung zu bringen war, bewies sie in einer Vorstellung von Hebbels *Judith.* Ich saß als Zuschauer im Parterre und schwitzte Blut, als ich merkte, wie sich mitten in ihrem Monolog langsam an ihrer oberen Nasenwurzel die aufgeklebte, klassisch geformte Nase zu lösen begann. Unbefangen griff sie danach und drückte sie fest, was aber nichts nützte: Sie wollte nicht mehr kleben. Kurz entschlossen zog sie sie herunter – und spielte die Judith mit ihrer angeborenen böhmischen Nase weiter.
Mein Bestand an Burgtheatererinnerungen ist deshalb so reich, weil er nicht nur meine eigenen betrifft, sondern auch jene meines Vaters. Und da er so manchem seiner berühmten Kollegen einen Streich spielte, war sein Anekdotenschatz bedeutend.
Mein Vater konnte Tränen lachen, wenn er erzählte, wie er seinen Kollegen Ludwig Gabillon bei seiner Eitelkeit packte, einer kleinen, aber selbstverständlichen Schwäche, an der mehr oder weniger jeder Schauspieler leidet... Die Sache

trug sich während einer Nordlandreise des Ensembles zu. Damals gab es nämlich noch Mäzene wie zum Beispiel den Industriellen Leitenberger. Dieser machte sich eine Ehre daraus, prominente Schauspieler des Burgtheaters auf große Reisen einzuladen, alles erster Klasse, kein Heller zu bezahlen!

Bei einer solchen Fahrt – es ging zum Nordkap – war also Gabillon dabei, ebenso Hermann Schöne und mein Vater, die sofort überlegten, wie sie dem immer ein bißchen eingebildeten Kollegen einen Streich spielen könnten. Und natürlich fiel ihnen etwas ein.

Vater beschaffte sich einen Stoß von Fotos, die Gabillon zeigten, und schickte sie an die Gaststätten voraus, in denen die Reisegruppe laut Programm absteigen sollte. Dazu schrieb er, man möge diese Bilder an den Wänden aufhängen, denn es handle sich dabei um eine bedeutende Persönlichkeit, der man Reverenz erweisen müsse.

Die ahnungslosen norwegischen Gastwirte taten, was ihnen aufgetragen wurde. Wichtig ist zu erwähnen, daß die übrigen Kollegen in den Plan meines Vaters und Schönes eingeweiht waren.

Als die Gesellschaft bei der ersten Unterkunft anlangte, beobachteten alle verstohlen Ludwig Gabillon. Dieser sah sein Foto an der Wand prangen, schien ein wenig erstaunt, sagte aber nichts. Als er im zweiten, dritten, vierten Gasthaus gleichfalls sein Konterfei vorfand, war er allerdings doch geschmeichelt. Schließlich konnte er nicht mehr an sich halten: »Was sagt ihr, wie berühmt und bekannt ich hier bin?« fragte er die Kollegen, die Mühe hatten, das Lachen zu unterdrücken.

»Ja, ja«, antwortete mein Vater trocken. »Hier bist du berühmt!«

Worauf Gabillon endlich die Erleuchtung kam. »Schweinehunde«, zischte er erbost, mußte aber dann doch selbst lachen.

Mein Vater war unerschöpflich in komischen, schrulligen,

verrückten Ideen. Als er auf dieser Reise bei Hammerfest zur nördlichsten Stelle Europas kam, einem Felsen, der weit in das Meer ragt, ließ er sich an ein Seil festbinden und kletterte mit einem Hammer in der Rocktasche hinaus. Dort schlug er das äußerste Felsstück ab und beraubte somit Europa seiner äußersten Spitze. Damit hätte er, wie er stolz verkündete, die gute alte Erde geographisch verunstaltet... Der Stein zierte den Schreibtisch meines Vaters und ging dann in den Besitz meines Bruders Hermann über.

Ein anderes Mal unternahm eine buntgewürfelte Gruppe von Burgtheaterschauspielern eine Seereise nach Griechenland. Die meisten waren wohlvorbereitet auf den Ausflug in die Antike gegangen, mit Reiseführern versehen und voll Begierde auf die Sehenswürdigkeiten, die sie erwarteten.

Als das Schiff an einer langgestreckten Inselgruppe vorüberfuhr, erschien Max Devrient an Deck. »Was ist das für eine Insel?« erkundigte er sich.

»Das ist Chalkidike«, erklärte man ihm.

Bevor man ihm noch die Attraktionen der Insel preisen konnte, drehte er sich um, ging unbeeindruckt weiter und begab sich schließlich unter Deck, um Kaffee zu trinken.

Nach einiger Zeit kam er wieder nach oben. »Was ist das für eine Insel?« fragte er angesichts neuerlicher Felsenmassen.

Abermals erhielt er die Antwort: »Chalkidike.«

»Immer noch?« brummte Devrient und hatte endgültig genug. Pikiert zog er sich zurück und erschien erst wieder, als es Zeit war, an Land zu gehen.

Solcher Unverstand, wenn es ihn auch geben mußte, war aber nicht die Regel. Jedenfalls wußten die Burgtheaterleute, wie mein Vater erzählte, im großen und ganzen die generösen Einladungen sehr zu schätzen, und bedauerten es außerordentlich, als sie aufhörten.

Ja, so waren sie, die vielgeliebten, vielgepriesenen Halbgötter des Burgtheaters, von denen ich manche noch als Kollegen erleben durfte: genial in der Kunst der Darstellung, selbstherrlich in ihrem Auftreten und imponierend in ihrem Gehaben. Und natürlich schwierig, eigenwillig und kauzig im Alltag – wie sollte das auch anders sein, wenn künstlerische Sensibilität und übertriebener Individualismus auf der Bühne ihr Recht war! Sie verkörperten eine eigene, zweifellos liebenswerte Welt, deren Aura eine Atmosphäre prägte, von der Alexander Girardi einmal sagte: »Burgschauspieler zu sein ist kein Beruf, das ist ein Zustand.«

Nicht nur die Schauspieler prägten das jeweilige Flair des Hauses, sondern auch die einzelnen Direktoren. In meiner frühen Burgtheaterzeit kam ich auf eine erkleckliche Anzahl, weil sie häufig wechselten.

An die allererste Zeit, an das Dreierkollegium Bahr, Devrient und Michel, das mich engagierte, habe ich keinerlei besondere Erinnerungen. Da war ich zu sehr mit mir selbst beschäftigt. Außerdem »regierten« die Herren nur genau zwei Monate, nämlich von Anfang September bis Ende Oktober 1918. Es folgte Albert Heine. Er war ein wirklich profilierter Schauspieler und Regisseur, der über Berlin und München an das Burgtheater engagiert wurde, wo er bald eine außerordentliche Stellung bekleidete. Er spielte Shylock, Richard III., Mephisto, Geßler und ähnlich bedeutende Rollen.

Er erbte das Haus in einer wirklich verzweifelten Situation. Er trat am 1. November die Direktion an, am 3. November brach die Monarchie zusammen. Das war eine trostlose Zeit: Mangel an den notwendigsten Gütern, man hungerte, man fror, weil es keine Kohlen gab, die Arbeitslosen demonstrierten in den Straßen, und wer berühmt genug war, wanderte nach Deutschland aus, wo die Zustände angeblich nicht so katastrophal waren.

Mein Vater und ich blieben natürlich, und ich erinnere mich an Heine, den ich immerhin zweieinhalb Jahre lang erlebte, sehr gut. Als er kam, hatte ich das Gefühl: »Endlich ein Direktor, der alles in die Hand nimmt!« Er war eine impulsive Persönlichkeit, ein Verfechter engagierter Schauspielkunst. Wenn er Regie führte, begnügte er sich nicht mit dem bloßen

Arrangement der Szenen, dann konnten »die Fetzen fliegen«: »Jetzt paßt doch alle einmal auf, Himmeldonnerwetter!« fluchte er gar nicht im Stil des Hauses, aber wirkungsvoll, und wenn er tobte: »Himmelhund, verfluchter, ich erschlage dich mit einem Klosettdeckel«, dann war das anno dazumal gar nicht so lustig, wie es sich heute anhört.

Ich war allerdings begeistert von ihm als Regisseur: Endlich jemand, der sich die Mühe machte, ein Stück wirklich zu erarbeiten. Und wenn man Albert Heine näher kannte, entdeckte man unter der rauhen Schale den weichen Kern und ein wirklich gutes Herz.

Zu mir war er sehr freundlich – einmal auf Kosten eines anderen Kollegen, nämlich Philipp von Zeskas. Dieser kam eines Abends furchtbar wütend in meine Garderobe: »Du, ich mache dich aufmerksam, du hast den Hellriegel in der *Pippa* bekommen! Aber mir ist er versprochen worden, und jetzt gehe ich zum Heine und beschwere mich.«

»Tu, was du nicht lassen kannst«, sagte ich darauf.

Zeska stürmte die Direktion und klagte Heine: »Herr Direktor, Sie haben mir doch die Rolle des Hellriegel versprochen, und jetzt hat sie der Thimig bekommen!«

Worauf Heine nur meinte: »So, der Thimig. Dann habe ich sie dem Thimig eben früher versprochen.«

Der Hellriegel war eine meiner Lieblingsrollen – ich spielte sie oft und gern. Als ich allerdings darin Premiere hatte, es war Ende 1921 und Alma Seidler, wie bereits erwähnt, meine Partnerin, war Heine schon nicht mehr Direktor, sondern nur mehr Regisseur der Aufführung. So schnell ging das damals am Burgtheater.

In meiner Erinnerung gibt es zu *Und Pippa tanzt!* noch eine Geschichte, von der ich immer annahm, daß ich sie erlebt hätte. Später kam ich zur Überzeugung, daß ich sie wahrscheinlich nur hörte. Ich will sie aber trotzdem berichten, als wäre es meine Geschichte – was ja schließlich auch möglich ist.

Nach der Premiere von *Und Pippa tanzt!* fand eine Feier statt,

bei der auch der Dichter, Gerhart Hauptmann, anwesend war. Er sagte mir allerhand Schmeichelhaftes über meine Leistung in dieser Rolle.
Worauf ich, durch sein Lob ermutigt, die Frage an ihn wagte: »Bitteschön, Herr Hauptmann, was wollten Sie eigentlich mit dem Stück? Was bedeutet es? Was hat es für einen Sinn? Wir haben uns während der Proben viele Gedanken gemacht und sind auf allerlei Auslegungen gekommen. Aber jetzt, wo ich die Ehre habe, Sie persönlich zu treffen, würde ich gern wissen: Was haben Sie sich dabei gedacht?«
»Das kann ich Ihnen schon sagen«, antwortete Hauptmann. »Ich habe mir nichts gedacht – ich habe nur gedichtet.«
Möglicherweise widerfuhr diese Geschichte aber nicht mir, sondern meinem Bruder Hermann, als er 1919 in Berlin den Hellriegel spielte. Wir konnten uns später nie einigen, wem sie eigentlich passiert sei. Kann sein, daß sich meine Phantasie die Erzählung meines Bruders so lebhaft aneignete, daß ich schwören könnte, ich wäre es gewesen. Oder vielleicht hat sich auch Hermann geirrt!
Der Grund dafür, daß diese Episode auf mich solchen Eindruck machte, lag in dem lapidaren Satz: »Ich habe mir nichts gedacht.« Heute ist es doch so sehr Mode geworden, in der Literatur und beim Theater über alles tiefschürfend nachzudenken, zu analysieren, zu diskutieren, zu »hinterfragen« – so sehr, daß dabei die Dichtung oft auf der Strecke bleibt. Meiner Überzeugung nach schafft der wahre Dichter, so wie Hauptmann, aus der Inspiration, und das Grübeln darüber, was er gemeint haben könnte, überläßt er ruhig den anderen. Dazu gibt es übrigens noch eine bekannte Anekdote, die so gut hierher paßt, daß ich sie für alle erzählen will, die sie möglicherweise noch nicht hörten. Sie bezieht sich auf den norwegischen Dichter Henrik Ibsen. Als sein Drama *Gespenster* am Burgtheater aufgeführt werden sollte, fragte die Dramaturgie gewissenhaft bei ihm an, ob Engstrand den Brand auf seinem Besitz selbst gelegt hätte oder nicht. Im Stück bleibt die Frage nämlich offen.

Das Antworttelegramm von Ibsen lautete: »Zuzutrauen wäre es ihm. Beste Empfehlungen, Ibsen.«
Und Arthur Schnitzler lehnte es einmal ab, einem interessierten Frager eines seiner Stücke zu interpretieren: »Wenn das Werk nicht für sich selbst spricht, bitte ich, es als mißlungen zu betrachten«, erklärte er.
Aber zurück zu Albert Heine. Der Tatsache, daß er das Burgtheater haßte, nicht die Institution, wohl aber das Haus am Ring, verdankten wir Schauspieler eine neue Spielstätte, das Schönbrunner Schloßtheater.
Ich trat dort recht gerne auf, aber Heine fand diese Lösung auch nicht ideal. Er hatte überhaupt so manche Pläne, von denen man am Burgtheater nichts wissen wollte und über die er letztlich stolperte – sei es, ob es darum ging, das Deutsche Volkstheater dem Haus anzuschließen oder gar, Max Reinhardt als Regisseur zu engagieren. Presse und Ensemble stellten sich gegen den Direktor, und ich war froh, daß er uns wenigstens als Regisseur erhalten blieb.
Auf Heine folgte Anton Wildgans, den ich als Dichter sehr verehrte. Ich habe nur sein erstes »Gastspiel« als Direktor, von Februar 1921 bis Juli 1922, miterlebt; als er ein zweites Mal ans Haus berufen wurde, war ich nicht mehr dort.
Ich kannte Wildgans persönlich schon seit den Proben zu *Dies irae*, als ich bei der Uraufführung im Februar 1919 im Chor mitgewirkt hatte. Er erschien oft im Zuschauerraum, und ich konnte erleben, wie ernsthaft und eingehend er sich mit den Rolleninterpretationen auseinandersetzte. Wildgans besaß ein starkes Gefühl für das Schauspielerische und auch ein gerütteltes Maß an eigenem Talent. Er konnte uns sehr gut vorspielen, wie er sich etwas vorstellte.
Wildgans kam und war von edelstem Idealismus beseelt, aber – wie wir alle bald feststellen konnten – kein Theaterpraktiker. Er besaß auch durchaus nicht die Nerven, mit den Intrigen, die es hinter den Kulissen nun einmal gibt, und mit den Angriffen der Presse, denen jeder Burgtheaterdirektor ausgeliefert ist, fertigzuwerden.

Um zu demonstrieren, wie hilflos Wildgans den Problemen des Theateralltags gegenüberstand, erzählte man folgende Geschichte: Man meldete ihm mit allen Anzeichen einer großen Krise: »Herr Direktor, etwas Furchtbares ist passiert! Heute abend ist *Fiesco*, aber der Herr Tressler ist krank geworden. Jetzt haben wir abgesagt. Aber was sollen wir statt dem *Fiesco* spielen?«

»Ojeoje...«, sinnierte Wildgans in tiefstem Baß. »Furchtbar ist das, ganz furchtbar! Was spielen wir denn...? – Wie spät ist es übrigens? – Schon halb zwei? Also, Mahlzeit, meine Herren, ich gehe jetzt essen.«

So ging es natürlich nicht. Außerdem wurde Wildgans in die Gegnerschaft zu Max Reinhardt gehetzt, mit dessen Berliner Ensemble Albert Heine noch einen Gastspielvertrag abgeschlossen hatte. Es gelang mittels vieler Intrigen, dieses in den Redoutensaal abzuschieben. Dort hatten dann Reinhardt und seine Schauspieler großen Erfolg. In *Clavigo* konnte ich meine beiden Geschwister erleben. Vater war, wie in der Familienchronik nachzulesen ist, ganz entzückt von Helene, aber wütend, daß Hermann in der kleinen Rolle des Buenco auftreten mußte, die in Wien immer nur von unbedeutenden Schauspielern gespielt wurde. Was andrerseits nur bewies, welchen Besetzungsluxus sich Reinhardt leistete. Außerdem erhielt Hermann noch reichlich Gelegenheit, in seiner Vaterstadt zu brillieren!

Wildgans verschaffte dem Burgtheater dann endgültig sein kleines Haus, das Akademietheater. Als es allerdings eröffnet wurde, war er schon nicht mehr Direktor des Burgtheaters. Wieder hatte eine kurze Laufbahn ein Ende gefunden. Ich sah mich, nach noch nicht vier Jahren an diesem Haus, bei der vierten Direktion angelangt. Doch auch Max Paulsen, der Nachfolger von Wildgans, blieb nur für eine Spielzeit in diesem heiklen Amt.

Für mich war Max Paulsen *der* Direktor. Er schaffte tatsächlich in dem unter den vielen Direktoren etwas desolat gewordenen Theaterbetrieb so etwas wie Ordnung. Preußische

Ordnung. Er war ausnahmslos streng gegen jeden, voran gegen sich selbst. Das mochte an seiner Herkunft liegen. Er stammte aus Hamburg, spielte in Berlin, wurde von Schlenther, dem Erz-Preußen, ans Burgtheater geholt. In der Direktionszeit meines Vaters konnte er sich dann schauspielerisch so richtig entfalten – seine Möglichkeiten waren zwischen dem Bancban und dem Higgins weit gefächert. Als man ihm die Direktion des Hauses übergab, war auch er einer der großen Schauspieler – wie vor ihm mein Vater, Devrient oder Heine –, die als »Notlösungen verheizt« wurden. Immerhin, er packte die Sache energisch an und brachte in der kurzen Zeit so manches zustande.
Und das, obwohl er so unösterreichisch war, jedem Versuch einer Protektion, und kam sie auch von höchster Stelle, unzugänglich, unbeeinflußbar durch Schmeicheleien und Lobhudeleien, denen er mit Röntgenaugen hinter die Fassade blickte. Ein Mann von Format.
Natürlich hatte auch er Fehler – so brachte ihn seine Akkuratesse zu Verfügungen, über die man nur lächeln konnte. Er ordnete zum Beispiel an, daß in jedem Büro der Schreibtisch leer zu sein hatte, wenn sein Besitzer den Raum verließ. Alles mußte weggeräumt sein.
Er war allen Mitgliedern des Hauses gegenüber sehr anspruchsvoll. Bei ihm wußte man nie, womit man zu rechnen hatte. Es war ungewiß, ob er plötzlich auf der Bühne oder ob er in der Schneiderei erscheinen würde, er tauchte unvermittelt in der Dramaturgie auf – mit einem Wort, man war nirgends vor ihm sicher. Und gleich meinem Vater, als dieser Burgtheaterdirektor war, fand man auch Paulsen jeden Abend im Theater.
Für uns gab es durch ihn manche Neuerung: das Akademietheater als neue Bühne, wie schon erwähnt, und die Einführung der Spielhonorare. Letzteres erwies sich als fruchtbare Idee, die das Niveau der einzelnen Vorstellungen hob. Sie wurden besser, weil es große Schauspieler dank dieses Spielhonorars nicht mehr unter ihrer Würde fanden, auch in

kleineren Rollen aufzutreten. Für Chargen gab es nun höhere Gagen – Paulsens Trick funktionierte.
Ich mochte ihn wirklich gern, und ich bin stolz darauf, sagen zu können, daß ich ihn auch privat gut kannte. Auch darf ich mir einbilden, daß diese Sympathie auf Gegenseitigkeit beruhte. Denn zu seinen persönlichen Freunden durfte sich nicht so bald jemand zählen. Das hing mit jenen Eigenschaften zusammen, die ich so an ihm schätzte, dem verbohrt Schrulligen, dem Kauzigen und nicht zuletzt mit seinem vielleicht sogar etwas übertriebenen Gerechtigkeitssinn. Allerdings nahm ihm nicht jeder seine Extravaganzen ab. Gar mancher nannte seine Eigenheiten Affektation und Snobismus.
Aber er war kein Poseur, er meinte alles immer zutiefst ehrlich. Auch wenn er Dinge tat, die aller Welt seltsam erscheinen mußten. So weigerte er sich standhaft, den Dienstwagen zu benützen, der seine Gattin, Hedwig Bleibtreu, die in zweiter Ehe mit ihm verheiratet war, zu Proben und Vorstellungen ins Burgtheater brachte. Er tat es auch nicht, wenn er gleichzeitig mit ihr im Theater zu tun hatte. Nein, er wäre um keinen Preis in den Wagen gestiegen. Nicht, daß er seiner Ehefrau das Vorrecht mißgönnte, keineswegs. Aber ihm stand der Wagen nicht zu, und Ordnung mußte sein.
Vielen mag Max Paulsen nur unter dem Namen Peter Petersen ein Begriff sein. 1934 entdeckte ihn Willi Forst für den Film. Er spielte in *Maskerade* und in vielen anderen Filmen mit außerordentlichem Erfolg. Interessant war seine zwiespältige Einstellung zu seiner Tätigkeit als Filmschauspieler. Wenn er »Petersen« war, fühlte er sich richtiggehend als eine andere Person. Das konnte so weit gehen, daß er in seiner Eigenschaft als »Bühnenschauspieler Max Paulsen« über den »üblen Filmisten Peter Petersen« schimpfte – wie ernst er das meinte, weiß ich nicht. Aber wenn er mir gegenüber dieses Spiel spielte, freute er sich sichtlich, wenn ich darauf einging.
Im Privatleben wollte er nicht als Schauspieler angesehen

werden. Auf der Bühne imponierte er mir ungeheuer durch seine Gestalt, sein Organ, seine Ausdruckskraft und – nicht zu vergessen – seinen Humor! Besonders überzeugte er durch die Darstellung aufrechter, lauterer Charaktere, die er ohne Pathos und Überschwang zeichnete.

Und so war er auch als Regisseur. Stark dem Realismus zugetan, führte er uns Schauspieler mit fester Hand. Sachlichen Einwänden gegenüber hatte er jedoch immer ein offenes Ohr.

Paulsen erzählte mir einmal, was er während des Ersten Weltkriegs, den er als jüngster Offizier der deutschen Armee mitmachte, erlitten hatte. Durch einen Granateinschlag wurde er für Stunden verschüttet und verlor in der Folge für einige Zeit sein Gedächtnis. Später fand er es wieder – schärfer und durchgeistigter. Das Erlebnis Weltkrieg ließ ihn jedoch nicht los. Forschungen auf militärwissenschaftlichem Gebiet wurden sein Hobby. In jeder freien Minute arbeitete er an einem Werk, das die Gründe der Waffenniederlage darlegen sollte. Als er in jahrelanger Arbeit mehrere Bände fertiggestellt hatte, mußte er einsehen, daß seine Folgerungen und Erkenntnisse auf falschen Voraussetzungen basierten. Da verbrannte er die Arbeit von vielen schlaflosen Nächten. Verwinden konnte er das nie.

Auch Paulsen mußte nach Anfeindungen vom Burgtheater abgehen. Eine Frau wurde ihm zum Verhängnis, die schöne Else Wohlgemuth, der er die Höchstgage, die sie verlangte, nicht geben wollte. Der Star, verehelichte Gräfin Thun-Hohenstein, hatte den größeren Einfluß, Paulsen fand an höchster Stelle keinerlei Unterstützung – da nahm er seinen Hut und ging, schweigend und formvollendet. Erst nach dem Krieg betrat er das Burgtheater wieder, und ich war froh, daß er wenigstens als »Peter Petersen« seine Fähigkeiten unter Beweis stellte. Ich hatte in seiner Direktionszeit ein paar schöne Rollen gespielt, vor allem den Christopherl in Nestroys *Einen Jux will er sich machen*, an der Seite von Otto Tressler als Weinberl.

Mein letzter Direktor war Franz Herterich. Er kam Mitte 1923, und Anfang 1924 bat ich in folgendem Brief um die Lösung meines Vertrags:

Sehr geehrter Herr Direktor!
Sehr geehrter Herr Herterich!
Es wird mir nicht leicht, diesen Brief zu schreiben und doch muß es sein. Sehr verehrter Herr Direktor, ich sehe mich vor die peinliche Notwendigkeit gestellt, Ihnen mitteilen zu müssen, daß ich meinen Vertrag mit dem Burgtheater, der mit 31. August 1924 abläuft, nicht zu erneuern gedenke (wobei ich von dem anmaßenden Standpunkt ausgehe, daß von Seiten des Burgtheaters einem Reengagement nichts im Wege läge). – Ich habe Ihnen, Herr Direktor, schon seinerzeit in einer mündlichen Besprechung die Gründe auseinandergesetzt, die mich bewegen könnten, das Burgtheater zu verlassen oder besser gesagt, die Gefühlsmomente dargelegt, die mich eine Veränderung anstreben lassen. Sie haben damals in so wohltuend verständnisvoller Weise alle meine Argumente respektiert, daß ich auch heute mir es bestimmt erhoffe, daß Sie mich verstehen werden, heute, wo all die nervenzermürbenden Erwägungen und Pläne, die seit Monaten mir keine ruhige Stunde gönnen, endlich zum Entschluß gereift sind. Wenn ich heute oder morgen mit dem Reinhardttheater in der Josefstadt einen einjährigen Vertrag schließe, so ist dies – das will ich nocheinmal feststellen – keine Flucht aus dem Burgtheater. Ich bin ehrlich genug, zu sagen, daß ich dazu gar keinen Grund hätte. Ich will und werde nie vergessen, wie Vieles, Großes und Entscheidendes für meine schauspielerische Entwicklung ich dem Burgtheater verdanke, und nicht zuletzt Ihnen selbst, Herr Direktor, von dem ich glaube, daß Sie mir und meinen Leistungen sympathisch gegenüberstehen. Ich gebe auch zu, daß das Burgtheater mir fernerhin das Ziel meiner Wünsche sein wird, das zu erreichen ich mich glücklich schätzen werde. Aber ich bin zu jung an das Burgtheater gekommen, um die Resignation aufzubringen, mich

an diesem Theater mein Leben lang versorgt zu fühlen. Ich muß fort, neue Anregungen, neue Eindrücke empfangen, die für ein gedeihliches künstlerisches Fortkommen notwendig sind. Momentan kann mir das Burgtheater in künstlerischer Beziehung beim besten Willen nichts mehr bieten, als es mir schon geboten hat, und in der Veränderung allein liegt sicher schon ein Ansporn, mich aus einer bestimmt zu erwartenden, unvermeidlichen Lethargie herauszureißen. –
Ich hoffe, sehr verehrter Herr Direktor, Sie werden mir all das auch wirklich glauben und mir keinerlei Pressionsgedanken unterschieben, die ich auch damit von vorneherein widerlegen möchte, daß ich betone, daß mein Entschluß unabänderlich ist, ja, daß der Vertrag mit dem Josefstädtertheater in dem Augenblick, in dem Sie diesen Brief lesen, wahrscheinlich schon unterzeichnet ist. – Um ja kein Mißtrauen aufkommen zu lassen, wäre ich natürlich sehr froh, wenn Sie bei Gelegenheit mir ein paar Minuten schenken würden, um mich nocheinmal persönlich mit Ihnen aussprechen zu können. Denn ich wäre unglücklich, durch meine Handlungsweise Sie, sehr geehrter Herr Direktor, verstimmt zu haben und hätte nur den einen Wunsch, daß mir das Burgtheater den Abschied leicht machte und mir ohne jeglichen Groll Lebewohl sagt, – vielleicht sogar ein »auf Wiedersehen«. –

In aufrichtiger Ergebenheit
Hans Thimig

Am 13. Februar 1924 beantwortete Direktor Herterich mein Schreiben:

Wien, 13. Februar 1924

Lieber Herr Thimig,
Ihr geschätztes Schreiben, das ich gestern erhalten habe, ist für mich und für das Burgtheater sehr bedauerlich. So sehr ich Ihre Gründe, sich als junger Künstler auch anderweitig in der Welt umzusehen, und so sehr ich Ihren Drang sich künstlerische Eindrücke auch von anderer Seite als nur von der des Burgtheaters in sich aufzunehmen, verstehe, so sehr bedauere

ich es dennoch, daß Sie dem Burgtheater Valet sagen, wenn Sie auch ebenso wie ich eine spätere Rückkehr in den Kreis der Zukunftsmöglichkeiten sehen. Ich habe Ihnen schon mündlich gesagt, daß ich Ihren Drang nach neuen künstlerischen Erlebnissen voll verstehe und auch meine eigenen im Laufe von 15 Jahren gemachten Bühnenerfahrungen und die an verschiedensten Theatern und in den verschiedensten Städten gesammelten Bühnenerinnerungen niemals gegen eine 25jährige ununterbrochene Burgtheatertätigkeit vertauschen möchte. So sehr ich es aber menschlich verstehe, ist es mir andererseits im Interesse des Burgtheaters und auch in meinem Interesse als Leiter dieses Institutes außerordentlich bedauerlich, daß wir Sie verlieren sollen. – Daß ich Sie als Mensch wie als Künstler gleich hoch schätze und mir sehr viele schöne und neue künstlerische Leistungen versprach, brauche ich Ihnen nicht erst zu sagen. – Sollte sich Ihre Mitteilung, daß Sie gleichzeitig mit diesem Brief wahrscheinlich schon einen anderen Vertrag unterzeichnet haben, aus irgendeinem Grunde noch nicht erfüllt haben, oder sollten Sie Ihren Entschluß geändert haben, so stehe ich Ihnen sehr gerne zur Verfügung, zumal ich für Ihre Vertragserneuerung eine wesentliche Erhöhung Ihrer Grundgage wie Ihres Spielhonorars in Aussicht genommen habe. Aber wie gesagt, ich will Ihnen Ihren gewiß nicht leicht gefaßten Entschluß nicht noch mehr erschweren. – Mögen unsere besten Wünsche Sie geleiten, und so zeichne ich mit einem herzlichen

auf Wiedersehen
Franz Herterich

Wie diesem Brief zu entnehmen ist, zeigte sich Herterich freundlich und verständnisvoll und ließ mir die Rückkehr ans Burgtheater offen. Ich war allerdings zu diesem Zeitpunkt fest entschlossen, so wie meine Geschwister zu Max Reinhardt zu gehen. Mein erstes Gastspiel in Berlin – Karl Schönherr selbst hatte mich eingeladen in seiner *Kindertragödie* im Kleinen Schauspielhaus zu gastieren –, hatte diesen Wunsch bereits

Kleines Schauspielhaus

Charlottenburg, Fasanenstr. 1 (Nähe Bhf. Zoo) Ecke Hardenbergstraße
Eingang Portal 5 Telephon: Steinplatz 8607

Direktion: Gertrud Eysoldt und Maximilian Sladek

Anfang 7½ Uhr — Sonnabend, den 9. Oktober 1920 — Anfang 7½ Uhr

Zum ersten Male:

Kindertragödie

In drei Akten von Karl Schönherr

Regie: Maximilian Sladek

Der ältere Bruder	Fritz Kampers
Der jüngere Bruder	Hans Thimig
Die Schwester	Hedwig Keller

Pause nach dem zweiten Akt

Dekorationen nach Entwürfen von Rud Feld

Kasseneröffnung 6½ Uhr — Anfang 7½ Uhr — Ende ½10 Uhr

Preise der Plätze:

Klubsessel	Mk 30.—	Parkett, 19.—24. Reihe	Mk 10.—
Orchestersessel, 1.—2. Reihe	„ 35.—	Mittelbalkon, 1. Reihe	„ 14.—
Orchestersessel, 3.—5. Reihe	„ 25.—	Mittelbalkon, 2.—4. Reihe	„ 10.—
Parkett, 1.—6. Reihe	„ 18.—	Seitenbalkon, 1. Reihe	„ 10.—
Parkett, 7.—12. Reihe	„ 16.—	Seitenbalkon, 2.—3. Reihe	„ 4.—
Parkett, 13.—18. Reihe	„ 14.—		

Der Vorverkauf findet täglich von 10—1½ Uhr an der Theaterkasse, im Invalidendank und in allen Verkaufsstellen des Warenhauses A. Wertheim statt. — Sonntags sind die Billett-Verkaufsstellen von A. Wertheim geschlossen

Morgen und folgende Tage:

Kindertragödie

Sonntag, nachmittags 3 Uhr: Der Weibsteufel

Karl Schönherr selbst hatte mich 1920 eingeladen, in seiner »Kindertragödie« in Berlin zu gastieren.

1920 in mir reifen lassen. Die Berliner Atmosphäre war von geradezu berauschender Wirkung auf mich gewesen. Nach Wien zurückgekehrt, schrieb ich in mein Tagebuch: »Das Burgtheatertempo will mir nun so gar nicht recht bekommen.«

Es gab keine Aufgaben für mich, wohl aber den ungeheuren Drang des Zwanzigjährigen, zu arbeiten, gefordert zu werden, etwas zu leisten. Ich hatte das Gefühl, technisch weitergekommen zu sein, auch in meiner Stimmbildung, ohne von der Direktion des Burgtheaters mehr zu erhalten als schöne Worte und leere Versprechungen. Ich wollte fort, ich wollte mich ausspielen! Die letzte Rolle meiner ersten Burgtheaterkarriere war der Beierlein in Hermann Bahrs *Kinder*. Dieses Stück sollte später noch oft und oft meinen Lebensweg kreuzen.

Alles, was mir noch zu tun übrigblieb, war die ordnungsgemäße Rückerstattung meiner Rollenhefte und -bücher sowie der mit der Hand herausgeschriebenen Rollen, die ich gespielt hatte. Es werden gut ein paar Dutzend größere und kleinere gewesen sein. Nun fühlte ich mich reif für eine Veränderung.

»Ein Schauspieler muß alles können«

Bei Reinhardt in Wien und Berlin

Meine erste Begegnung mit Max Reinhardt muß zu Beginn der zwanziger Jahre stattgefunden haben und fiel für mich eigentlich eher deprimierend aus. Ich lernte ihn durch meine Schwester Helene kennen, die ihm damals privat schon eng verbunden war. Es geschah, ich sehe es heute noch vor mir, im Hof des Deutschen Theaters in Berlin.

Helene sagte: »Das ist mein Bruder Hans.«

Reinhardt begrüßte mich nicht unfreundlich, deutete aber auf meinen Backenbartansatz, auf den ich sehr stolz war, weil ich mir damit älter und viel reifer vorkam. »Damit werden Sie es nicht schaffen«, sagte Reinhardt zu mir, der ich daraufhin bis in die Haarwurzeln errötete.

So eingeschüchtert, suchte ich das Weite. Später begriff ich, was Reinhardt gemeint hatte: Mit Äußerlichkeiten allein bringt man es am Theater zu gar nichts. Nur auf das innere Erleben kommt es an. Übrigens nicht nur auf der Bühne – auch im Leben.

Würde man mich fragen: »Was haben Sie Max Reinhardt zu verdanken?«, so müßte ich antworten: »Alles.« Ich kann Dinge berichten, von denen junge Schauspieler von heute keine Ahnung haben. Und ich bedauere sie deshalb.

Max Reinhardt war der faszinierendste Regisseur, den man sich vorstellen kann. Wenn er herzlich über einen lachte, fühlte man sich so geehrt, als hätte man den höchsten Orden erhalten. Er konnte echte Tränen weinen, wenn eine Leistung wirklich ergreifend war. Er setzte das rechte Lob zur rechten Zeit. Als ich den Edgar in *König Lear* spielte, kam er auf die Bühne hinauf und sagte im Vorbeigehen zu mir: »Das war großartig!« Das war die höchste Auszeichnung, die er zu vergeben hatte.

Und Reinhardts Geduld! Sie war wirklich unermeßlich. Es verdroß ihn nicht, einem Schauspieler Dutzende Male ein- und dasselbe vorzuspielen, nur weil er überzeugt war, daß es so und nicht anders kommen mußte. Hatte man dann endlich erfaßt, was Reinhardt wollte, und konnte man es auch in diesem Sinn wiedergeben, mußte man sich selber sagen: »Ich Hornochse! Wieso bin ich da nicht allein draufgekommen?« Mir jedenfalls ist es immer wieder so ergangen.

Bei Reinhardt kam es auch nie vor, was einem bei anderen Regisseuren leicht passieren konnte, nämlich, daß er Dinge von einem Schauspieler verlangte, die dieser aus seinem Wesen heraus nicht zu schaffen vermochte. Ich höre ihn noch, wie er mir sagte: »Zeigen Sie auf der Bühne nie die Grenzen Ihrer Leistungsfähigkeit! Das Publikum muß immer in dem Glauben bleiben, daß Sie noch weit mehr können.« Daß Kunst ökonomisch zu sein hat, gehörte zu den Lehren, die Reinhardt uns mitgab.

Er forderte von uns Schauspielern einen Arbeitseinsatz bis zur völligen physischen Erschöpfung, aber wir leisteten ihn gern und bereitwillig. Er spielte auf unseren bloßliegenden Nerven wie auf einem kostbaren Instrument und wußte, je mehr er unsere Physis in Anspruch nahm, umso leichter konnte er die Saiten des menschlichen Gefühlslebens zum Klingen bringen.

Ich erinnere mich noch an das Glücksgefühl, wenn es hieß: »Max macht heute eine Nachtprobe.« Die berühmten, berüchtigten, inzwischen schon zur Legende gewordenen Nachtproben! Sie sind vielleicht meine schönste Erinnerung an ihn und an das Theater überhaupt. Wenn wir in das »Elferzimmer« des Theaters in der Josefstadt zur Probe gebeten wurden, wenn diese Nächte nach den Vorstellungen, die man eben noch gespielt hatte, begannen, wenn man völlig ungestört war... dann waltete ein eigener Zauber. Diese Nächte schienen nicht zu enden, aber man vergaß die Zeit. Wie hätte man auch müde werden können,

wenn man Zeuge sein durfte, wie die Einfälle aus diesem genialen Menschen heraussprudelten!
So viele Einfälle übrigens, daß man Reinhardt immer wieder nachsagte oder vorwarf, er sei zu sehr ins Detail verliebt. Wir Schauspieler sahen darin allerdings nie einen Tadel – denn wir spielten bei ihm immer Hauptrollen. Die kleinsten Rollen wurden zur großen Aufgabe, weil er sich so intensiv mit den Chargen befaßte, ja, manchmal mehr als mit einem Helden.
Ebenso groß wie seine Geduld war sein Zutrauen zu einem Schauspieler. Reinhardt konnte einem Aufgaben stellen, an die man sich selbst nie gewagt hätte. Das führte für mich einmal zu einer grenzenlos peinlichen Situation.
Ich weiß nicht, auf Grund welcher meiner Leistungen Reinhardts Glaube in mein Können so groß war, aber jedenfalls geschah eines Tages etwas, was ich in meinen kühnsten Träumen nicht zu denken gewagt hätte: Reinhardt bot mir die Traumrolle jedes Schauspielers, den Romeo, an. Mit einer Traum-Julia: Elisabeth Bergner. Wir hatten im Oktober 1925 zusammen in Berlin in Klabunds *Kreidekreis* gespielt.
Nach anfänglichem Staunen über die hohe Auszeichnung, begann ich voll Erwartung den Text einzustudieren. Da traf ein Telegramm ein, das besagte:
LT = Hans Thimig, Josefstädter Theater Wien =
Lieber Hans Thimig – Fräulein Bergner weigert sich hartnäckig und endgültig gegen Ihren Romeo weil ihrer geradezu krankhaften Hypochondrie die besondere Jugend ihres Partners gefährlich erscheint – Sie fürchtet, wie sie wörtlich sagte, neben Ihnen als Kinderverzahrerin zu wirken – Mit diesem mich ebenso wenn nicht schlimmer als Sie treffenden Resultat wurde soeben ein langwieriger erbitterter Kampf abgeschlossen, den ich mit leidenschaftlicher Überzeugung für Sie führte – Glaube unbeirrt, daß Sie der berufenste Romeo und Hamlet des heutigen deutschen Theaters sind und bin sicher, daß Zeitpunkt wie so oft meinen Glauben

bestätigen wird, wenn er auch verranntem Starrsinn gegenüber zunächst machtlos bleibt = Ich grüße Sie vom Herzen – Ihr Max Reinhardt.

Die Bergner hatte tatsächlich, wie ich selbst später amüsiert in ihren Memoiren gelesen habe, einfach entsetzt auf die Idee reagiert, ich könnte ihr Romeo sein – obwohl sie nur drei Jahre älter war als ich. Aber der feurige Italiener, den sie sich für die Rolle vorstellte, war ich nun einmal nicht... Soll ich boshaft sein und erwähnen, daß diese Vorstellung, die sie dann mit einem Kollegen spielte, der vielleicht größte Mißerfolg ihrer Karriere wurde?

Damals war ich jedenfalls sehr verzweifelt, wohl auch, weil ich spürte: ein Romeo werde ich nie sein. Heute muß ich sagen, daß es wahrscheinlich ganz gut so war. Das Experiment, das Reinhardt da mit mir wagen wollte, wäre – fürchte ich! – nicht glücklich ausgegangen.

Andere Rollen, die er mir gab und die ich spielte, wurden dagegen ein Erfolg für mich, beispielsweise der Toni in *Peripherie* von František Langer. Mit dieser Aufgabe konnte ich wieder einmal dem Fach des »jugendlichen Komikers«, in dem ich doch sehr viel eingesetzt war, entfliehen.

Reinhardt übernahm das Stück von Berlin nach Wien. In Berlin, bei der Uraufführung, hatte Paul Hörbiger den Toni verkörpert. Reinhardt war von ihm begeistert, nicht zuletzt, weil er so herrlich Ziehharmonika spielte. Das sollte ich doch wohl auch zusammenbringen, meinte er: »Das ist keine Sache für einen Schauspieler. Ein Schauspieler muß alles können – also lernen Sie Ziehharmonika!«

»Ja, bitteschön, Herr Professor, ich hab's eigentlich noch nie probiert«, versuchte ich einzuwenden.

»Probieren Sie's! Sie werden's schon können!« Ich hab's probiert – und ich habe es gekonnt.

Peripherie, wo ich den »lahmen Toni« – einen armen Krüppel – spielte, war übrigens ein Fall, in dem Reinhardt ein Stück »verbessert« hat, das heißt, er hat eine ganze Szene, die Kinoszene, einfach dazugedichtet. Allerdings nach Absprache und im Einverständnis mit dem Autor. Reinhardt handelte immer im Sinne der Autoren, die oft und gerne von seiner Theaterpraxis profitierten. Man sagt auch, daß es Reinhardt war, der Hugo von Hofmannsthal riet, in den *Jedermann* die Bankettszene einzubauen, die sich als die theaterwirksamste des Stückes erwies. O ja, Reinhardt half in jeder Hinsicht ein bißchen nach, wenn es ihm wichtig und nötig erschien.

Bloß am Text selbst änderte er nichts, er strich nur, wo es seiner Meinung nach sein mußte. Andere Regisseure waren da nicht so zimperlich – ich erinnere mich an Ernst Lothar, als ich bei ihm den Buenco in Goethes *Clavigo* spielte. Aus dem szenischen Arrangement ergab sich zwangsläufig eine längere Pause, die Lothar nicht gefiel. Statt jedoch die Szene umzugruppieren, sinnierte er während einer Probe: »Das ist nicht gut, das ist gar nicht gut... Da müßte man – da müßte der Buenco etwas sagen. Einen Moment – was hätte da Goethe wohl gesagt?« Dann dichtete er einen Satz hinzu und zweifelte nicht, mit seiner Ergänzung ganz den Ton des Dichters getroffen zu haben.

Es gab etwas an Reinhardt, das ich nicht gutheißen konnte, und vielen meiner Kollegen ging es ebenso: Nach der Premiere interessierte er sich nicht mehr für seine Aufführungen. Er sah sich auch nur selten eine spätere Vorstellung an. Für ihn war das Kind, eben geboren, auch schon gestorben.

Was die Premiere betraf, so war er eigenwillig und schrecklich abergläubisch. Fiel ein Freitag auf einen Dreizehnten, dann mußte Premiere sein. Mußte! Denn die 13 betrachtete er als seine Glückszahl. Er trug auch immer einen kleinen Anhänger mit einem Dreizehner in seiner Brieftasche, der später in meinen Besitz überging und den ich heute noch bei mir habe und in Ehren halte.

Und neugierig war Reinhardt! Wahnsinnig neugierig, vor allem auf jede Art von Klatsch. Wo er nur konnte, schnüffelte er jeder privaten Beziehung in seinem Umkreis nach. Wer hat etwas mit wem? Seit wann? Und wie lange wohl noch?

So etwas reizte mich, ihm einmal einen Streich zu spielen, und meine Kollegin Grete Mosheim machte mit. Bei einer günstigen Gelegenheit placierten wir uns so in eine Ecke, daß der Verdacht nicht von der Hand zu weisen war, wir seien – na, sagen wir – ganz gut miteinander. Als Reinhardt vorbeikam, turtelten wir scheinbar ganz vertieft. Reinhardt schaute, ging langsam weiter, drehte sich noch einmal um, schaute wieder und verschwand. Aber es dauerte nicht lange, und wer kam zurück? Reinhardt. Ging wieder langsam an uns vorbei, schaute wieder, drehte sich nochmals um, brummte »Hhhmm«. Als er weg war, haben wir uns köstlich amüsiert: Er war uns auf den Leim gegangen! Und sich selbst treu geblieben: Er hatte es nicht lassen können zu spionieren!
Es konnte aber auch vorkommen, daß ich tatsächlich zu einer Kollegin eine zarte Beziehung unterhielt, etwa mit einer schönen Schwedin, die in Wien an der Josefstadt gastierte. Ich hatte Lust, mit ihr für ein paar probenfreie Tage auf den Semmering zu verreisen. Das muß Reinhardt wohl zu Ohren gekommen sein, denn er ließ mich rufen:
»Ich höre, Sie wollen mit Fräulein X auf den Semmering fahren? Wieso denn?«
Ich mimte Erstaunen: »Na, sie kennt den Semmering nicht, sie ist ja fremd hier – da wollte ich ihn ihr zeigen...«
»So, so«, knurrte er ein bißchen durch die Zähne, wie es seine Art war. »Das ist doch merkwürdig. So ohne weiteres mit Fräulein X eine Reise...« Er murmelte weiter Unverständliches. »Finden Sie nicht auch?« meinte er schließlich.
»Nein, das finde ich nicht, Herr Professor«, hatte ich den Mut zu replizieren und empfahl mich schleunigst in aller Höflichkeit. Sich in mein Privatleben einzumischen – das ließ ich mir selbst von Reinhardt nicht gefallen!
Gelegentlich zeigte Reinhardt auch kleine sadistische Anwandlungen. Es machte ihm ungeheuren Spaß, wenn Schauspieler bei der Arbeit litten, was ja in manchen Situationen durchaus möglich war. Meine Schwester und ich hatten beispielsweise die größten Schwierigkeiten, wenn wir

gemeinsam auf der Bühne stehen mußten. Wir konnten uns einfach nicht in die Augen schauen – warum, das weiß ich bis heute nicht. Geschah es dennoch, dann platzten wir beide regelmäßig vor Lachen, ob es nun ins Stück paßte oder nicht. Reinhardt wußte das selbstverständlich. In *Maria Stuart*, mit der wir 1934 in Italien gastierten, spielte Helene die Elisabeth und ich ihren Schreiber Davison. Und Reinhardt inszenierte unsere gemeinsame Szene bewußt so, daß sie mich fortwährend mit ihren Blicken verfolgte und hypnotisierte wie die Schlange das Karnickel. Wir mußten uns immerfort in die Augen schauen, obwohl Reinhardt ganz genau wußte, wie wahnsinnig schwer uns das fiel.

Oder er lachte, nicht frei von Bosheit, Tränen, als wir auf der Überfahrt nach Amerika auf dem Schiff Schillers *Räuber* probten. Hermann spielte den Roller. Reinhardt kommandierte ihn in den Damensalon der »Deutschland«, den er eigens für die Arbeit gemietet hatte, und zwang meinen armen Bruder, sich mit der Rolle auseinanderzusetzen – obwohl ein Blinder ihm angesehen hätte, daß Hermann sich vor lauter Seekrankheit kaum auf den Beinen halten konnte. Aber Reinhardt, der total seefest war und sich pudelwohl fühlte, ließ ihn, der schon ganz grün im Gesicht war, proben und proben und proben.

Rein persönlich kam ich Reinhardt nicht näher. Das sollte und durfte wohl auch nicht sein. Es mußte reiner Zufall bleiben, daß er mit meiner Schwester verheiratet war. Ich weiß nicht, welcher Art die Hemmungen waren, die diese persönliche Barriere zwischen uns errichteten. Vielleicht war es – ich traue es ihm ohne weiteres zu – einfach Klugheit seinerseits. Kein Zweifel, daß ich ihm sympathisch war. Aber niemand durfte auf die Idee kommen, daß er mich oder Hermann bevorzugte, nur weil wir seine Schwäger waren. Es durfte nicht den Schatten einer Protektion geben.

Hermann fühlte übrigens genauso, wie sich einmal anläßlich einer Premierenfeier in Berlin zeigte. In vorgerückter Stunde waren alle schon leicht alkoholisiert, und es ging höchst lustig zu. Die Schranken, die zwischen Reinhardt und meinem Bruder immer geschlossen waren, taten sich allmählich auf, und die Gespräche gingen erstmals ins unbeschwert Freundschaftliche über. Schließlich bot Reinhardt Hermann sogar das »Du«-Wort an. Zu später Stunde trennte man sich in ungehemmt vertraulicher und weinseliger Stimmung...

Aber, siehe da, am nächsten Tag, auf der Probe – wo war sie, die Vertraulichkeit? Die distanzierte Probenstimmung verriet keine Sekunde lang, wie nahe man sich am vergangenen Abend gewesen war. Hemmung? Absicht? Sicher auch. Denn später nahm Reinhardt meinen Bruder beiseite und ließ ihn wissen, daß es doch vernünftiger wäre, zu vergessen, was am Abend zuvor passiert sei. Hermann war das sehr recht. Auf beiden Seiten wollte man sich lieber nicht erinnern. Keine Protektion, auch hier.

Gott sei Dank dafür!

Nachdem ich das Burgtheater hinter mir gelassen hatte, debütierte ich im November 1924 bei Max Reinhardt an der Josefstadt in Sutton Vanes *Überfahrt.*

Auf welche Tradition konnte auch dieses Theater seit seiner Gründung im Jahre 1788 zurückblicken, wie vielfältig und abwechslungsreich war doch seine Geschichte! Hier dirigierte Ludwig van Beethoven selbst seine eigens für die Josefstadt komponierte »Weihe des Hauses«, und viel später dann wurde Franz von Suppé als ständiger Kapellmeister und Hauskomponist beschäftigt. Mozarts, Webers und Lortzings Opern, ja sogar Richard Wagners *Tannhäuser* standen auf dem Spielplan. Unter dem Jubel ihres Publikums tanzte die gefeierte, geliebte Fanny Elßler über die Bretter, auf denen auch die beiden Soubretten der »goldenen Wiener Operettenära« – die Gallmeyer und die Geistinger – ihre ersten Erfolge verbuchen konnten. Und schließlich hatte das Haus das unverkennbare Flair eines echten Wiener Volkstheaters: Ferdinand Raimund spielte da in der Uraufführung seines *Verschwenders* den Valentin, aber auch sein großer Konkurrent Johann Nestroy war eine Zeitlang hier engagiert.

Die Josefstadt besaß eben immer schon ihre eigene Atmosphäre. Kein Wunder, daß sich Reinhardt ausgerechnet in dieses Theater verliebte, es besitzen wollte und es tatsächlich auch bekam. Er gab dem Haus einen neuen Namen, der für seine Einstellung sehr bezeichnend war: »Die Schauspieler im Theater in der Josefstadt unter der Führung von Max Reinhardt«.

Daß er sich dieses zauberhafte Theater leisten konnte, verdankte er Camillo Castiglioni, dem berühmten Bankier und Kunstmäzen. Meine Erinnerungen an ihn reichen bis in meine Kindheit zurück.

Damals hatte es in meinem Elternhaus eines Tages ganz große Aufregung gegeben: Ein merkwürdiger Mann mit einem fremdländischen Namen hatte sich bei meinem Vater angesagt. Wir waren sehr neugierig, aber auch recht ängstlich und aufgeregt. Ich weiß genau, daß uns damals der Gedanke durch den Kopf ging: Es wird doch nicht etwa ein Attentäter sein?

Ein großes Automobil kam vorgefahren, aus dem ein dicker, etwas unheimlich aussehender Herr stieg. Die Besorgnis um unseren Vater wuchs, und ich lauschte ungehemmt an der Türe, um zu hören, was da wohl gesprochen wurde.

Aber Camillo Castiglioni wollte nichts anderes, als bei meinem Vater, der zu dieser Zeit Burgtheaterdirektor war, anonym die enormen Schulden von Arnold Korff und Harry Walden bezahlen. Beide waren herrliche Schauspieler, die aber in ihrem Privatleben immer wieder in Schwierigkeiten gerieten. Ob mein Vater, der bei aller Anerkennung von Genialität doch wenig Verständnis für Disziplinlosigkeit hatte, das Angebot, hier anonym für die Herren zu bezahlen, angenommen hat, weiß ich nicht mehr.

Jedenfalls muß Castiglionis notorische Vorliebe für Bühnenkünstler Reinhardt zu Ohren gekommen sein, und er konnte den Bankier leicht für seinen Herzenswunsch, die Josefstadt zu besitzen, gewinnen. Castiglioni stellte zum größten Teil die Geldmittel für die Renovierung des Hauses zur Verfügung,

die unter der Leitung des Architekten Carl Witzmann wirklich großartig gelang. Das Teuerste vom Teuren schien Castiglioni gerade gut genug – die herrlichen Spiegel kamen aus Venedig, der wunderschöne Lüster, der auch heute noch vor Vorstellungsbeginn hochgezogen wird, wurde eigens bei Lobmayr angefertigt.
Castiglioni ließ auch auf seine Kosten einige Inszenierungen ausstatten, beispielsweise Hofmannsthals *Schwierigen* und Shaws *Kaiser von Amerika*. Damals erhielt sogar die Statisterie Frack, Krawatte, Unterwäsche, Socken und Taschentuch vom ersten Schneider Wiens ... Für mich persönlich gehörte es übrigens zu den Vorzügen meines Josefstädter Engagements, daß ich die Garderobe gestellt bekam. Das geschah zwar auch im Burgtheater, wo man von den Ritterstiefeln bis zum eleganten Frack alles erhielt, aber das war in diesen Jahren durchaus nicht selbstverständlich. In der Provinz oder auch an diversen anderen großen Bühnen wurden einem Schauspieler schwere finanzielle Lasten auferlegt, weil er die Kleidung, die er auf der Bühne trug, selbst bezahlen mußte. Bei Reinhardt hingegen war alles nobel, hochnobel – ich erinnere mich, wie Humhal, oben erwähnter Herrenschneider, uns Darstellern eine wahre Luxusgarderobe anmaß!
Auch bei der Ausstattung wurde nicht gespart. Die Dekoration zum *Kaiser von Amerika* wurde aufgestellt und war schlicht und einfach nur wunderschön zu nennen. Reinhardt kam, sah sich die Möbel an, klopfte darauf und stellte indigniert fest: »Nein, das ist ja kein echtes Mahagoni! Das ist ja imitiert! Nein, nein, weg damit!«
Die Dekoration wanderte ins Depot, und eine neue wurde aus echtem Mahagoni angefertigt ...
Ich wurde selbst immer wieder Zeuge von Castiglionis Freigebigkeit. Bei seinen Einladungen gab es ganze Suppenterrinen voll von russischem Kaviar, der mit dem Schöpflöffel herausgenommen und mit dem Löffel pur gegessen wurde. Wirklich, man konnte nicht großzügiger sein, zugleich aber auch seinen Reichtum nicht offener zur Schau tragen ...

Wenn man etwas Neues beginnt, so kann man natürlich nicht in die Zukunft schauen, alles ist offen, und ein Schauspieler, der an ein neues Theater kommt, weiß auch nicht, welche Entwicklung er nehmen wird.
Meine zweite Rolle, nach dem Duke in *Überfahrt*, war ein sentimentaler Held, der sich aus unglücklicher Liebe erschießt, in *Der Herr seines Herzens* von Paul Raynal. Die Presse zeigte sich nicht sehr begeistert von mir, fand mich, den »jugendlichen Komiker«, als den man mich nun einmal festgelegt hatte, fehlbesetzt – kurz, ich war etwas niedergeschlagen.
Da erreichte mich ein Brief von Helene, die in Berlin die Kritiken gelesen hatte und sich sofort hinsetzte, um mich aus schwesterlichem Herzen zu trösten. Die Kritiker seien »dermaßen blöde« schrieb sie.
Ich könnte heulen darüber, daß das Schicksal es nicht wollte, daß R[einhardt] ein paar Proben mit Dir haben konnte. Er ist auch ganz unglücklich. Man merkt der Presse natürlich ganz genau an, wie innerlich und gut es gewesen sein muß, aber durch wahrscheinlich ein paar technische Unfreiheiten oder Ungelöstheiten, die ganz leicht wegzuwischen gewesen wären, auf die sie sich aber wohl stolz gestürzt haben, um dann das Billigste zu sagen: eben doch Komiker! Laß Dich ja nicht deprimieren! Um Gotteswillen nicht! Das hat sicher nicht das Geringste zu bedeuten … Ich wollte Dir das nur sagen – denn ich weiß doch, wie wir gerade leicht einen Depscher kriegen, der sich dann aber bloß im schlimmsten Fall als eine gemachte Erfahrung entpuppt. Lebewohl. Reinhardt grüßt Dich vielmals. Er freut sich schon riesig, mit Dir zu arbeiten. Deine Leni.
Das »freut« hatte sie zweimal unterstrichen, und als Postskriptum fügte sie an: »Daß Salten Dich mit mir vergleicht, macht doch nichts – wie?!«
Wenig später war ich in zwei Reinhardt'schen Shakespeare-Inszenierungen besetzt. Im *Sommernachtstraum* war ich der Liebhaber Lysander, wiewohl mich die Presse lieber als Puck

gesehen hätte. Als Edgar in *König Lear* hatte ich aber dann wirklich Erfolg, und als ich in der Komödie *Der Schattenfischer* von Jean Sarment den Jean spielte, notierte Vater am 27. März 1925 in der Familienchronik:

Nachdem schon am 13. d.M. Hans als Edgar in König Lear *einen Beweis seines starken Talents für jugendliche Charakterrollen und eine staunenswerte Technik dafür mit starkem und reinem Erfolg geliefert hatte, feierte er heute als gemütskranker Bruder im* Schattenfischer *geradezu einen Triumph. Das Haus war elektrisiert von ihm. Er hatte jetzt schon das erreicht, wozu er im Burgtheater nie gekommen wäre, den glücklichen Übergang in ein Fach, das ihm weite Perspektiven eröffnet.*

So war ich doch mehr oder minder auf dem richtigen Weg, wenn man mir auch immer wieder Komiker-Rollen gab, gegen die ja nichts zu sagen ist, es sei denn, man muß sie ausschließlich spielen und wird ohne Rettung auf sie festgelegt. Ich kann gar nicht alle Rollen aufzählen, die ich im Laufe meiner Josefstädter Jahre verkörpert habe. Besonderen Erfolg hatte ich immer wieder in Kinderstücken, persönliche Freude bedeutete es mir, wenn ich – wie in Shaws *Frau Warrens Gewerbe* – tatsächlich den Sohn meines Vaters darstellen durfte. Schön war es, in Reinhardts Inszenierung des *Schwierigen* den Stani zu spielen, nach meinem Bruder übrigens, der in dieser Rolle bei der Premiere 1924 großen Beifall hatte. Und ich erinnere mich noch an den Sensationserfolg von *Die heilige Flamme*, einem Stück von William Somerset Maugham; als gelähmter Flieger, der erkennen muß, daß seine Frau ihn betrügt, hatte ich interessante darstellerische Möglichkeiten.
Wenn ich heute so in meinem Buch blättere, worin ich – nach dem Beispiel meines Vaters – meine Auftritte verzeichnet habe, wundere ich mich schon, was wir damals in der Josefstadt so alles gespielt haben. Auf einen Shakespeare (in *Was*

ihr wollt war ich in Reinhardts Regie der Bleichenwang) kamen Dutzende Stücke, die heute total vergessen sind. Immerhin rückte ich vom Nur-Komiker zum Charakterspieler auf, wenn ich auch – ich sage das ohne Komplexe – bei weitem nicht so sehr der geborene Hauptrollendarsteller war wie mein Bruder Hermann. Spielte ich etwa in der *Liebelei* von Schnitzler an der Seite von Paula Wesselys Christine den Fritz, so war eine Aufgabe dieser Größenordnung seltener als eine Charge wie beispielsweise der Paul Kreindl in Schnitzlers *Weitem Land.* Manchmal besetzte man mich über mein Alter hinaus, aber wenn es eine Rolle war wie der Theaterdirektor in Pirandellos *Sechs Personen suchen einen Autor*, war es mir natürlich recht.
In diesen Reinhardt-Jahren machte ich übrigens auch kleine Gastspiel-Ausflüge, teils an andere Wiener Bühnen, das Raimundtheater (mit dem Lips im *Zerrissenen*, dem Leim in *Lumpazivagabundus* – beides von Johann Nestroy), das Volkstheater oder die Scala, aber auch nach Brünn oder Hannover. Ich hatte neben den rein schauspielerischen noch andere künstlerische Ambitionen, von denen ich später noch erzählen werde, Ambitionen, die im Zusammenhang mit meiner Neugier stehen, die mich so vieles versuchen ließ ...
Als ich 1943, nach 18jähriger Tätigkeit, meine vorläufig letzte Rolle an der Josefstadt spielte – ich bin erst viel später wieder zurückgekehrt –, war ich vom jungen zum reifen Mann geworden. Als Helmer in Ibsens *Nora* – zusammen mit Hilde Krahl in der Titelrolle – sagte ich der Bühne für mehrere Jahre lang ade. Nicht zuletzt zugunsten des Films, doch davon handelt ein späteres Kapitel.
Reinhardt hatte übrigens nach Hermann und Helene nicht nur mich, sondern auch unseren Vater engagiert. Dieser war mit seinen 70 Jahren am Burgtheater Pensionist und kam als Gast zu Reinhardt. Als die Josefstadt am 1. April 1924 eröffnet wurde, konnte ich gerührt meinen Vater als Pantalone, Hermann in seiner Glanzrolle als Truffaldino

und Helene als Smeraldina in Goldonis *Diener zweier Herren* zusammen auf der Bühne sehen.
Vater machte in seinem hohen Alter eine erstaunliche künstlerische Entwicklung durch. Ich habe ihn damals sehr bewundert – nicht nur deshalb, wie exakt er seine Rollen lernte (das mußte er, weil er seiner Schwerhörigkeit wegen nicht mehr auf den Souffleur rechnen konnte), sondern auch, weil er sich so sehr dem neuen Stil anpassen konnte. Das burgtheatereigene, rollende »R«, das ich aus Kindertagen noch in so klarer Erinnerung hatte, war verschwunden, wie er überhaupt alles Theatralische abgestreift hatte und es einer zu Herzen gehenden, natürlichen Art des Komödiantischen oder auch Tragischen, wich. Vater spielte unter Reinhardts Regie einen Kent im *König Lear* oder einen alten Miller in *Kabale und Liebe*, wie er es früher nie vermocht hätte, ganz im Stile des modernen Theaters. Reinhardt spürte eben, was noch in diesem Hugo Thimig steckte, und hat dieses Talent auf seine Weise gehoben. Diese Fähigkeit, jeweils zeitgemäß richtig Theater zu spielen, ist auch mein intensivstes Bestreben.
Trotz des Ernstes, mit dem mein Vater seinen neuen künstlerischen Weg ging, konnte er doch auch jetzt seine kleinen Streiche nicht lassen, die er schon seinen Kollegen am Burgtheater gespielt hatte. Trotz Reinhardts recht strengem Regiment tobte er seinen Übermut aus. Ich erinnere mich noch an die Silvestervorstellung von 1930, als Leopold Kramer Georges Feydeaus Komödie *Kümmere dich um Amelie* inszenierte. Vater und ich wirkten mit.
Am Tage der Premiere gab es noch eine Durchsprechprobe, bei der Kramer plötzlich mit einer Anzahl kleiner Zettel kam, die er unter die Mitwirkenden verteilte. »Liebe Kollegen«, sagte er, »tut mir einen Gefallen. Mir ist ein neuer, besserer Schluß eingefallen. Da sind die Zettel mit dem neuen Text. Den könnt ihr jetzt lesen, bis zum Abend erlernt ihr den schon.«
Und so probten wir den neuen Schluß. Bei der Premiere am Abend war ich dann ziemlich nervös, ob mein Vater es wohl

schaffen würde. Als wir zur besagten Stelle kamen, glaubte ich meinen Augen nicht zu trauen. Vater griff in die Tasche, zog den Zettel heraus und erklärte: »So, und jetzt kommt der neue Schluß«, worauf er ihn ablas. Das Merkwürdige an der Sache war, daß das Publikum nichts merkte. Die Leute glaubten, das würde so gehören!

Besonders kurios war es, als wir vier Thimigs alle gemeinsam auf der Bühne standen. Das geschah 1926 in der Komödie *Alles und Nichts*, die Egon Friedell und Hans Sassmann nach Nestroys *Die Träume von Schale und Kern* geschrieben hatten. Das war ein Fest, nicht nur für uns, sondern auch fürs Publikum.

Anläßlich eines Galaabends, den die Schriftsteller- und Journalistenvereinigung »Concordia« 1927 im Josefstädtertheater veranstaltete, erlebte das Wiener Publikum eine weitere, vergnügliche Kostprobe unseres »Familientalentes«, an der mein Vater, mein Bruder Hermann, Reinhardt und ich beteiligt waren.

Damals verwandelte sich die Josefstadt in ein Kabarett, und in dem Programm waren nicht nur wir hauszugehörigen Schauspieler beschäftigt, sondern auch viele Künstler von anderen Bühnen, beispielsweise Hansi Niese, Karl Farkas, die Solotänzerin der Staatsoper Hedy Pfundmayr, und Kollegen vom Burgtheater. Auf verschiedene Sketches folgten Gesangs- und Tanznummern, wobei auch ich zusammen mit der entzückenden Lili Darvas formvollendet eine Art »Black-Bottom« tanzte.

Spannungsvoll erwarteter Höhepunkt des Abends war jedoch die Parodie *Don Carlos an der Jahrhundertwende, Tetralogie der Stilarten* mit folgender Besetzung: Königin – Lucie Höflich, König Philipp II. – Hans Moser, Don Carlos – Hermann Thimig, Marquis Posa – Hans Thimig, Herzog, Großinquisitor, ein Statist – Hugo Thimig.

Das Publikum lachte Tränen und die Kritiker waren hingerissen: »Rätselhaft wie Lucie Höflich den Schmierenton meisterte, wie sie mit knalliger Aufdringlichkeit vor ihren Herrn

Die Schauspieler im

Theater in der Josefstadt

unter der Führung von

Max Reinhardt

Dienstag den 9. März 1926

Alles und nichts oder Der Traum von Schale und Kern

Zauberposse mit Gesang in drei Akten (sieben Bildern) nach **Johann Nestroy** von **Egon Friedell** und **Hans Saßmann.** Musik nach **Adolf Müller** von **Karl Hieß**

Der Herr des Flammenreichs	Delius
Brennrot } Oberdämonen	Daghofer
Schmafu } Oberdämonen	Nowotny
Die böse Fee Infamia	Rosar
Rot, ein Sesselträger	Waldau
Weiß, ein Müllerbursche	Hermann Thimig
Fanny, Dienstmädchen	Servaes
Ueberall, ein Weltreisender	Friedell
Räuberhauptmann	Strobl
Hasenöhrl, Bandit und Lakai	Moser
Schierling, ein Enterbter	Hugo Thimig
Rochus, dessen Sohn	Hans Thimig
Lord Punshington } Schurken	Biegler
Lord Culprit } Schurken	Hilbert
Lady Lydia o' Trigger	Terwin
Pulverhörndl, Tambour bei den Grenadieren	Helene Thimig
Nanette, Kammerzofe	Geßner
Sofie, Köchin	Rosar
Madame Crepontes	Traeger-Matischeko
Flora, ihre Tochter	Semaka
Madame Amorosa	Lewinsky
Viola, ihre Tochter	Wymetal
Ein Gefreiter der Stadtguardia	Pankl
Der Oberpostillon	Schwarz
Kathi, Kellnerin	Hofer
Sänftenträger	Kl. Gröbner
Passagier	Ha[illegible]tmuth
Haushofmeister	Curt

Dämonen, Räuber, Lakaien, Postillone, Verschmähte

Spielt um 1815 in der Umgebung Wiens

Regie: Paul Kalbeck

Choreographische Leitung: Professor Godlewsky — Musikalische Leitung: Kapellmeister Karl Hudez

Szenische Entwürfe: Alfred Kunz — Bühneneinrichtung: Karl Dworsky

Kostüme aus der **„Werkstätte für dekorative Kunst" (W. Beerman),** VI., Capistrangasse 6
Möbel aus dem Antiquitätenhaus **Brüder Soffer,** I., Singerstraße 4
Schmuck von der **„Perlkönigin" (R. Fleischer),** VI., Mariahilferstraße 81

Die richtigen offiziellen Programme sind nur bei den Billeteuren erhältlich

---

Größere Pause nach dem 4. Bild

Kassen-Eröffnung 7 Uhr | **Anfang ½8 Uhr** | **Ende nach 10 Uhr**

Mittwoch den 10. März. Anfang ½8 Uhr: **Natalie**
Donnerstag den 11. März. Anfang ½8 Uhr: **Alles und nichts** oder: **Der Traum von Schale und Kern**
Freitag den 12. März. Anfang ½8 Uhr: **Ihr kleiner Freund**
Samstag den 13. März. Anfang ½8 Uhr: **Alles und nichts** oder: **Der Traum von Schale und Kern**
Sonntag den 14. März. Vormittags 11 Uhr: **Baal.** Dramatische Biographie von Bertold Brecht.
Regie: Herbert Waniek — Dekorationen: Georg Teltscher
Abends ½8 Uhr: **Alles und nichts** oder: **Der Traum von Schale und Kern**
In Vorbereitung: **Die guten Freunde.** Lustspiel in vier Akten von Viktorien Sardou

---

Der Kartenverkauf für die oben angezeigten Vorstellungen findet täglich von 9 bis ½1 Uhr und von 2 bis ½5 Uhr an der Tageskasse im Theater in der Josefstadt (Telephon Nr. 28-2-53 und 28-2-54) und im Rotenturmbasar Kabine 11 (Telephon Nr. 79-1-35), statt

---

Die Stränßl-Säle sind an Wochentagen ab 7 Uhr abends, an Sonn- und Feiertagen ab 5 Uhr geöffnet

*Ein fürs Publikum und für uns besonderes Fest:
alle Thimigs gemeinsam auf der Bühne*

Unser Vater Hugo mit seinen (Theater-)Kindern Helene, Hermann und Hans.
Karikatur von Alfred Roller, 1925

und König hinsackte, den Hans Moser mit herzzerbrechender Würde mimte. Hans Thimig lispelt mit Voll- und Gamsbart einen idiotischen Posa und statuiert damit ein wahres Exempel an Talentlosigkeit. Man muß viel Talent haben, um solch ein Exempel wirksam zu statuieren. Hermann Thimig wendet sich blitzenden Auges und ein imaginäres Schnurrbärtchen drehend als Dorf-Don Juan an das weibliche Publikum. Und Hugo Thimig als Statist, Herzog und Großinquisitor rührt, wenn er auf alles nur mit einer einzigen resignierenden Geste zu antworten weiß. Das ist Theatervergnügen, wie man es nicht alle Tage haben kann.«
Als Verfasser dieser meisterhaft pointierten, kritischen Parodie zeichnete jemand, den man kaum damit in Verbindung bringen würde – nämlich Max Reinhardt. Am Beginn seiner Theaterlaufbahn, 1901 in Berlin, hatte er zusammen mit Friedrich Kayßler und Martin Zickel Kabarettveranstaltungen organisiert und auch einige Programmnummern selbst geschrieben.
Was dem Publikum bei unseren »Familien-Auftritten« so gefiel, war die Ähnlichkeit, die wir offensichtlich mit- und untereinander hatten. Schon 1924 hatte Felix Salten anläßlich meines Grumio in *Der Widerspenstigen Zähmung* einmal geschrieben: »Hans Thimig... sah augenblickweise seiner Schwester Helene ähnlich, er glich manchmal seinem Bruder Hermann und erinnert immer an Vater Hugo. Er war ein Thimig vom Wirbel bis zur Zehe, er ließ das Hinterteil spielen, das den männlichen Mitgliedern dieser Mimendynastie eigentümlich und bei ihm gar noch jugendlich schmächtig, aber voll Talent ist. Er hatte ... die schallende Stimme, die modulierten Ahs und Ohs der Familie und dazu die absolute Nervenruhe des Spiels, die ihm legitim und eingeboren im Blute sitzt.«
Daß vier Mitglieder einer Familie zugleich auf der Bühne standen, war – so glaube ich – eine theaterhistorische Rarität und demgemäß eine Attraktion. Immer wieder trat man an uns heran, wir sollten doch alle gemeinsam ein Gastspiel

geben. Sicher wäre es ein Riesengeschäft geworden, wenn »die vier Thimigs« (das klingt nach einer Artistenfamilie!) gemeinsam auf Tournee gegangen wären. Aber es klappte nie mit den Terminen, denn Reinhardt brauchte immer den einen mal da, den anderen dort.
Bei ihm engagiert zu sein, bedeutete auch zwischen Wien und Berlin zu pendeln. Dort führte er seine zahlreichen Häuser weiter, das Deutsche Theater, die Kammerspiele, das Große Schauspielhaus, die Komödie. Und es zählte zu seinen Gewohnheiten, seine Inszenierungen zwischen Wien und Berlin auszutauschen. Wir Schauspieler mußten also auf dauerndes Reisen gefaßt sein.
Wenn ich darüber nachdenke, worin für mich der Unterschied zwischen Wien und Berlin bestand, so würde ich sagen, die Arbeitsatmosphäre war anders. Ich hatte das Gefühl, daß in Berlin die Arbeit doch ein bißchen ernster genommen wurde als in Wien.
Wobei es natürlich Ausnahmen gab. So war es beispielsweise im Deutschen Theater bei Strafe verboten, in den Auftrittspausen Karten zu spielen oder gar zu pokern. Und doch war, wie es schon so ist, das letztgenannte Spiel besonders beliebt. Zahllose Male wurden Verwarnungen ausgesprochen, ohne Ergebnis: Es wurde weiter gepokert. Bis Reinhardt, der davon hörte, beschloß, etwas dagegen zu unternehmen. Er schlich sich in die betreffende Garderobe, riß die Türe auf und rief streng: »Meine Herren, das kostet Sie hundert Mark!«
Worauf Ernst Arnold, der zu den Ertappten gehörte, spontan aufsprang und prompt erwiderte: »Die hundert Mark, Herr Professor! Und nochmals hundert!«
Reinhardt mußte herzhaft lachen und zog ebenfalls hundert Mark aus der Tasche. Er hatte viel für Humor übrig, ja, für Humor hätte er, wie er sagte, »ein Königreich gegeben«.
Ansonsten ging es in Berlin aber schon um einiges preußischer zu als in Wien, exakter, disziplinierter. Es faszinierte mich durchaus, und ich nahm das Arbeitstempo gern auf

12–14 *Als Georg in Goethes »Götz von Berlichingen«, 1919 (12), und als Christopherl in Nestroys »Einen Jux will er sich machen«, 1923 (13), am Burgtheater.* *Bei Reinhardt, im Theater in der Josefstadt, war ich 1927 der Titelheld in Franz Graf von Poccis »Kasperl Larifari« (14).*

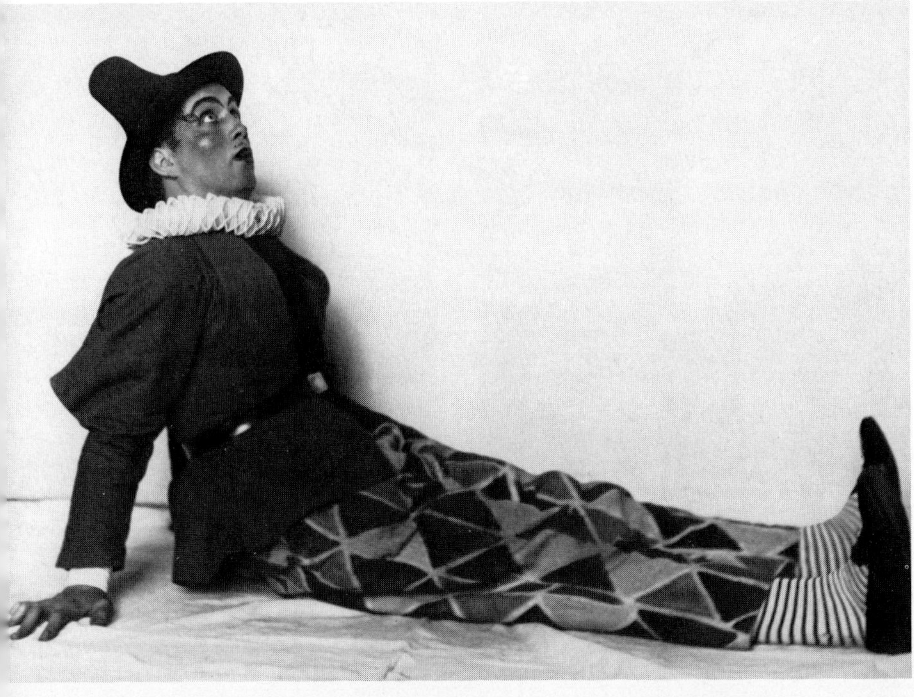

15 Die Bombenrolle des Toni in František Langers »Peripherie« spielte ich 1927 im Theater in der Josefstadt.

16 Im Wiener Rathaushof war ich 1929 unter Reinhardts Regie der Camille Desmoulins in Büchners »Dantons Tod«. ▶

◀ *17 Viel Spaß machte mir die Rolle des Tanzlehrers Emilio Edwards in Somerset Maughams »Victoria«. Die entzückende Lili Darvas in der Titelrolle war meine Schülerin (Theater in der Josefstadt, 1926).*

18 Ebenfalls in Wien bei Reinhardt, 1930 Pliny in Shaws »Der Kaiser von Amerika«

19 Die Reinhardt-Truppe auf Amerika-Tournee. Das Gastspielensemble stellte sich kurz vor der Landung in New York an Bord der »Deutschland« im November 1927 den Fotografen: Otto Wallburg (1), Hermann Thimig (2), Paul Hartmann (3), Lili Darvas (4), Annie Korff (5), Max Reinhardt (6), Arnold Korff (7), der kleine Korff (8), Alexander Moissi (9), Dagny Servaes (10), Maria Solveg (11), Wladimir Sokoloff (12), H. Th. (13), Ernst Matray (14), Othmar Biegler (15), Harald Kreutzberg (16), Eduard von Winterstein (17), Heinz Herald (18), Johanna Terwin (19), Hedwig Pauly (20), Arthur Laubert (21), Henri Hellsen (22).

◀ *21 Die Thimigs in »Alles und Nichts« von Egon Friedell und Hanns Sassmann, Theater in der Josefstadt 1926. V. r. n. l.: Neben mir als Rochus mein Vater als Herr von Schierling, Leni als Tambour Pulverhörndl und Hermann als Weiß.*

◀ ◀ *20 »Sommernachtstraum«-Probe unter Max Reinhardt in New York, Century Theatre 1927. V. l. n. r.: Wladimir Sokoloff als Puck, mein Bruder Hermann als Demetrius, Lili Darvas als Titania. Ich war der Lysander (vorhergehende Seite).*

◀ *22 In dem unsterblichen Schwank »Der Raub der Sabinerinnen« der Gebrüder Schönthan war ich 1930 im Theater in der Josefstadt der Sterneck. Weitere Mitwirkende: Bruder Hermann und Vater Hugo Thimig, Attila Hörbiger, Adrienne Gessner, Lina Woiwode, Alfred Neugebauer, Elfriede Paust und Paula Wessely.*

◀ *23 Ebenfalls in der Josefstadt, 1933: Schnitzlers »Liebelei«. Ich gab den Fritz, Paula Wessely war die Christine. Neben mir v. r. n. l.: Hans Olden als Fremder Herr, Friedl Czepa als Mizi Schlager sowie Heinrich Schnitzler.*

mich. Damals habe ich gesagt: »Arbeiten möcht' ich in Berlin – aber leben nur in Wien.«
Als ich im Herbst 1925 nach Berlin kam, wurde ich von Reinhardt sofort schwer in Anspruch genommen. Wir probierten, vormittags und abends, zwei Stücke zur gleichen Zeit: den *Kreidekreis* von Klabund und das *Apostelspiel* von Max Mell, die innerhalb von neun Tagen Premiere hatten und dann en suite und parallel auf dem Programm standen.
Für mich sah dieser Irrwitz so aus, daß ich den ersten Akt *Kreidekreis* im Deutschen Theater spielte, dann das ganze *Apostelspiel* in den benachbarten Kammerspielen, um wieder hinüberzurasen, auf Chinese umgeschminkt zu werden, um den Pao im letzten Akt des *Kreidekreises* zu verkörpern. Und das täglich.
Das *Apostelspiel* des von mir hochverehrten Max Mell hat übrigens noch oft meinen Lebensweg gekreuzt, nach dieser Aufführung von 1925, in der ich den Johannes spielte, Karl Götz den Großvater, der unvergessene Oskar Homolka den Petrus und Helene die Magdalen. Als ich dann selbst Regisseur war, inszenierte ich das Stück 1933 im Reinhardt-Seminar mit Schauspielschülern. In einer Rundfunkaufnahme von 1951, die ich gleichfalls gestaltete, sprach Paula Wessely die Magdalen. Mit ihrer Tochter Christiane Hörbiger in dieser Rolle ging ich dann mit dem Stück auf Tournee – da war ich nicht nur Regisseur, sondern auch zum Großvater geworden.
Es ist sicher kein Zufall, daß mir das *Apostelspiel* immer wieder begegnet ist – ich habe es geliebt, ich liebe es noch heute. Diese Legende vom Glauben, der alles vermag, dieses Gleichnis voll rührender Naivität muß, nach meiner Ansicht, jeden Menschen, gleich welcher Religion, bewegen. Auch schätze ich die mit feinem Humor durchsetzte, wirklich dichterische Sprache.
Als Prinz Pao im *Kreidekreis* trug ich ein stilisiertes Schuppenkleid. Ursprünglich war, wie ich mich erinnere, Ernst Deutsch für diese Rolle vorgesehen gewesen, der sie jedoch zurückgelegt hatte. Meine Partnerin war Elisabeth Bergner

DIE SCHAUSPIELER IM

THEATER IN DER JOSEFSTADT

UNTER DER FÜHRUNG VON

MAX REINHARDT

Direktor:
Max Reinhardt

Stellvertretender Direktor:
Dr. Emil Geyer

Dramaturg:
Dr. Franz Horch

Regisseure:
Paul Kalbeck
Dr. Otto Ludwig Preminger

Mitglieder:

Maria Bard	Attila Hörbiger	Dagny Servaes
Ellmer Bantz	Herbert Hübner	Wladimir Sokoloff
Max Brebeck	Leopold Kramer	Helene Sperg
Fritz Daghofer	Harriet Löffler	Julius Strobl
Lili Darvas	Hans Moser	Helene Thimig
Fritz Delius	Alfred Neugebauer	Hans Thimig
Anton Edthofer	Elfriede Paust	Hermann Thimig
Egon Friedell	Blanka Pechy	Hugo Thimig
Adrienne Geßner	Richard Romanowsky	Johanna Terwin-Moissi
Nora Gregor	Annie Rosar	Gustav Waldau
Hertha Hagen		Paula Wessely

Das Wiener Reinhardt-Ensemble in der Spielzeit 1930/31

als Haitang (damals gewann sie offenbar von mir den Eindruck, ich sei alles, nur kein Romeo). Ich hatte zunächst wenig Kontakt mit ihr, denn sie war ziemlich unzugänglich, wenn sie nicht gerade der Schalk überkam und sie versuchte, mich während der Vorstellung zum Lachen zu bringen. Einmal betätigte sie hinter der Szene den Windapparat, so daß plötzlich ein Sturm aufkam, der gar nicht dazugehörte. Ich versuchte, mich eisern zu beherrschen – und ich lachte nicht. Das hat ihr offenbar keine Ruhe gelassen, denn sie probierte es immer wieder, bis es ihr dann schließlich gelang. Wir hatten im *Kreidekreis* ein gemeinsames »Kind« in Form einer Puppe. Und dieser steckte sie eines Abends einen Schnuller in den Mund. Da war es um mich geschehen, und ich mußte auf

der Bühne herzlich lachen. Von diesem Moment an waren wir ein Herz und eine Seele, und sie war reizend zu mir.
Bald darauf geschah eine kleine Katastrophe. Eines Tages wachte ich in der Früh auf, sah in den Spiegel und entdeckte fassungslos, daß ich über und über voll roter Flecken war. Das kam mir äußerst unheimlich vor, und ich ließ den Theaterarzt kommen.
Dieser schüttelte bedenklich den Kopf: »Masern! Sie müssen gleich ins Spital.«
Da man im Hotel verständlicherweise nicht wollte, daß meine Masern publik würden, transportierte mich die Rettung durch die Hintertreppe hinaus und ins Spital. Es war höchste Zeit, denn mittlerweile lag ich schon im Fieberwahn.
Während meines Spitalaufenthaltes erhielt ich regelmäßig Post von den Kollegen. Unter anderen erreichte mich auch ein kleines Paket von Elisabeth Bergner. In einem beiliegenden Briefchen schrieb sie furchtbar nett, sie schicke mir hier unser gemeinsames Kind: der Knabe werde mir sicher Freude bereiten. Ich öffnete das Paket und fand ein Schokoladekind. Postwendend bedankte ich mich für die freundliche Aufmerksamkeit. Zu meinem Dank konnte ich mir aber nicht versagen hinzuzufügen, daß das angekommene Kind zweifellos ein Mädchen sei und nicht ein Knabe, wie sie geschrieben hätte.
Die Bergner antwortete sofort: Sie schwöre erstens, obwohl das Kind schwarz sei, hätte sie sich nicht in einen Neger verschaut; und zweitens, falls tatsächlich ein Mädchen angekommen sei, so müsse unterwegs wohl jemand genascht haben ...
Und woher hatte ich eigentlich die Masern? Das wußte ich nur zu genau. Nicht genug, daß ich abends in zwei Theatern spielte, ich trat auch noch nachmittags im Großen Schauspielhaus in einer Kinderrevue auf. Ich war der Funkheinzelmann, eine damals sehr beliebte Radiofigur. In dieser Inszenierung mußte ich ins Parkett hinuntersteigen, die Kinder auf meinen Schoß nehmen, sie herzen und küssen. Was war der Dank dafür? Sie haben mir die Masern angehängt!

Die vielen Proben, die zahlreichen Vorstellungen und nicht zuletzt die Masern, von denen ich mich erst auf einer Erholungsreise in Italien wieder ganz erfangen konnte, waren schuld daran, daß ich das pulsierende Leben in Berlin der berühmten Zwanzigerjahre nicht so richtig kennenlernte. Immerhin waren damals die großen Boxkämpfe und die Sechstagerennen in aller Mund, und obwohl ich mich nicht sehr für Sport interessierte, ließ ich mich doch von Bekannten dorthin mitnehmen. Denn als konstitutionell neugieriger Mensch wollte ich doch von allem ein bißchen sehen.
Berlin imponierte mir ungeheuer. Jeder Spaziergang über den Kurfürstendamm bedeutete für mich immer wieder ein Erlebnis. Und der Autoverkehr, der hier Ausmaße erreicht hatte, wie sie in Wien noch in weiter Ferne waren, beeindruckte mich gleichfalls sehr.
Zu den »neuen« Kreisen der Berliner Künstler hatte ich keinen Zugang. Natürlich wußte man, was sich da alles tat, daß es neben Reinhardts weitgehend unpolitischem Theater auch Brecht und Jessner und Piscator gab. Aber ich wollte nicht dazugehören, das lag einfach nicht in meinem Charakter.
Dazu muß ich sagen, daß ich nie ein »politischer« Mensch war. Das hatte ich mit meinem Vater gemeinsam. Nicht im entferntesten wäre mir der Gedanke gekommen, irgendeiner Partei beizutreten und mich in solchem Rahmen zu engagieren. So wollte ich auch die Bühne nicht als politisches Forum, zu dem sie damals oft gemacht wurde, gelten lassen.
Die berühmte Inszenierung von Leopold Jessner im Schauspielhaus, Shakespeares *Richard III.*, mit Fritz Kortner in der Titelrolle, habe ich gesehen. Unvergeßlich ist mir die Treppe, diese große, alles beherrschende Treppe, und die vielfältigen Möglichkeiten, auf ihr zu spielen. Und natürlich Kortner als Richard, diese unerhörte, durchdachte, intensive, prägnante Art des Theaterspiels, ein Stil, der vom Realen wegführte. Das imponierte mir sehr, und ich weiß genau, wie ich damals bei mir dachte: Jetzt fängt etwas Neues an.

»Wenn Sie meinen, daß ich es kann...«

Zwischen Salzburg und New York

Max Reinhardt – das bedeutete nicht nur das Deutsche Theater in Berlin und die Josefstadt in Wien, der Name stand mehr noch stellvertretend für die Salzburger Festspiele. Und in Salzburg bin ich auch zu allererst bei ihm aufgetreten und zwar in Schloß Leopoldskron, wo er residierte. Hier traf sich damals die Crème de la crème, die internationale Elite aus Kultur, Wirtschaft und Politik. Das war für Reinhardt ungemein wichtig: Er liebte und brauchte Publicity!
Bei den Einladungen, die er gab, fanden Begegnungen statt, die für seine Arbeit von entscheidender Bedeutung waren. Es wurden Gespräche geführt, Ideen geboren, Verbindungen angeknüpft. Reinhardt mußte das gar nicht forcieren, es entfaltete sich in dieser von Kultur getränkten Atmosphäre wie von selbst.
Hatte sich der Großteil der Gäste nach einer solchen Einladung verabschiedet, zog er sich mit einem kleinen Kreis ihm wichtiger Persönlichkeiten in die Bibliothek zurück. Hier wurde dann noch viele Stunden lang gesessen und geredet – sehr zum Leidwesen meiner Schwester, die furchtbar gern einmal zeitig schlafengegangen wäre. Aber diese Reinhardtschen Plauderstunden dauerten in der Regel bis vier oder halb fünf Uhr früh. Er ging dann zu Bett und stand gegen zwei Uhr nachmittags auf, während Helene natürlich früh aufstehen mußte, um den Haushalt in Schwung zu bringen.
Derartige Empfänge kosteten viel Arbeit – zum Mißvergnügen meiner Schwester; und viel Geld – zum Mißvergnügen von Reinhardts Bruder Edmund. Ohne diesen, das Finanzgenie, der immer wieder Riesensummen auftreiben mußte, wäre der Aufwand, den Reinhardt künstlerisch und in seinem Privatleben trieb, nicht zu bestreiten gewesen.

Auch für uns Schauspieler ergab sich in Leopoldskron die Möglichkeit, mit Reinhardt ins Gespräch zu kommen, da wir zu vielen Festen eingeladen waren. Auch probten wir in den Räumen des Schlosses, die bisweilen sogar zur Bühne wurden: 1923 fand vor einer privaten Gesellschaft die Generalprobe zur Festspielaufführung von Molières *Der eingebildete Kranke* statt.

Es war schon bei den Proben unerhört lustig gewesen, weil sich unter den Mitwirkenden brillante und leidenschaftliche Extemporierer befanden. Das galt für Max Pallenberg, der den Argan spielte, ebenso wie für Egon Friedell, der als alter Diaforus erschien, und nicht zuletzt für Hansi Niese als Toinette. Reinhardt amüsierte sich königlich über die komödiantische Schar, der er nahezu keine Zügel anlegte. Durch die Extempores, die Reinhardt erlaubte, dauerte die Vorstellung gut eine halbe Stunde länger als vorgesehen. Aus dem brillanten Wettstreit mit Worten ging, meiner Meinung nach, Friedell als Sieger hervor. Er hatte einfach immer eine Antwort parat – unbeschreiblich!

Ich selbst spielte den jungen Diaforus und stand ein bißchen verschreckt herum. Stellenweise wußte ich nicht, ob ich auch irgendwann einmal zu Wort kommen durfte, oder ob man mich total vergessen hatte.

Aber meine kleine Rolle wurde durch etwas anderes aufgewertet: Ich hatte zu tanzen, und zwar in den Zwischenspielen, die – ganz im Sinn der Commedia dell'arte – als kleine, amüsante Einlagen gedacht waren.

Wie es dazu kam, daß ich hier sogar als Tänzer zum Einsatz kam, war auch wieder so eine Geschichte von mir und meiner Neugier. Eines Tages hatte mich die Tänzerin Maria Ley, die spätere Frau von Erwin Piscator, angerufen: Aus heiterem Himmel schlug sie vor: »Herr Thimig, ich würde gerne einen Tanzabend mit Ihnen machen.«

Ich war erstaunt, aber ich hab' schon immer schlecht nein sagen können. »Ja, bitteschön, gern«, sagte ich. »Nur, was soll ich dabei?«

»Tanzen«, sagte sie, »als mein Partner.«
»Ich habe zwar in meinem Leben noch nicht getanzt«, erklärte ich, »aber wenn Sie meinen, daß ich es kann...«
»Ach, das können Sie bestimmt, es ist ja nicht eigentlich Tanz, sondern eher eine Pantomime.«
Das hat mich immer schon sehr interessiert, weil ich diese wortlose Kunst für international halte. Insgeheim hatte ich tatsächlich schon lange den Wunsch gehegt, mich einmal in Pantomime zu versuchen, und folglich sagte ich ja.
Nach ersprießlicher Zusammenarbeit gaben wir im Großen Saal des Wiener Konzerthauses Tanzabende, die so erfolgreich waren, daß sie mehrmals wiederholt wurden. Neben pantomimischen Szenen zeigten wir übrigens auch richtige Balletteinlagen im Trikot, versuchten uns sogar im klassischen Pas de deux. Ehrlich gestanden tanzte ich selbst dabei nicht viel, ich gab eher Hilfestellungen, das heißt, ich fing die Ley auf und gab ihr, wenn sie auf der Spitze tanzte, im richtigen Moment den richtigen Haltegriff. Wie dem auch sei – ich habe geübt, ich habe es erlernt und schließlich klappte es auch.
Reinhardt hatte unsere Tanzabende wahrscheinlich nicht gesehen, wohl aber davon gehört. Jedenfalls überlegte er, der Thimig könnte schließlich auch bei ihm machen, was er im Konzerthaus präsentierte. So kam er auf die Idee, von mir und Maria Ley die Zwischenspiele im *Eingebildeten Kranken* tanzen zu lassen.
Wir taten das mit so vehementer Anteilnahme, daß sogar das ehrwürdige Schloß Leopoldskron darunter litt. Die Stuckdecke in dem Saal, der unter demjenigen lag, wo wir auftraten, begann abzubröckeln, der Boden schwankte und es bestand ernsthaft die Gefahr, daß er durchbrechen würde. Letzten Endes passierte nichts – aber ich habe dem ehemals fürsterzbischöflichen Palais unruhige Stunden bereitet.
Ich bin im Laufe der Jahre immer wieder bei den Salzburger Festspielen aufgetreten, aber, offen gestanden – ungern. Sie nahmen mir so viel Zeit von meinen Sommerferien weg.

KONZERTBÜRO DER WIENER KONZERTHAUS-GESELLSCHAFT

Großer Konzerthaus-Saal

Freitag, den 27. und Samstag, den 28. Oktober 1922,
abends 7 Uhr

Das Tanzende Märchen

Ein Prolog und vier Tanzbilder
inszeniert von **HANS BRAHM**

Prolog

nach WILHELM HAUFF.

Königin Phantasie . . . . ERIKA WAGNER.
Märchen, ihre älteste Tochter . . . . MARIA LEY.
Wächter . . . . CORNELIUS KIRSCHNER.

Die Hirtin und der Hinkende.

Nach dem Märchen von KARL GJELLERUP.

Schyneis . . . . MARIA LEY.
Brisa, ihre Freundin . . . . MURA ZIPEROWITSCH.
Artes . . . . ERNST WALT.

Die bedeutende Rakete.

Nach dem Märchen von OSKAR WILDE.

Die Rakete . . . . MARIA LEY.
Das Feuerrad . . . . MURA ZIPEROWITSCH.

Der Kaiser und die Tänzerin.

Nach dem Märchen von LI-TAI-FAN.

Der Kaiser . . . . ERNST WALT.
Die Tänzerin . . . . MARIA LEY.
Der Krieger . . . . ANDREJEFF JERSCHIK.
Erster Bote . . . . FRITZ FRIEDERICH.
Zweiter Bote . . . . FRANZ DEUTSCH.

Der standhafte Zinnsoldat.

Nach dem Märchen von ANDERSEN.

Der standhafte Zinnsoldat . . . . HANS THIMIG.
Die niedliche, kleine Tänzerin . . . . MARIA LEY.

Am Klavier: **OTTO SCHULHOF.**

Kostüme: Prof. **Otto Haas-Heye.** Klavier: **Bösendorfer.**

Verlag der Wiener Konzerthausgesellschaft, III., Lothringerstraße 20.

»... es ist ja nicht eigentlich Tanz, sondern eher eine Pantomime«:
als Partner der Tänzerin Maria Ley

Auch Reinhardt wußte, daß ich für Salzburg gar nicht so leicht zu bekommen war. Wenn er unbedingt meine Mitwirkung wünschte, schaltete er Helene ein. Ihren Überredungskünsten war ich meist nicht gewachsen.
Einmal schickte sie mir folgendes Telegramm: »nimm dieses engagement unbedingt an – stop – erholung nicht gefährdet – stop – reichlich spaziermöglichkeiten vorhanden – stop.«
Auf so rührende Art versuchte sie mir die sommerliche Arbeit schmackhaft zu machen. Und so kam ich immer wieder, wie etwa 1926, als ich den Florindo in Goldonis *Der Diener zweier Herren* spielen sollte. Helene war die Smeraldina, Vater der Pantalone und Hermann der unvergleichliche Truffaldino. Wieder einmal alle vier Thimigs gemeinsam auf der Bühne!
Im selben Festspielsommer sollte ich auch noch den Kalaf in Karl Vollmoellers Bearbeitung von Carlo Gozzis *Turandot* übernehmen, doch ich hatte nach dem *Kreidekreis* nicht schon wieder Lust, einen chinesischen Prinzen zu spielen; Lothar Müthel war dann an meiner Stelle ganz ausgezeichnet. Ich bat Reinhardt damals um Verständnis, daß ich nicht allzu lang von Wildalpen weg sein wollte. Und außerdem war diese *Turandot* durch die Mitwirkung von Max Pallenberg, Oskar Homolka, Richard Romanowsky und Hans Moser ohnedies mehr eine berühmt-berüchtigte Komiker-Schlacht als ein Stück, wo andere Schauspieler viel zu vermelden gehabt hätten.
1927 versammelte sich wieder die ganze Thimig-Familie in Salzburg. Allerdings traten wir in zwei verschiedenen Stücken auf, Vater und Helene als Vater und Tochter in *Kabale und Liebe*, Hermann und ich als die beiden Liebhaber in Shakespeares *Sommernachtstraum*. In dieser schönen Komödie habe ich im Laufe meines Lebens verschiedene Rollen gespielt. In meiner frühen Burgtheaterzeit war ich der Puck in einer Freilichtaufführung im Park des Schlosses Belvedere. Das hatte ganz besonderen Reiz, weil ich von weit her über die Wiese gerast kommen konnte. Zuerst sah man mich nur als einen winzigen Punkt in der Ferne, dann wurde ich immer

Salzburger Festspiele 1923

Aufführung vor geladenen Gästen (Generalprobe)
im

Schloss Leopoldskron

D e r e i n g e b i l d e t e K r a n k e

des
M O L I E R E

Argan	Pallenberg
Toinette	Niese
Beline	Nora Gregor
Angelique	Alma Seidler
Dr. Diafoirus	Egon Friedell
Thomas Diafoirus	Hans Thimig
Cleant	Hans Brausewetter
Berald	Luis Rainer
Dr.Purgon	Raoul Lange
Fleurant	Fritz Richard
de Bonnefoi	Heinz Fischer
Louison	kl. Stillmark

Z w i s c h e n s p i e l e

Polichinelle	Hans Brausewetter
Colombine	Maria Ley
Harlekin	Hans Thimig
Dottore	Luis Rainer
Zerbinetta	Alma Seidler

Musik von Lully
eingerichtet und dirigiert von Einar Nilson

am Spinett : Dr. Max Gehmacher

Tänze einstudiert von Maria Ley
Inscenierung : Max Reinhardt
Beginn 8 Uhr abends

Nach Schluss der Vorstellung (ungefähr 10 Uhr)
kaltes Buffett in der Halle

Als junger Diafoirus in der legendären Aufführung des »Eingebildeten Kranken« auf Schloß Leopoldskron größer – ein hübscher Auftritt für einen Waldschrat. Das Allerschönste waren die Elfen, die rundum, hinter Büschen versteckt, auf ihren Einsatz warteten. Diese jungen Damen, Elevinnen des Staatsopernballetts, hatten damals – ich war eben noch sehr jung – höchst stimulierende Wirkung auf mich... Ja, und dann war ich im *Sommernachtstraum* erst der eine, dann der andere Liebhaber. Und in reifen Jahren nur mehr der Egeus – so weit kommt man eben.

1928 erhielt ich von der Salzburger Festspielhausgemeinde einen höchst ehrenvollen Brief, worin man mich bat, neben dem Kosinsky in den *Räubern* auch noch den Spielansager im *Jedermann* und den Stani im *Schwierigen* zu spielen. Die Aufführung des letztgenannten Stücks hinge allein von meiner Zustimmung ab, stand da zu lesen. Es war vielleicht nicht nett von mir, aber ich hatte keine Lust. Ich ließ es beim Kosinsky bewenden – Paul Hartmann war der Karl und Alexander Moissi die Kanaille Franz – und legte dann eine längere Salzburger Pause bis zum Brackenburg im *Egmont* 1938 ein. An diesen Sommer erinnere ich mich noch gut, nicht nur, weil ich dem Brackenburg, der als die »faulste« Rolle der Weltliteratur gilt (zu Unrecht, wie ich meine), etwas Profil geben wollte, ihn nicht als saft- und kraftlosen Anbeter von Klärchen darstellen, sondern als Mann, der bei all seiner rasenden Verliebtheit nicht seines Temperaments und seiner Männlichkeit verlustig geht. In diesem Sommer spielte ich gleichzeitig in Wien in einem Film, und mein Pendeln zwischen den Sieveringer Ateliers und der Salzburger Felsenreitschule fand per Flugzeug statt. Bei Schlechtwetter, das schon einmal vorkommen mochte, war das bei den damaligen Flugverhältnissen trotz der relativ kurzen Strecke durchaus kein Honiglecken... Bleich in Salzburg angekommen, gab ich damals dennoch so gutgelaunt wie möglich ein Interview, an das mich noch ein Foto erinnert, das mich zusammen mit Frieda Richard, sie spielte Klärchens Mutter, zeigt.

Nach dem Krieg wurde ich von 1949 an, als ich den Buenco

im *Clavigo* spielte, noch einige Male zu den Salzburger Festspielen verpflichtet.

Clavigo ist für mich immer wieder ein Stichwort – bei diesem Stück, in dem ich damals mit Käthe Gold und meiner Schwägerin Vilma Degischer auftrat, denke ich an eine der nettesten Theateranekdoten, die ich meinem geneigten Leser nicht vorenthalten will. Es handelt sich um den Statisten, dem zwei inhaltsschwere Worte anvertraut sind.

Er darf den Bahrenträger spielen, der gefragt wird: »Wen begrabt Ihr?«

Und er hat zu antworten: »Marien Beaumarchais.«

Der Statist, vom Lampenfieber geschüttelt, memoriert hinter der Kulisse ununterbrochen: »Marien Beaumarchais. Marien Beaumarchais.«

Dann kommt sein Auftritt. Er hört die Frage: »Wen begrabt Ihr?« Und mit zitternden Knien ist ihm klar, daß er den Namen vergessen hat. Er antwortet schließlich das erste, was ihm einfällt: »Minna von Barnhelm!«

An den Rummel, der im Sommer in Salzburg herrscht, konnte ich mich nie recht gewöhnen. Das Gedränge in den Straßen, die vielen Touristen, die gesellschaftlichen Verpflichtungen bereiteten mir Unbehagen. Ich zog mich, wenn ich spielfrei hatte, am liebsten zurück und ging irgendwo in Gottes herrlicher Natur spazieren.

Eines Nachmittags, als ich einsam vor mich hin wanderte, traf ich auf dem Mönchsberg den damaligen Bundespräsidenten, Dr. Adolf Schärf. Er zeigte sich sehr freundlich und gesprächig, wir kamen ins Plaudern. Vor allem wunderte ich mich, ihn so allein, ganz ohne schützende Begleitung, unterwegs zu sehen. Ob er nicht von Neugierigen belästigt würde, fragte ich. Darauf entgegnete er: »Aber Herr Thimig, das ist ja nicht wie bei Ihnen. Mich erkennt ja kein Mensch.«

In Salzburg habe ich mich auch auf dem Gebiet der Oper versucht – allerdings nicht als Sänger, sondern in einer Sprechrolle in Boris Blachers *Romeo und Julia*.

Beglückend fand ich die Zusammenarbeit mit Helene, als sie

nach dem Krieg Reinhardts Konzept des *Jedermann* wieder auf die Bühne des Domplatzes brachte und ich den Armen Nachbar gab. Sie hat das künstlerische Erbe ihres Mannes nach bestem Wissen und Gewissen verwaltet.
Wenn es Max Reinhardt nicht immer leicht gelang, mich nach Salzburg zu bringen, so war ich doch mit Feuereifer dabei, als wir 1927 zu einer Tournee nach Amerika aufbrachen. Es war meine erste und, wie sich herausstellen sollte, einzige Reise dorthin. Heute bedaure ich sehr, daß ich nicht noch einmal die Gelegenheit hatte, dieses interessante Land zu besuchen. Natürlich nur für kürzere Zeit, um mich ein bißchen umzusehen, denn leben hätte ich dort nicht wollen.
1927 hatte Reinhardt von einflußreichen amerikanischen Theaterleuten die Einladung erhalten, mit seinem Ensemble mehrere Monate lang in New York zu gastieren. Das war damals eine versöhnliche Geste zwischen zwei Nationen, die durch den Ersten Weltkrieg zu Feinden geworden waren. Als erstes deutsches Gastspielensemble oblag es uns nicht zuletzt, die Kluft der Völker zu überbrücken.
Reinhardt wählte aus seinem Berliner und Wiener Spielplan seine zugkräftigsten Inszenierungen: Shakespeares *Sommernachtstraum*, Büchners *Dantons Tod*, Schillers *Kabale und Liebe*, Hofmannsthals *Jedermann*, Goldonis *Der Diener zweier Herren*, František Langers *Peripherie* und von Tolstoi *Der lebende Leichnam* sowie *Er ist an allem schuld.* Natürlich wollte er auch seine besten Schauspieler in New York vorzeigen – und ich fühlte mich geschmeichelt, mich darunter zu finden und das gleich mit sechs Rollen. So unterschrieb ich im August 1927 höchst erwartungsvoll den eigens für dieses Gastspiel ausgestellten Vertrag.
Am 11. November verließen wir an Bord der »Deutschland«, eines wahrhaft imposanten Luxusdampfers, Europa von Cuxhaven aus. Mit uns wurden 47 Waggons voll von Kostümen, Dekorationen, Beleuchtungseinrichtungen und Requisiten eingeschifft.
Unter den Requisiten befand sich auch meine geliebte Zieh-

harmonika, die ich als Toni in *Peripherie* zu spielen hatte, und um dieses gute Stück entbrannte kurz vor der Abreise noch ein wahrer Aktenkrieg zwischen den Verwaltungsdirektionen des Deutschen Theaters in Berlin und des Theaters in der Josefstadt in Wien.

Ich hatte das Ziehharmonikaspielen von einem Berufsspieler auf einem ganz bestimmten Instrument erlernt, das ich nun gewohnt war und das vor jedem Auftritt in der Josefstadt gegen Gebühr von dem Besitzer entlehnt wurde.

Was nun? Ich wollte diese Ziehharmonika unbedingt für die Vorstellungen in Amerika haben – sonst, so drohte ich, würde ich die Rolle zurücklegen. Die naheliegendste Entscheidung wäre natürlich gewesen, das Instrument zu kaufen, aber nein, plötzlich entschlossen sich die Reinhardtbühnen zur Sparsamkeit, die sonst durchaus nicht immer ihre Tugend war. Man handelte also umständlich eine neue Leihgebühr aus, zusätzlich einer vollen Haftung für die Dauer des Aufenthaltes in Amerika. Das überschritt schließlich bei weitem den Kaufpreis. Aber egal – Hauptsache ich hatte mein Instrument. Die Ziehharmonika reiste mit über den großen Teich.

Die Überfahrt war ein echtes Erlebnis für mich. Was die Drohung möglicher Seekrankheit anlangte, so schreckte sie mich nicht. Ein gewisser Professor Gärtner, den ich in Wien kennengelernt hatte, war mit einer seltsamen Bitte an mich herangetreten. Er hatte einen »Antiseekrankheitsapparat« erfunden, und als er von meiner bevorstehenden Reise nach Amerika erfuhr, bat er mich, diese Erfindung mitzunehmen und auszuprobieren.

»Hoffentlich haben Sie recht schlechtes Wetter und hohen Seegang, Herr Thimig«, wünschte er mir, »damit Ihnen vielleicht wirklich ein bißchen übel wird. Dann können Sie meinen Antiseekrankheitsapparat ausprobieren und mir sagen, wie er wirkt.«

Der Apparat sah aus wie ein Kopfhörer, der einen dünnen Draht hatte, welcher wiederum zu einer Batterie führte, die man in die Tasche stecken konnte. Ich ließ mir die Handha-

bung dieser seltsamen Konstruktion von Professor Gärtner genau erklären, machte mir sogar Notizen, und verstaute den Apparat dann sorgfältig in meinem Reisegepäck. Griffbereit natürlich, daß ich ihn bei Bedarf gleich zur Hand hätte.
Ich mußte nicht allzu lange warten, bis der Himmel sich verfinsterte, schwere Wolken aufzogen und ein stürmischer Wind hohe Wellen gegen unser Schiff peitschte. Gerade noch rechtzeitig gelang es mir, in meine Kabine zu verschwinden und vertrauensvoll den Antiseekrankheitsapparat aus dem Gepäck zu holen. Ich schnallte ihn nach Vorschrift um und ging wieder an Deck. Nun konnte mir, wie ich meinte, nichts passieren. Hochgemut spazierte ich auf Deck umher – und ehe ich's versah, war mir übel. Was heißt übel? Schlecht, grauenvoll schlecht! Und ich hing über der Reling...
Nein, er nutzte gar nichts, der berühmte Antiseekrankheitsapparat! Und zu meinem scheußlichen Befinden kam noch der Spott der Kollegen, soweit sie nicht selbst Leidensgefährten und zu schwach für höhnische Bemerkungen waren. Am meisten amüsierte sich Reinhardt, dem Sturm und Seegang einfach nichts anhaben konnten. Nichts schien seine Laune zu trüben. Er genoß die Überfahrt in vollen Zügen, ließ die bleichen, kranken Schauspieler an Bord proben und ging selbst in New York so erholt an Land, als hätte er eine Urlaubs- und Vergnügungsreise hinter sich.
Wir wurden in New York auf das herzlichste empfangen, erhielten aber bald einen seelischen Dämpfer. Den verdankten wir unserem Kollegen Alexander Moissi, der vorausgefahren war und die Gelegenheit benützt hatte, um alle Reklame überaus geschickt auf seine Person abzustimmen. Die New Yorker Zeitungen berichteten von ihm ebenso groß und genauso ausführlich wie von Reinhardt, während von allen anderen – schließlich auch recht prominenten! – Schauspielern überhaupt nicht die Rede war, was wir recht erbost zur Kenntnis nahmen, sollte es sich doch um ein »Ensemble-Gastspiel« und nicht um ein »Star-Gastspiel« handeln, zu dem wir anderen die Statisten abgeben durften.

So sah ein amerikanischer Karikaturist uns »Reinhardt Players«.

Nicht, daß ich Moissi nicht bewundert hätte – als Schauspieler war er faszinierend, und die Ausstrahlung, die von seiner Persönlichkeit ausging, wird mir unvergeßlich sein. Kein Wunder, daß er Legende wurde. Ich hatte selbst zwar keinen Kontakt mit ihm, obwohl wir oft gemeinsam auf der Bühne standen, aber er war eben der Star und ich nichts als ein junger Kollege. Er wußte um sein Startum ganz gut Bescheid, doch die übrige Reinhardt-Prominenz zeigte für seinen Werbe-Alleingang begreiflicherweise kein Verständnis.

Ein guter Engel für uns wurde Stefan Hock, Reinhardts Assistent und Dramaturg. Er war vorausgefahren, um das erste Stück, den *Sommernachtstraum*, einzurichten und allerlei Organisatorisches zu erledigen. Und er war auch rührend besorgt, uns alles zu erleichtern.

Hock zeigte sich von New York begeistert. Wir lachten, als er ganz »amerikanisch« zur ersten Probe in das Century Theatre kam: Er trug ein charakteristisches Käppi, vorne mit einem Schirm darauf, und gab seine Anweisungen bereits in englischer Sprache an die Bühnenarbeiter weiter. Immer wieder rief er: »Kill the babies! Kill the babies!« und meinte damit die kleinen Scheinwerfer, die dort im Fachjargon so

genannt werden. Von da an nannten wir ihn nur mehr »Kindermörder«.
Für uns Schauspieler war dieses Gastspiel in New York das aufregendste, was man sich nur vorstellen kann. Zwischen dem 17. November 1927 und dem 28. Jänner 1928 fand beinahe alle zwei Wochen eine Premiere statt. Ich hatte reichlich zu tun, spielte den Spielansager im *Jedermann*, den Camille Desmoulins in *Dantons Tod*, den Toni in *Peripherie*, den Nachbarn in *Er ist an allem schuld*, den Silvio in *Der Diener zweier Herren*, den Petruschlein in *Der lebende Leichnam* und den Lysander im *Sommernachtstraum*.
Selbstverständlich hatten wir die Stücke in Europa fertig einstudiert und, wie schon erwähnt, auch während der Überfahrt fleißig gearbeitet. Aber Reinhardt konnte vom Probieren ja nie genug bekommen. In New York mußten wir uns an die andere Umgebung, an die neuen Theaterverhältnisse anpassen. Reinhardt machte keinen Unterschied, ob er in Berlin oder Wien, in Salzburg oder New York war – er probte rund um die Uhr, nur unterbrochen von den Vorstellungen.
Da ereignete sich eine Geschichte, die ich Reinhardt, bei aller Verehrung und Dankbarkeit, die ich für ihn empfinde, bis heute nicht verzeihen kann – als er uns, seine Schauspieler, nämlich wie Zirkuspferde vorführte. Das geschah, als er in einem noblen Club eingeladen wurde, aber nicht zusagen konnte, da er zu diesem Zeitpunkt eine Nachtprobe angesetzt hatte. Kurz entschlossen lud er die Herren ein, statt in den Club mit ihm zur Probe zu gehen. Sie erschienen tatsächlich und saßen in Frack und Smoking gelangweilt herum, während wir armen Schauspieler uns plagen mußten...
Immerhin, der Beifall, den die Vorstellungen fanden, entschädigte uns reichlich für alle Mühe. Und vor allem wir Thimigs konnten uns über Resonanz während des ganzen Gastspieles wirklich nicht beklagen. Schon lange vor unserer Ankunft in New York hatte man uns, Helene, Hermann und mich, als die »deutschen Barrymores« angekündigt. Bei allem Stolz auf unseren »Clan« muß ich doch sagen, daß es

CENTURY THEATRE

21-29 CENTRAL PARK WEST CO., INC., Lessee

Direction of LEE and J. J. SHUBERT

FIRE NOTICE: Look around NOW and choose the nearest Exit to your seat. In case of fire, walk (not run) to THAT Exit. Do not try to beat your neighbor to the street.

JOHN J. DORMAN, Fire Commissioner.

BEGINNING WEDNESDAY EVENING, DECEMBER 7, 1927

Matinees Friday and Saturday

GILBERT MILLER

has the honor to present

MAX REINHARDT'S PRODUCTION OF

JEDERMANN

(EVERYMAN)

A Play on the Death of a Rich Man
Rewritten from the old English Morality Play
Especially for the Salzburg Festival by
HUGO von HOFMANNSTHAL
With music by Einar Nilson
Acted by the companies from the
Deutsches Theater in Berlin
Josefstädter Theater in Vienna

"The noblest interlude the religious imagination of the Middle Ages has given to the stage."—Ernest Rhys.

CAST OF CHARACTERS

(In the order in which they speak)

MESSENGER	Hans THIMIG
THE VOICE OF THE LORD	Paul HARTMANN
DEATH	Wladimir SOKOLOFF
EVERYMAN (JEDERMANN)	Alexander MOISSI
STEWARD (VOGT)	Harald KREUTZBERG
COOK	Ernst MATRAY
FELLOWSHIP (GUTER GESELL)	Hermann THIMIG
POOR NEIGHBOR	Hans MOSER
DEBTOR	Eduard von WINTERSTEIN
DEBTOR'S WIFE	Johanna TERWIN MOISSI
EVERYMAN'S MOTHER	Hedwig PAULY
PARAMOUR	Dagny SERVAES
CHORISTER	Hans THIMIG
LADIES	Elizabeth ALEXANDROWA Annie KORFF Rosamond PINCHOT Tilly LOSCH Elizabeth SCHIRMER Toni FRISSELL Travis THAMES
MALE GUESTS	Othmar BIEGLER Erich SCHILLING
FAT COUSIN	Otto WALLBURG
LEAN COUSIN	Hans MOSER
RETAINER (KNECHT)	Erich SCHILLING
MAMMON	Arnold KORFF
GOOD-DEEDS	Maria SOLVEG
FAITH	Lili DARVAS
RETAINER OF EVERYMAN'S MOTHER	Othmar BIEGLER
THE DEVIL	Wladimir SOKOLOFF

Quartet: The Misses Travis Thames and Martha Schultz, and the Messrs. George Taylor and Rhys Morgan

eine große Ehre war, mit den Barrymores, von denen die Amerikaner nur als »The Royal Family« sprachen, verglichen zu werden. Außerdem übertrafen sie uns Thimigs sogar noch um ein Mitglied, denn neben dem Vater Maurice, den Söhnen Lionel und John, der Tochter Ethel war auch die Mutter Georgie Drew Barrymore eine gefeierte Schauspielerin.
In den New Yorker Tagen war ich viel mit Paul Hartmann und Otto Wallburg zusammen, mit denen ich in *Dantons Tod* spielte. Zu dritt entdeckten wir etwas für uns ganz »Neues«: Die Wolkenkratzer, diese riesigen Stahlbauten, sind alle elektrisch aufgeladen, denn wenn man eine Türschnalle anfaßt oder ein wenig an einem Teppich reibt, springen kleine, nicht schmerzende Funken über.
Und da wir voll Übermut waren, nützten wir das Phänomen einmal in einer *Danton*-Vorstellung, ein Stück, das an sich nicht der richtige Ort für dumme Späße ist, aus. Als Hartmann als Danton und ich als Camille in der Gerichtsszene auf der Anklagebank saßen, luden wir uns »elektrisch« auf, indem wir die Füße aneinander rieben, und zogen dann Wallburg während seiner großen Rede als La Croix die Funken aus dem Allerwertesten. Da machte er kleine Hüpfer, die eigentlich gar nicht zu seiner Rolle paßten, und wir hatten unsere Freude daran.
Hartmann errang als Danton einen überragenden Erfolg. In der New Yorker Presse erschienen hymnische Rezensionen. Wir freuten uns diebisch, daß Moissi dort lesen mußte, er hätte sich die Lorbeeren mit Hartmann zu teilen, dessen Aussehen, Sprache und Charakterdarstellung gerühmt wurden.
Wir gönnten dem immer kollegialen, immer bescheidenen Paul Hartmann diesen Triumph von Herzen, umso mehr, als gerade bei der Premiere von *Dantons Tod* Reinhardt ein Mißgeschick passierte. Er probte bis knapp vor Vorstellungsbeginn, vor allem am Schluß hatte er noch allerlei zu verändern. Aus Angst vor übergroßer Länge strich er dann ausgerechnet die Hinrichtungsszene. Das Publikum aber schien

das Stück entweder nicht zu kennen, oder es konnte nicht glauben, daß es zu Ende sei – jedenfalls blieb es hartnäckig sitzen und wartete. Erst nach einer peinlichen Weile setzte zögernd der Beifall ein.
Das alles traf mich persönlich besonders, denn ich war fest überzeugt, eine schlechte Leistung meinerseits hätte dieses Mißverständnis verursacht. Jedenfalls schrieb Hermann den Eltern nach Hause:

Hans war ausgezeichnet und hat besonders gut gefallen. Er ist natürlich, wie immer, deprimiert, auch weil ihn die Zeitungen nicht besonders hervorheben. Das ist aber hier nicht anders, wenn man nicht die Hauptrolle spielt. Er hat sich aber mit dieser Rolle sehr genützt. Man will ihn absolut für Berlin haben... er war echt und rührend in seinem Schmerz, so ergreifend in seiner Todesangst. Wenn er objektiv wäre, müßte er selig sein.

Aber, wie das so ist im Leben: eine kleine Enttäuschung, ein fremdes Land, eine fremde Sprache, da stellt sich leicht das Heimweh ein, und daß wir Weihnachten 1927 fern von Zuhause verbringen mußten, bedrückte uns sehr. Leni, die damals noch in Berlin spielen mußte und erst später nachkam, versuchte uns Brüder brieflich darüber hinwegzutrösten:

Lieber Hermann und Hans, teure Brüder und Genossen, ich hatte mich so sehr darauf gefreut, zu Weihnachten bei Euch zu sein und wollte jedem etwas mitbringen. Ich wollte ein ganzes Meer von Heimatklängen bringen – das Schicksal ersparte mir aber vielleicht gerade das, was ich mir völlig ausmale, wohlweislich. Es ist aber etwas Komisches geschehen: durch meine Sehnsucht wahrscheinlich bin ich jetzt dazugekommen, »amerikanischer« zu fühlen, als ihr es augenblicklich tut. Nämlich völlig verliebt. Ich habe begonnen, die englische Sprache zu lieben. Ich finde den Klang schön, die Ausdrucksweise knapp, dramatisch und vor allem unbeschreiblich Sinnvolles ist möglich.

Als sie uns das mitteilte, ahnte sie noch nicht, daß ihr eines Tages die Liebe zu dieser Sprache und deren Kenntnis sehr hilfreich sein würden. Denn nur so war es ihr möglich, sich in den Jahren ihrer Emigration mit Reinhardt, aber besonders nach dessen Tod, den Lebensunterhalt durch kleine Filmrollen in Hollywood zu verdienen.
Ich selbst habe die Sprache nie besonders gut beherrscht, aber es reichte so weit, daß ich mir in New York ein zusätzliches Taschengeld verdienen konnte, indem ich einem jungen Mädchen, das unbedingt Schauspielunterricht nehmen wollte, Stunden erteilte. Die Mutter meiner Schülerin erkundigte sich öfters nach den Fortschritten der Tochter und fragte auch, wie es mir in New York gefalle.
»Also, es gefällt mir schon«, antwortete ich und konnte einen tiefen Seufzer nicht unterdrücken, »es ist alles sehr interessant. Aber eines geht mir doch ab – am Abend ein Krügel Bier!«
Damals herrschte in Amerika die Prohibition, Alkohol war offiziell verboten. Statt Bier gab es nur einen entsetzlichen, »Near-Beer« genannten Ersatz, der zwar wie das Original aussah, aber im übrigen nichts damit gemeinsam hatte.
Da hatte die Mutter meiner Schülerin eine Überraschung für mich: Als ich von der Unterrichtsstunde in mein Hotel kam, traute ich meinen Augen nicht. Denn hier stand eine ganze Kiste herrlichen Pilsener Biers! Es gab offenbar Leute, die sich zu helfen wußten.
Junge Mädchen sind mir in New York einige begegnet. Eine davon schien schicksalhaft in mein Leben eingreifen zu wollen. Bei einer der zahlreichen Einladungen, mit denen uns die deutsche Kolonie überschüttete, lernte ich die Muschenheims kennen, die Besitzer des berühmten Hotels »Astoria«. Die Familie hatte eine heiratsfähige Tochter, der ich anscheinend recht gut gefiel. Ich wurde jedenfalls immer wieder eingela-

den, bald ohne meine Kollegen, und die Tochter des Hauses wich kaum von meiner Seite. Sie erwartete wohl einen Heiratsantrag, und so hätte ich einer der bestsituierten Hotelbesitzer von New York werden können. Nun kann ich mir – neben den vielen Berufen, die ich tatsächlich ausgeübt habe – noch einige für mich mögliche vorstellen, aber ob ich ein guter Hotelier geworden wäre, weiß ich wirklich nicht...

Die Liebenswürdigkeit und Herzlichkeit, mit der wir alle aufgenommen wurden, berührte uns ungemein. Das Gastspiel avancierte zu einem vielbeachteten künstlerischen Ereignis. Besonders die deutschsprachige Bevölkerung nahm regen Anteil an unserem New Yorker Aufenthalt. Sie ließ keine Vorstellung aus, verfolgte mit Interesse alle Zeitungsberichte und suchte persönlichen Kontakt mit uns Schauspielern.

Da ich so oft auf der Bühne stand und im übrigen so sehr durch Proben beansprucht war, sah ich von New York weit weniger, als ich mir gewünscht hätte. Immerhin sind mir so einige Eindrücke haften geblieben, die zwar Kleinigkeiten sein mögen, aber für diese Großstadt doch – wie ich mir von Kennern bestätigen ließ – typisch sind. So fiel mir auf, daß sich die Leute nicht einmal umdrehen, wenn es irgendwo brennt – und es brennt tatsächlich immer irgendwo, weshalb heulende Feuerwehrsirenen für mich so zu New York gehören wie Wolkenkratzer.

Der Verkehr war auch ungemein beeindruckend. Schließlich konnte man bei uns zu Hause auf der Straße die Autos noch zählen, während sie dort schon in Kolonnen fuhren. Und besonders traf es mich, daß man so viele »Essex« sah. Denn kurz vor meiner Abreise nach Amerika hatte ich mir ein Automobil dieser Type angeschafft und war unbeschreiblich stolz darauf. Und nun fuhr hier in New York jeder Zweite einen solchen Wagen. Mein Hochgefühl ließ bedenklich nach.

Dieses Gefühl der Bitterkeit hatte später aber auch seine gute Seite – es erleichterte meinen Schmerz, als ich bei meiner

Rückkehr nach Wien meinen »Essex« nur noch als Schrotthaufen wiederfand. Ich hatte das Auto während meiner Abwesenheit der Schauspielerin Maria Bard geliehen, und sie rammte damit die Ecke eines Hauses.
Was mir in New York besonders auffiel, waren die Ständer mit den Zeitungen. Diese sind ja nun seit einigen Jahren auch bei uns in Gebrauch, wobei man das Geld in eine geschlossene Büchse wirft. In New York war das anders. Da stand neben dem Ständer eine kleine Schüssel, in die man die Münzen hinein tat. Vermutlich ist viel gestohlen worden, aber vielleicht hat das bei dem Riesenumsatz keine Rolle gespielt. Die Leute nahmen die Zeitungen, zahlten, schlugen sie sofort auf, lasen an Ort und Stelle irgendeinen Artikel, der sie interessierte, und ließen die Zeitungen dann ganz einfach fallen. Man watete geradezu in Papier.
Tunlichst vermieden wir, uns auf »amerikanische« Art zu verköstigen. Mir verging schon der Appetit, wenn ich die Drugstores sah, wo man ein »Sandwich« erstand, das nichts war als ein schwammiges Weißbrot mit einem trockenen grünen Salatblatt – für unsere Begriffe einfach unmöglich!
Neben solchen Alltagseindrücken gab es allerdings auch Großartiges. Mit Begeisterung denke ich heute noch an die Fahrt mit einem Feuerwehrwagen mit heulenden Sirenen, zu der uns der Bürgermeister von New York einlud und bei welcher wir anschließend Manhattan auf einem Schiff umrundeten.
Alles das faszinierte mich und meine Kollegen. Der einzige, der am liebsten gar nicht mitgefahren wäre und sich auch in New York durch nichts begeistern ließ, war Hans Moser. Als er bei unserer Rückkehr gefragt wurde, wie es ihm denn in Amerika gefallen hätte, antwortete er mit einer wegwerfenden Handbewegung und seinem unnachahmlichen Tonfall: »I weiß net, i weiß net, die Eichkatzln im Central Park – alle grau, alle grau!«
Das war sein Eindruck von Amerika.

»Jede Halbheit in der Kunst und im besonderen im Theater ist das aufgelegte Unglück!«

Neue Wege: Regisseur und Lehrer

Zur Regie, die später eine so bedeutende Rolle in meiner künstlerischen Laufbahn spielen sollte, kam ich durch Zufall. Ich durfte einspringen, weil der für das Stück vorgesehene Regisseur krankheitshalber absagen mußte.
Emil Geyer, Reinhardts stellvertretender Direktor an der Josefstadt, kam eines schönen Tages zu mir und fragte: »Herr Thimig, mir ist ein Regisseur ausgefallen. Könnten Sie wohl einspringen?«
»Ja, bitteschön, sehr gerne«, gab ich zur Antwort.
Das Angebot kam gar nicht so überraschend. Denn abgesehen davon, daß ich ja in meinen »Cottage-Bodenkammerspielen« eigentlich immer schon Regie geführt hatte, war ich auch in der Josefstadt gelegentlich kurzfristig eingesprungen.
Und zwar immer, wenn ein Regisseur die Probe verließ – was bei so manchen Kollegen mit cholerischem Temperament schon vorkommen mochte.
Ich erinnere mich noch gut, was sich im Juli 1925 bei der Probe zu *Ihr kleiner Freund* von Jacques Natanson ereignete. Regisseur dieses Stückes, das Bertha Zuckerkandl brillant ins Deutsche übertragen hatte, war mein Freund Paul Kalbeck, mein Exschwager. Außer mir wirkten unter anderem noch Dagny Servaes und Oskar Homolka mit.
Wir probten mit äußerster Konzentration, als plötzlich vom Balkon her ein lautes Schneuzen hörbar wurde.
»Pst!« machte Kalbeck ungehalten.
Ein neuerliches, noch intensiveres Schneuzen ertönte.
»Wer ist denn da oben?« erkundigte sich Kalbeck irritiert.
Nun verstärkte sich das Schneuzen zur offenkundigen Demonstration.

»Unerhört!« wurde Kalbeck nun so richtig wütend. »Ruhe!«
»Na, Ihretwegen werd' ich mir die Nase abschneiden«, klang vom Balkon herab eine sonore Stimme.
»Was erlauben Sie ... So eine Frechheit!« schäumte Kalbeck.
»Geben Sie Ruhe und probieren Sie weiter«, forderte die Stimme vom Balkon herab gelassen.
»Licht!« schrie Kalbeck nun, und der zur Probe verdunkelte Zuschauerraum wurde hell erleuchtet.
Vom Balkon blickte das schöne Gesicht von Ludwig Körner herab, seines Zeichens gleichfalls einer der Direktoren und Regisseure der Josefstadt.
»Was erlauben ...«, wollte Kalbeck wieder beginnen, aber Körner fiel ihm ins Wort: »Halten Sie den Mund, und tun Sie Ihre Pflicht!«
Worauf Kalbeck, bereits mit blutunterlaufenen Augen, »Vorhang« brüllte. »Die Probe ist aus!«
»Die Probe geht weiter«, erklärte Körner. »Ich kann sie ja auch leiten.«
Da war es um Kalbeck geschehen. Mit einem »Gott steh mir bei!« stürzte er auf den Balkon. Was nun folgte, konnten wir nicht mehr so deutlich verstehen. Wir vermeinten einmal »Idiot!«, einmal »Verbrecher!« zu hören. Dann donnerten die Türen, und es war still.
Verdutzt standen wir Schauspieler da, sahen uns hilflos an und wußten nicht recht, was wir nun tun sollten. Proben mußten wir, das stand fest. Worauf ich forschen Muts die Initiative ergriff und die Probe zu Ende führte.
Was sich währenddessen in der Direktionskanzlei abspielte, erfuhren wir später durch Erzählungen. Nachdem sich die beiden Herren verbal so aufgeladen hatten, daß sie auf diese Art ihre Aggressionen nicht mehr bewältigen konnten, versetzte der halb rasende Kalbeck Körner einen Schlag auf die Nase. Körner fiel zu Boden, sprang aber wieder auf und warf, mit blutender Nase, einen bleiernen Briefbeschwerer gegen Kalbeck. Dieser traf ihn am Unterarm, der sofort mächtig anschwoll. Kurz, was nun folgte, war eine regelrechte Raufe-

rei, die Schulbuben eher angestanden wäre als zwei Direktoren. Der Zwischenfall fand ein Ende, als Kalbeck Körner einen solchen Schlag vor die Brust versetzte, daß dieser mit Wucht gegen das Fenster taumelte, dessen Scherben klirrend teils in den Hof, teils ins Zimmer fielen.

Am Schluß der von mir mit viel Sorgfalt geführten Probe bekam ich diese Szene brühwarm berichtet, und da dachte ich mir: »Jetzt kann ich mich ruhig weiter auf das Stück vorbereiten, denn Körner und Kalbeck werden sicherlich die nächsten Tage verschollen bleiben, und ich werde die Aufführung fertiginszenieren.«

Wie man sich irren kann. Am nächsten Tag trafen Körner und Kalbeck, der eine mit einer tiefen Schramme unter der Nase, der andere mit dem Arm in der Schlinge – gemeinsam zur Vormittagsprobe ein. Stefan Hock hatte das diplomatische Kunststück fertiggebracht, die beiden zu versöhnen, und ich konnte wieder in die Rolle des Schauspielers schlüpfen. Denn Kalbeck führte Regie, als wäre nichts geschehen, und ich mußte meine diesbezüglichen Ambitionen vorläufig vergessen...

Als mir nun, drei Jahre nach dem geschilderten Vorfall, Geyer anbot, für den erkrankten Regisseur einzuspringen, blieb dieser auch wirklich krank, und ich konnte mich in dem neuen Genre versuchen. Das Stück, das ich einzustudieren hatte, war *Weekend* von Noel Coward, und meine Besetzung bestand aus Adrienne Gessner, Annie Rosar, Gustav Waldau und Attila Hörbiger. Da konnte nichts schiefgehen. Ich spielte ebenfalls mit, und das war Grund genug für die Presse, meine Leistung als Regisseur total zu übersehen und mich nur als Schauspieler zu notieren.

Zwei Jahre später inszenierte ich die Uraufführung von *Das Konto X,* »ein Stück von Liebe und anderen unmodernen Dingen«, ein Lustspiel von Rudolf Oesterreicher und Rudolf Bernauer. Die Premiere am 14. Juli 1930 wurde ein Riesenerfolg, der sich in 96 Vorstellungen manifestierte und wohl auf das Konto von Hans Moser ging.

Ich habe mich königlich amüsiert dabei, mit ihm zu arbeiten. Er war zwar nicht präzise, und ich konnte im Laufe der Aufführungen – ich spielte nicht mit, sah mir die Vorstellungen aber, im Gegensatz zu Reinhardt, von Zeit zu Zeit an – merken, daß er dieselbe Szene immer wieder anders brachte. Doch ich konnte ihm, obwohl es mir als Regisseur natürlich weh tat, nicht böse sein: Denn er war immer gut. Er war sogar umwerfend gut. So natürlich, so selbstverständlich, so einmalig in seiner spezifischen Vis comica.

Ich habe mich mit Moser ausgezeichnet verstanden, denn er war ein unerhört liebenswerter Mensch. Natürlich hatte er seine unübersehbaren Eigenheiten. Seine allzugroße Sparsamkeit konnte mir schon ein bißchen auf die Nerven gehen. Gingen wir gemeinsam essen, so rechnete er immer nach, ob auch wirklich alles stimmte, was der Kellner aufgeschrieben hatte – das war für einen Begleiter doch ziemlich peinlich.

Ich habe sogar erlebt, daß er am nächsten Tag mit der Rechnung noch einmal zum Kellner kam und fragte: »Bitt' schön, ich weiß nimmer... Was war denn das für ein Posten, den S' da gestern aufgeschrieben haben?«

»Na, die Beilag', das war doch die Beilag'!«

»Ach so, die Beilag'... Ich hab' geglaubt, die Beilag' war dabei.«

Während meiner Regietätigkeit an der Josefstadt durfte ich auch in dem Stück *Orchester* von Richard Reich mit Albert Bassermann arbeiten, einem der ganz großen Stars dieser Epoche. Er war ein Schauspieler von solcher Präzision und dabei von einer Echtheit des Gefühls, daß es ein beglückendes Erlebnis war, von ihm lernen zu dürfen.

Schon vor unserer ersten persönlichen Begegnung war mir Bassermann ein Begriff, und zwar durch meinen Vater. Als er noch Direktor des Burgtheaters war, wollte er Bassermann dahin engagieren. Aber eines Tages kam Vater nach Hause und tobte:

»Nein! Nein! Nein! Und wenn er ein noch so großer Schauspieler ist – ich kann ihn nicht engagieren! Nein!«

Bassermann hatte ihm nämlich einen Brief geschrieben, in der Art, für die er bekannt und berüchtigt war, gänzlich ohne Orthographie, rein phonetisch, so wie er sprach – in Mainzer Dialekt. Aber nicht dieses Beispiel offensichtlicher Unbildung hatte meinen Vater so aufgebracht, sondern Bassermanns wirklich ganz ungeheure Forderungen. Neben einer exorbitant hohen Gage hatte er solche Kleinigkeiten wie eine eigene Garderobe mit Badezimmer verlangt, ebenso für seine Frau Else, die selbstverständlich mitverpflichtet werden mußte, obwohl sie eine höchst mittelmäßige Schauspielerin war. Er wünschte, daß Hamlet, Othello, Nathan, Egmont, Wallenstein, der König Philipp in *Don Carlos*, der Petrucchio in *Der Widerspenstigen Zähmung*, der Benedict in *Viel Lärm um nichts* und der Meister Anton in *Maria Magdalena* sofort in seinen Besitz übergingen und daß sich das Burgtheater verpflichtete, eine Reihe von Stücken mit Paraderollen für ihn (darunter *Wildente*, *Volksfeind*, *Traumulus*, *Gespenster*, *Baumeister Solness*, *Biberpelz* u. a.) in kürze zu inszenieren. Auch wünschte er die Pension des Burgtheaters, wenn sein Vertrag in fünf Jahren nicht erneuert werden sollte, und anderes mehr.

Ich erinnere mich an Vaters Zorn, seine Antwort, Bassermann hätte ihn wohl auf den Arm nehmen wollen, und dessen Rückantwort, die Forderungen wären sein voller Ernst gewesen... Worauf Vater ablehnte. Das sei des Burgtheaters unwürdig, erklärte er.

Bassermann wurde ein gastierender Star, der mit einem kleinen Repertoire von einer Stadt in die andere zog. Dennoch, für mich war die Arbeit mit ihm ein großer Gewinn.

Nicht immer problemlos verlief für mich die Zusammenarbeit mit Paula Wessely, so gern ich auch mit ihr inszenierte. Beispielsweise 1939 Anzengrubers *Trutzige*, 1940 Grillparzers *Des Meeres und der Liebe Wellen* oder 1942 Shaws *Pygmalion*.

Die Wessely gehört zu jenen Künstlerinnen, die nicht aufhören können, über ihre Rolle oder ihre Rollengestaltung zu

diskutieren. Das ist nicht einfach für einen Regisseur. Für mich hat sie einen »Fehler«, und den hab ich ihr auch oft gesagt: Sie kontrolliert sich selbst zuviel.
Das sah dann so aus, daß sie mitten in der Probe plötzlich unterbrach und fragte: »Hätte ich das nicht besser so machen sollen?« Und dann entspannen sich endlose Dialoge und Dispute, bis ich flehentlich sagte: »Nein, laß es doch einmal falsch sein, spiel es durch, damit man die große Linie der Figur bekommt, und geh erst dann ins Detail!«
Dieses kritische Zweifeln an einer Auffassung konnte bei ihr so weit gehen, daß sie noch in der Premiere nach dem ersten Akt in die Garderobe kam und den Text zur Hand nahm, aber nicht, um – wie jeder andere Schauspieler – den nächsten Akt nochmals zu repetieren. Nein, die Wessely nahm den Text und las sich den ersten Akt durch, um zu schauen, was sie besser hätte machen können ...
Manchmal war sie mir auch zu »innerlich«, das heißt, sie vergaß leicht, daß im Zuschauerraum auch Publikum anwesend ist, und wurde zu leise. Dann mußte ich als Regisseur störenderweise verlangen: »Sei doch ein bißchen lauter, bitte!«
In ihrer übergenauen Art, den Dingen auf den Grund zu gehen, gab es oft stundenlange Debatten. Kam ich dann nach der Probe erschöpft nach Hause, läutete das Telefon, und die Wessely war am Apparat – worauf die Debatte von vorn begann. Doch ich will nicht leugnen, daß Schauspieler wie sie für einen Regisseur nicht nur anstrengend, sondern auch eine faszinierende Herausforderung sind ...
Mit Paula Wessely habe ich natürlich auch sehr gerne gespielt. Ich habe mich an ihr »emporgerankt«, weil ich genau spürte, um wieviel sie besser war als ich.
Nur einmal trübte ein Wermutstropfen unsere an sich immer harmonische Zusammenarbeit. Das war 1933, als ich mit ihr im Theater in der Josefstadt in Schnitzlers *Liebelei* auf der Bühne stand, sie als Christine, ich als Fritz. Ich bemühte mich sehr, den Anforderungen des Dichters gerecht zu wer-

1933: als Partner von Paula Wessely in Schnitzlers »Liebelei« in der Josefstadt. Zeichnung von Lisl Weil

den und neben der Wessely in einer ihrer wahren Glanzrollen zu bestehen.
Aber ich konnte von ihrer Seite nicht die rechte Anerkennung finden. Das bezog sich nicht auf meine künstlerische Leistung, sondern – auf meine Größe. »Es ist wirklich ein Jammer, daß du nicht größer bist«, sagte sie eines Abends resigniert zu mir. »Wenn ich einen Liebhaber zum Partner habe, möcht' ich halt gern zu ihm hinaufschauen …«
Was soll man da machen?
Ich führte leidenschaftlich gern Regie, nicht aus intellektueller Spekulation, sondern aus meinem schauspielerischen

Impuls heraus. Ich hatte gleichsam das Gefühl, als ob ich als Regisseur sämtliche Rollen spielen dürfte, die Männer, die Frauen, die Kinder, die Helden und die Bösewichte, alle – das ganze Personenverzeichnis!
Wenn ich mein Regiebuch einrichtete, so tat ich das immer sehr genau. Ich spielte jede Rolle in Gedanken durch. Später habe ich als Schauspieler einmal mit einem modernen jungen Regisseur zusammengearbeitet. Plötzlich war ich neugierig auf sein Regiebuch und hab hineingeschaut: nichts. Nicht ein Strich drin. Der machte alles intuitiv. Das muß man können – ich habe es nicht gekonnt. Mein Vorbild waren die geradezu minutiösen Regiebücher von Reinhardt, obwohl dieser nie starr daran festhielt und auch Vorschläge der Schauspieler annahm. Ein Regiebuch bedeutete, daß man eine genaue Vorstellung bekam – und nicht, daß diese dann auch um jeden Preis buchstabengetreu durchgeführt werden mußte.
In den Besetzungsfragen versuchte ich es ebenfalls so zu halten wie Reinhardt, der dafür gesorgt hatte, daß sich die Möglichkeiten eines Schauspielers stets mit den Ideen, die er von einer Figur hatte, deckten. Und bei den Proben konnte ich es dann nicht lassen, den Schauspielern vieles vorzuspielen – auch hier ein getreuer Nachfolger Reinhardts, von dem ich die Art übernommen hatte, mich in eine Figur einzufühlen und sie dann selbst wiederzugeben. Ich wollte Reinhardt nicht kopieren, aber das Essentielle, das ich von ihm angenommen hatte, wollte ich dann natürlich in der Praxis realisieren.
Im Unterschied zu Reinhardt war ich in meiner Regiearbeit vielleicht etwas genauer. Nicht daß ich unbedingt hartnäckig meine Vorstellungen durchzusetzen versuchte, nein. Meine Genauigkeit bezog sich nicht nur auf die künstlerischen Details, sondern vor allem auf das Organisatorische. Ich legte von Anfang an einen Probenplan fest, der von der ersten Stellprobe bis zur Premiere jeden Termin vermerkte.
Diesen Plan hielt ich, wenn es irgend möglich war, durch. Den Schauspielern war das sehr angenehm – vielleicht auch ein Grund, daß sie die Arbeit mit mir schätzten. Sie wußten

genau, wann sie drankamen und wann sie frei hatten, um beispielsweise eine Rundfunksendung zu übernehmen. Das mag vielleicht alles sehr bürokratisch klingen, aber es erleichterte allen die Arbeit. Mir persönlich war diese präzise Einteilung immer eine enorme Beruhigung.
Ich brauchte diesen äußeren festen Rahmen, weil jede Regieaufgabe sich zuerst vor mir auftürmte wie ein Berg, von dem ich das Gefühl hatte, ihn nie erklimmen zu können. Es war bei mir Tradition, daß in mir bei der ersten Lektüre des jeweiligen Stückes ein Widerstand dagegen auftauchte – egal, worum es sich handelte. Er wurde dann im Lauf der näheren Beschäftigung geringer und löste sich in der Arbeit schließlich ganz – bis ich mich bei wahrer Begeisterung für das Stück wiederfand. Dann fühlte ich plötzlich die beruhigende Überzeugung: »Ich schaffe es, ich bring's bis zur Premiere.«
Diese Eigenschaft, mich mit der von mir übernommenen Arbeit immer mehr anzufreunden, war für meine Regieaufgaben besonders wichtig, denn ich habe, ehrlich gesagt, während meiner langen Karriere oft genug Stücke übernommen, die andere Regisseure, aus welchen Gründen auch immer, zurückgegeben hatten. Da sah ich mich dann wirklich oft mit der schlichtesten Gebrauchsware konfrontiert – ja, wenn ich's genau nehme, habe ich mir meine Regien nie wünschen oder aussuchen dürfen. Ich nahm eben, was man mir anbot. Und dann erfüllte ich die Aufgabe nach bestem Wissen, Gewissen und Können. Immerhin – es waren auch Tschechows *Drei Schwestern* oder Grillparzers *Weh' dem, der lügt!* dabei, nicht nur das breite Spektrum des internationalen Boulevards …
Bei der Arbeit an einem Stück habe ich dann nicht nur versucht, dem geistigen Bild eines Werkes, das mir die Lektüre vorgezaubert hatte, Leben einzuhauchen, ich habe auch die technische Seite des Inszenierens nie gering geschätzt: das Auswägen der Tempi, das Setzen der Zäsuren, das Emportreiben zu den Höhepunkten. Aber auch das äußere Arrangement war mir wichtig, die Gänge und Stellungen. Ich war

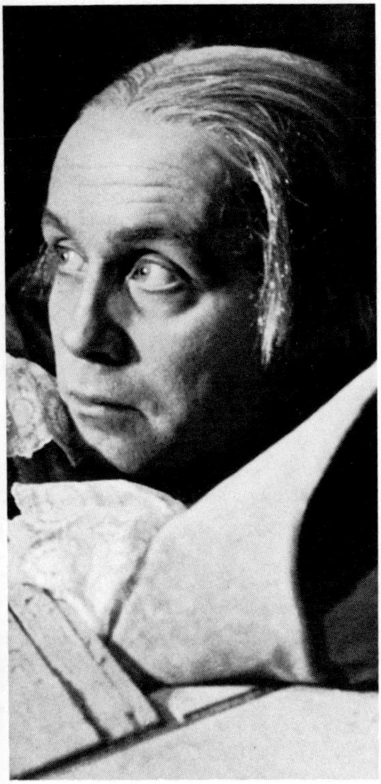

27 In Leopold Lindtbergs Burgtheater-Inszenierung von Shakespeares »Maß für Maß«, 1956, spielte ich den Schließer. Fred Liewehr war der Lucio, Annemarie Düringer die Isabella.

◄ ◄ 24/25 Als Junker Bleichenwang in Shakespeares »Was ihr wollt« und als Helmer neben Titelheldin Hilde Krahl in Ibsens »Nora«, 1939 und 1943 im Theater in der Josefstadt.

◄ ◄ 26 In Carl Zuckmayers »Der Gesang im Feuerofen« waren wieder die 1946 aus der Emigration zurückgekehrte Helene und Hermann meine Partner (Burgtheater im Ronacher, 1951; vorhergehende Seite).

28 Als Rumpf in Grillparzers »Ein Bruderzwist in Habsburg« neben Werner Krauß als Rudolf II., Burgtheater, 1957.

29 Zwei schöne Aufgaben stellte mir das Burgtheater 1963 und 1964: In Franz Molnárs »Liliom« spielte ich den Polizeikonzipisten – Josef Meinrad war der Liliom – …

30 … und in Gerhart Hauptmanns »Vor Sonnenuntergang« den Pastor. Meine Partnerin auf diesem Szenenfoto: Susi Nicoletti als Frau Peters.

31–35 Rollenporträts 1950 bis 1963: Foldal in Ibsens »John Gabriel Borkman«, Akademietheater, Wien 1950; Kammerdiener in Schillers »Kabale und Liebe«, Burgtheater im Ronacher, Wien 1955; Staubmann in Nestroys »Der Zerrissene«, Akademietheater, Wien 1959; Knöpfel in Nestroys »Das Mädl aus der Vorstadt«, Theater an der Wien 1962; Professor in »Straße ohne Ende« von Hans Friedrich Kühnelt, Burgtheater 1963.

immer der Meinung, ein Regisseur müsse alles können, eine Szene einer Pointe entgegentreiben, einem Schauspieler sagen, an welcher Stelle er am besten Luft schöpft, einen Scheinwerfer aus- und einschalten, oder auch vormachen, wie man eine Toga trägt...

Bei der Premiere meiner Inszenierungen war ich dann immer viel zu nervös, um mir die Vorstellung anzusehen. Das Kind war »geboren«, ich konnte nun nichts mehr ändern und retten und wollte am liebsten gar nicht sehen, was möglicherweise schief gelaufen war. Oft saß ich dann bangend im Kaffeehaus gegenüber, bis ich wußte, daß der Abend aus sein mußte. Dann stürzte ich ins Theater und fragte angstvoll: »Wie war's?«

War die Premiere dann vorbei, besuchte ich nach Möglichkeit alle weiteren Vorstellungen. Ich wollte doch sehen, wie der Hase läuft. Das habe ich von meinem Vater geerbt, der machte es genauso.

Ich verrate hiermit allen künftigen Regisseuren einen Trick, mit dem ich Schauspieler dazu bekommen habe, das zu tun, was ich von ihnen wollte. Ich ging zu dem Betreffenden und sagte: »Also dieses oder jenes haben Sie gestern wunderbar gemacht. Heute war das nicht ganz da. Könnten Sie es nicht noch einmal versuchen?« Und dann spielte ich ihm die Szene vor, so wie ich sie mir vorstellte.

Die meisten haben's geglaubt und gemacht – und darauf kam es an!

Im übrigen muß ich noch, auch wenn es scheinbar gegen meine Interessen spricht, folgende Überzeugung kundtun: Regisseure sind nicht so wichtig, wie man sie macht. Und: Das Ziel des Regisseurs sollte, meines Erachtens, sein, so Regie zu führen, daß der Zuschauer es gar nicht merkt...

Das heißt allerdings nicht, daß ich als Schauspieler den Bestrebungen des sogenannten modernen »Regietheaters« gänzlich negativ gegenüberstehe. Als ich in Düsseldorf unter der Regie von Hans Hollmann den Zauberkönig in Ödön von Horváths *Geschichten aus dem Wienerwald* spielte, habe ich

ein wenig davon mitbekommen. Und als Hollmann mir beibrachte, die kleinsten szenischen Äußerungen des Dichters ins »Bühnenplastische« zu übersetzen, habe ich mit Interesse und innerer Bejahung mitgetan; obwohl wir mit unserer überdeutlichen Spielweise und dem Hinziehen jeder Pause schließlich auf über vier Stunden Spieldauer kamen und damit zweifellos nicht dem Publikumsgeschmack entsprachen.
Zwar war das meiner persönlichen Art, Regie zu führen, völlig entgegengesetzt, aber es war für mich doch eine positive Erfahrung, auch das einmal miterlebt zu haben, und ich anerkenne den Ernst, mit dem diese neue Art von Regie betrieben wird.

Kaum ein Jahr, nachdem ich mich erstmals als Regisseur versucht hatte, bekam ich die Möglichkeit, das Spektrum meiner künstlerischen Tätigkeiten weiter zu vergrößern. Es begann mit einem Telegramm, das mich 1929 erreichte und besagte:
»Wäre sehr froh, wenn Ihre von mir absolut gewünschte Mitarbeit am Seminar sich realisieren könnte. Herzlichst, Max Reinhardt.«
Neugierig, wie ich nun einmal bin...
Natürlich war ich sofort bereit, dieses Angebot anzunehmen. Schließlich hatte ich auch auf diesem Gebiet schon Erfahrungen gesammelt, wenn auch ausnahmsweise einmal nicht aus der Epoche meiner »Cottage-Bodenkammerspiele«.
Mein Freund und Exschwager Paul Kalbeck, der – wie ich – Schauspieler und Regisseur, außerdem noch Dramaturg an der Josefstadt war, hatte gleichzeitig mit mir die Idee, das bißchen, das wir von der Schauspielerei verstanden, an junge Leute weiterzugeben. Als Kalbeck mit dem Projekt einer Schauspielschule an mich herantrat, sagte ich sofort zu. Wir mieteten ein Lokal in der Tandlergasse im 9. Bezirk und eröffneten dort die »Neue Schule für dramatischen

Unterricht«. Die Lizenz, die man für ein derartiges Unternehmen benötigte, besorgte Kalbeck.
Wir engagierten ein paar Kollegen als Lehrer, darunter auch Alfred Neugebauer, mit dem ich später jahrelang am Burgtheater spielen sollte. Mit der Steuer bekamen wir keinerlei Schwierigkeiten, denn was wir an Schulgeld einnahmen, schluckten die Spesen – es war ein idealistisches Unternehmen. Und nachdem wir einen hübsch aufgemachten Prospekt publiziert hatten, um unser neues Unternehmen bekannt zu machen, meldete sich eine Reihe von Schülern.
Darunter waren auch einige recht hoffnungsvolle Talente. Einer von ihnen brachte es sogar zu internationalem Ruhm. Bei uns hieß er noch Aszkenasy. Seine Filmkarriere in Amerika machte er unter dem Namen Leon Askin. Und kommt er einmal nach Wien, was hin und wieder der Fall ist, so zählen ein Telefonat oder eine Begegnung mit mir zu den ersten Dingen, die er unternimmt. Er gilt heute als einer der »First Players« in Hollywood und ist Präsident der »American National Theatre and Academy West«. Seine Anhänglichkeit berührt mich immer, es macht mich stolz, wenn er behauptet, bei mir wirklich einiges gelernt zu haben.
Max Reinhardt war zeitlebens als Gründer, Befürworter und Förderer von Schauspielschulen bekannt. Im ersten Jahr seiner Josefstadt-Ära hielt er an der »Fachhochschule für Musik und darstellende Kunst« sogenannte Regiekurse ab. Dann wollte er auch in Wien eine eigene Schauspielschule eröffnen, so wie er sie bereits in Berlin gegründet hatte. Sobald er die Möglichkeit bekam, griff er zu. Und als er Kalbeck und mich als Lehrer zu sich holte, schlossen wir ohne Bedenken unsere eigene Schule und wechselten zu Reinhardt über.
Als der Unterrichtsbetrieb an der »Schauspiel- und Regieschule im Schönbrunner Schloßtheater« aufgenommen wurde, hielt Reinhardt zur Eröffnung am 24. April 1929 eine wahrhaft richtungsweisende Rede, die seitdem passagenweise immer wieder zitiert worden ist – und das zu Recht.
»Seien Sie wahr«, sagte er bei dieser Gelegenheit, »hören Sie

auf Komödie zu spielen. Fangen Sie lieber gar nicht damit an. Weder im Leben, noch auf der Bühne. Die stärkste Macht des Komödianten ist die Wahrheit, die letzte, die innerlichste, brennende Wahrheit... Ich hasse die Schauspieler, die nur am Bühnentürl und Wirtshaustischen groß sind und groß tun. Brüllen Sie nicht. Werden Sie still und andächtig. Gehen Sie viel spazieren, und gehen Sie allein spazieren. Sprechen Sie mit sich selbst, laut und eindringlich. Fragen Sie sich, antworten Sie sich, und hören Sie sich aufmerksam zu. Lernen Sie sich selbst kennen. Ertappen Sie sich unbarmherzig auf jeder Lüge. Werden Sie wesentlich.«

Reinhardt, der Vielbeschäftigte, hatte für seine Privatschule nicht allzuviel Zeit. Für Salzburg studierte er mit seinen Schülern ein paar Stücke ein, darunter den *Sommernachtstraum* für eine Aufführung im Park von Schloß Kleßheim oder *Was ihr wollt* für das Heckentheater im Mirabellgarten. Die Viola spielte ein vielversprechendes Talent, das mir auffiel: Vilma Degischer. Damals ahnte ich noch nicht, daß sie später einmal meine Schwägerin werden sollte.

Heute ist es Tradition geworden, daß die Reinhardt-Seminaristen für die Tischgesellschaft des *Jedermann* bei den Salzburger Festspielen engagiert werden. Das führte Reinhardt damals ein. Begabte Schüler erhielten des öfteren gute Chancen auf kleine Rollen bei den Festspielen. Der junge Fred Liewehr z. B. hatte seinen ersten Erfolg als Valentin in der legendären *Faust*-Aufführung in der Felsenreitschule.

Aber die meiste Zeit war von Reinhardt selbst im Seminar wenig zu spüren, weil er seiner vielen Verpflichtungen wegen abwesend war.

Emil Geyer, sein stellvertretender Direktor an der Josefstadt, übernahm auch hier die administrative Leitung und war nach Rücksprache mit Reinhardt auch für künstlerische Belange zuständig. Ich selbst beschäftigte mich am Seminar mit den Fächern Rollenstudium und Repertoire und betreute die öffentlichen Aufführungen im Schönbrunner Schloßtheater. 1945, gleich nach dem Zweiten Weltkrieg, wurde ich dann zum Direktor des Reinhardt-Seminars ernannt – nicht zuletzt, weil man wohl richtig meinte, ich könnte als Platzhalter für meine Schwester und Zeitgenosse von einst am besten an die Reinhardt'sche Tradition anschließen. Als ich für dieses mein Erinnerungsbuch ein bißchen in meinen Papieren kramte, ist mir auch die Rede in die Hände gefallen, die ich damals, am 17. Oktober 1945, anläßlich der Wiedereröffnung des Seminars gehalten habe. Und da ich die Dinge nicht besser sagen könnte als damals, sei hier ein Stückchen wiedergegeben:

Liebe Seminaristen! Liebe junge Kollegen!
Ganz bewußt nenne ich Sie so und habe damit eigentlich schon umrissen, wie ich mir unser Verhältnis zueinander vorstelle und was ich mir von einer sogenannten Theaterschule erwarte. »Theaterschule«, »Seminar« – mir wollen diese Bezeichnungen nicht recht gefallen! Sie riechen so nach Kathederluft, und sie verbinden sich mir gedanklich mit einem graumelierten Umhängebart und erhobenem Zeigefinger! Hut ab vor der Wissenschaft! Aber in erster Linie hat ein angehender Schauspieler mit beiden Füßen ins lebendige Theater zu springen!
Darum – was wir hier zusammen tun und schaffen wollen – ich habe keine Bezeichnung dafür und will auch keine konstruieren – es hat jedenfalls nichts mit akademischem Staub zu tun. Hier sollen keine Doktrinen aufgestellt, keine Normen festgelegt werden. Sie sollen hier unter Führung und Anleitung erfahrener älterer Kollegen die Schauspielerei – »erlernen«? Nein! Diese Hoffnung muß ich Ihnen nehmen! Schauspielerei ist nicht erlernbar! Wir können Ihnen aus unseren Erfahrungen und Erkenntnissen im besten Fall den Weg weisen, wohin Sie Ihr Talent zu steuern haben, aber mitbringen müssen Sie es schon selbst.
Da Sie bei den Prüfungen mit mehr oder weniger Glanz durchgekommen sind, brauchen Sie nicht zu glauben, daß das nun ein unumstößlicher verbriefter Beweis dafür sei, daß

Sie nun tatsächlich auch Talent Ihr eigen nennen. Wer darf sich vermessen, ein unanfechtbares Urteil darüber zu besitzen? Eine »Nase« dafür kann man haben! Aber kein wirkliches Urteil! Man kann es erfühlen, aber nicht bestimmen! So wird so mancher unter Ihnen seine Hoffnungen im Laufe der Experimentierjahre zerrinnen sehen – und schuld sind wir, die Ihnen Hoffnungen gemacht haben. Und vielleicht nicht wenige, die wir von der Prüfung nach Hause geschickt haben, werden in einigen Jahren von der Warte eines großen Stars uns Prüfer auslachen! Und schuld sind wir! Aber ein wirklich gerechtes Urteil zu haben, hat sich lediglich der liebe Gott vorbehalten, und ihn persönlich konnte man nicht zu den Prüfungen bemühen! Die wirklichen Prüfungen, die er selbst leitet, bringt erst das Schicksal als solches. Ein Trost: Haben wir ein Talent nicht erkannt und den Betreffenden nicht aufgenommen, so können wir ein wirkliches Talent doch nicht unterdrücken. Es setzt sich auch ohne uns durch. Auch schon um uns zu blamieren. Sonst ist es eben keines. Und die Befriedigung kann der Verkannte auch haben, daß derjenige, den wir als talentvoll erkannt zu haben glaubten, der aber in Wahrheit sich als talentlos erweist, bestimmt nicht durch das Seminar allein zu hohen Ehren gelangen kann.

Aber, wie dem auch sei: Die Ziele, die Sie sich stecken, müssen die höchsten sein. Nicht sich zufrieden geben mit Halbheiten! Jede Halbheit in der Kunst und im besonderen im Theater ist das aufgelegte Unglück! Eine wirklich glückhafte Befriedigung können Sie nur mit Erreichung des Größten, des Besten, des Schönsten erleben!

Liebe Kollegen, mißverstehen Sie mich nicht!

Nichts liegt mir ferner, als Ihnen die Hoffnungen nehmen zu wollen. Wir wollen uns einen gesunden Optimismus bewahren! Denn wenn auch heute die praktischen Chancen eines Seminarabsolventen, nüchtern betrachtet, gering erscheinen, bis Sie soweit sind, als reif angesehen zu werden, wird auch, so Gott will, die Gesamtkonstellation eine solche sein, daß wieder größere Möglichkeiten zur Verfügung stehen. Also: Ich will kein Miesmacher sein. Im Gegenteil! Ich wollte, ich säße heute an Ihrer Stelle und dürfte noch einmal von vorne anfangen. Alle Enttäuschungen, alle Mißerfolge, alles Mißverstehen und Mißverstandenwerden würde ich gerne noch einmal auf mich nehmen, um das unnennbare Glücksgefühl der ersten Schwingenschläge wieder zu erleben, die einen vom realen Boden in die himmelweite Bläue der Atmosphäre, die sich das Theater nennt, emporheben und ein Unnennbares dem Verzauberten vorgaukeln – traumhaft unwirklich, gelöst von aller Erdenschwere, in das Reich der Phantasie einzugehen.

Eines habe ich Ihnen allerdings voraus: die leider unwiederbringliche, einmalig glückhafte, lebensbestimmende, richtungsweisende Begegnung mit dem Manne, dessen Name im Titelkopf unserer Schule aufscheint: MAX REINHARDT! *Es ist müßig, im Rahmen dieses Vortrages ein Bild von ihm entwerfen und eine Wertung seiner Persönlichkeit versuchen zu wollen. Der schönste Lohn für alle Bemühungen der Schule, wie ihrer Lehrkräfte, wäre es, zumindest eine Ahnung seiner aus Ureigenstem gezeugten, mit allen guten Theatergeistern geladenen, vom Furor theatralicus besessenen, blutvolllebendigen Arbeitsatmosphäre zu vermitteln.*

Von vornherein sei mir verziehen, wenn ich vielleicht manchmal den Glauben erwecken werde, als sei das eine oder andere, das ich sage – besonders wenn es gut ist – mein eigenes Geistesprodukt. Sie können mir glauben, es ist sicher von Reinhardt! Wenn vielleicht auch nicht immer direkt, aber zumindest als logische Konsequenz. Er war als Regisseur der idealste Schauspielführer und damit auch Schauspiellehrer, den man sich vorstellen kann. Denn er hatte die gottbegnadete Gabe zu lehren, ohne daß der Schüler spürte, ein Schüler zu sein. Unmerklich führte er jeden einzelnen bei individuellster Wahrung der entsprechenden Persönlichkeit zu seinem eigenen Ich, und doch gab er so viel aus dem Füllhorn seines Ingeniums, daß Generationen bewußt und unbewußt von ihm leben konnten und können. Sieben Jahre wollte man das nicht wahrhaben, aber heute dürfen wir es wieder freimütig bekennen.

Ja, und 1946 kehrte Helene nach Hause zurück. Ich erinnere mich noch heute, mit welcher Freude und Rührung Hermann und ich diesem Wiedersehen entgegensahen. Wir Brüder setzten uns in den Zug und fuhren ihr entgegen. Dann jedoch, als wir uns nach so vielen Jahren umarmt hatten, waren wir plötzlich recht wortkarg. Wo sollte man mit dem Erzählen anfangen, waren wir doch durch die lange Zeit so getrennt, daß wir wenig von einander wußten. Jeder schriftliche Verkehr mit Amerika war nur unter den größten Schwierigkeiten und durch persönliche Verbindungen möglich gewesen. Aber bald brach das Eis, und wir hatten uns wieder...

Helene übernahm die Leitung des Seminars, das den Namen ihres verstorbenen Mannes trug, aus meinen Händen.

Später, 1960, berief man mich noch einmal in die Direktion. Ich nahm an, und das war wahrscheinlich ein Fehler. Für mich ergaben sich durch die zusätzliche Belastung nur Schwierigkeiten. Es war mir zu viel, neben Theater, Film, Proben und Vorstellungen – ich war von früh bis spät, bis tief in die Nacht hinein, beschäftigt. Aber wenn ich etwas mache, will ich es auch gut machen. Also gab ich meine Arbeit am Reinhardt-Seminar endgültig auf.

Was nicht heißt, daß ich es nicht gerne getan hätte, im Gegenteil! Es war mir eine Freude, mit den jungen Menschen zu arbeiten. Dabei war mir von allen Tätigkeiten, die sich an einer Theaterschule ergeben, das Einstudieren von Schülervorstellungen die liebste. Und weil ich immer möglichst viele junge Leute beschäftigen wollte, habe ich die Stücke doppelt besetzt. Trotzdem war es nicht zu vermeiden, daß sich mancher angehende Künstler zurückgesetzt fühlte. Wie gekränkt sie sein konnten, wenn sie einmal nicht an die Reihe kamen, obwohl sie doch sooo talentiert waren! Ich weiß noch genau, wie Inge Konradi, die große Burgschauspielerin von heute, damals bittere Tränen weinte, weil sie bei einer Aufführung nur »Requisiteurin« sein durfte. Aber ich fand gar nichts dabei – die Schüler mußten alles lernen, auch Souffleur zu sein oder Inspizient. Auch wenn sie nicht verstehen konnten, daß es für sie gut war...

Von allen den jungen Leuten, die durch meine Schulung gingen, ist nicht nur Inge Konradi berühmt geworden. Daß Vilma Degischer, heute die Grande Dame der Josefstadt, Schülerin im Seminar war, habe ich schon gesagt. An Erika Pluhar erinnere ich mich gut. Nachdem sie die Abschlußprüfungen bestanden hatte, spielte sie an der Burg an meiner Seite in der *Jungfrau von Orleans* eine kleine Rolle und war mir sehr dankbar für die Schminktips, die ich ihr gab. Schon im Seminar war sie mir übrigens nicht nur durch ihre merkwürdig tiefe Stimme aufgefallen, sondern durch ihr wirklich außerordentliches Talent.

Achim Benning, heute Direktor des Burgtheaters, kenne ich aus der Seminarzeit und auch einen anderen Direktor, als jungen Mann, wie er noch »Häussermann« hieß: Ernst Haeusserman. Er ist der Sohn des von meinem Vater ans Burgtheater engagierten Komikers Reinhold Häussermann und war selbst Schauspieler am Burgtheater, für mich ein – wenn auch wesentlich jüngerer – Kollege. Heute ist er ein von mir sehr verehrter Theater-Allround-Man. Direktor des Burgtheaters zu sein, hat er schon hinter sich, jetzt leitet er die Josefstadt. Hochgelobt, vielgepriesen und mannigfaltig ausgezeichnet, ist er eine bedeutende Persönlichkeit der österreichischen Theaterwelt.

So viele junge Menschen, die alle nur eines wollten – spielen! Es war gar nicht einfach, passende Stücke für die Schülervorstellungen zu finden. Ich meinte nämlich, daß nicht nur möglichst viele Personen vorkommen sollten, sondern auch möglichst junge. Denn ich halte wenig davon, jungen Burschen einen Bart umzuhängen und ihnen eine weiße Perücke aufzusetzen – das ist doch nur Maskerade! Auch, wenn der von mir so geliebte Max Reinhardt in seiner Jugend geradezu ein Spezialist für die Darstellung alter Männer war...

Immer wieder hat man mich gefragt, wie ich eigentlich unterrichtet habe. Nun, ich ging dabei von dem schon erwähnten Standpunkt aus, daß die Schauspielerei selbst nicht erlernbar ist. Ich bin, mit Verlaub, selbst das beste Beispiel dafür. Ich wurde nie richtig ausgebildet, nahm lediglich zwei, drei Stunden Sprechunterricht bei Ella Arnau, der Tochter des seinerzeitigen Hofburgschauspielers Carl Arnau. Dabei lernte ich richtig atmen. Wie das geht? Sehr einfach: ebenso wie man im Liegen atmet. Beim Einatmen den Bauch heraus, beim Ausatmen den Bauch hinein. Wenn ein Hund bellt, geht sein Bauch auch merklich hinein – er atmet richtig! Alles andere, was mit der Schauspielkunst sonst noch zusammenhängt, habe ich nie gelernt. Niemand gab mir einen Rat, und ich habe auch nie darum gebeten. Besonders ängstlich hatte ich mich davor gescheut, von meinem Vater nur das geringste anzunehmen. Ich bin also das, was man einen Autodidakt nennt.

Unter diesen Umständen Lehrer zu sein, mag seltsam erscheinen – wo man Talent doch nicht lehren kann. Talent muß man haben. Man kann einem Schüler sagen, was er nicht machen soll. Was er machen muß, das muß er selbst wissen, das muß er in sich haben. So hielt ich mich als Lehrer an die praktischen Dinge, an die technischen Grundbegriffe. Denn: Das Lachen und das Weinen, das ein Schauspieler können muß, das kann man nicht lehren. Um nichts in der Welt. Das muß angeboren sein!

Es gilt mir als das Höchste, was man als Schauspiellehrer erreichen kann, zu jenem Moment zu kommen, wenn es einem gelungen ist, den Schüler zu einem »Erlebnis« zu führen. Was ich darunter verstehe? Da führe ich am besten meine Schwester als Beispiel an. Helene war eine »Konnersreutherin«, wie ich sie im Vergleich mit der stigmatisierten Therese von Konnersreuth genannt habe, die für Helene das großartigste Vorbild war – weil sie wirklich blutete. So hat auch meine Schwester auf der Bühne und auch bei den Proben wirklich »geblutet«. Sie empfand Erlebnisse so stark, daß sie echt und tatsächlich litt. Das Publikum hat das auch immer mitempfunden. Wenn ich im Zuschauerraum saß und meine Schwester eine tragische Szene spielte, konnte ich oft das Schluchzen kaum zurückhalten, so sehr riß sie mich mit. Immer wieder stellt sich für den Schauspieler die Frage: Soll er in oder über der Situation stehen? Wie gelangt er zu der entscheidenden künstlerischen Transparenz? Sind seine Tränen, sein Lachen Resultat routinierten Könnens oder gefühlsmäßiger Intuition? Nicht jeder kann, wie Helene es vermochte, aus der Tiefe leiden.

Ohne Zweifel unterscheiden wir also zwei gleichberechtigte Arten von Schauspielern. Die einen kann man die »Versteller« nennen, diejenigen, die sich von der darzustellenden Figur ein geistiges Bild machen und nun diese Fiktion nachzuahmen suchen. Sorgsam wird dieses Porträt mit allen inneren und äußeren Details ausgestattet, und es gehört schon ein Gutteil Menschenkenntnis dazu, so einem Gemälde den Odem des Lebendigseins einzuhauchen.

Die anderen sind diejenigen Schauspieler, die sich den Teufel um äußere Einzelheiten scheren und immer nur aus ihrem ureigensten Ich intuitiv eine Gestalt erschaffen, die Figur des Autors lediglich zunächst als Vorlage nützend, um sie dann ganz zu vergessen. Diese unterziehen, auf das Wirken innerer »Gefühlswellen« bauend, ihre eigene Persönlichkeit einer Metamorphose und trachten zur Gänze, sich in einer Art Trancezustand in das zu schaffende Wesen zu verwandeln. Es bedarf wohl der größten Konzentration, dieses Ziel zu erreichen.

Man muß beide Schauspieler-Typen gelten lassen – und beide bergen ungeahnte Gefahren in sich, wenn sie nicht durch künstlerische Kultur in Schranken gehalten werden. Das erfährt man gerade als Lehrer immer wieder.

Die erstere Art des Akteurs entspringt den Grundelementen schauspielerischen Wesens: dem Nachahmungstrieb. Die zweite, von der ersten abgeleitet, stellt eine vielleicht überzüchtete Form künstlerischen Ausdrucks dar, die aber, da sie auf Gefühlsmomente aufgebaut, als eine höher zu wertende Stufe zu bezeichnen ist. Läuft der Schauspieler der ersten Kategorie Gefahr, in ein reines Kopieren abzugleiten, so kann der zweite leicht in eine Manier verfallen, und jede von ihm dargestellte Figur trägt allzu sehr den Stempel seiner eigenen Art oder Unart.

Es ist nun Sache künstlerischer Disziplin, einen Schauspieler davor zu bewahren, in die angeführten Fehler zu verfallen. Man müßte dem Versteller – es sind dies meist die Charakterdarsteller – wünschen, daß ihm die Gabe des »guten Kopierens« fehlt. Es ist dies zumeist ein Talent, das mit Schauspielerei so gut wie nichts zu tun hat. Diese Art von Begabung gehört an den Stammtisch, und in geselligen Kreisen wird der Betreffende die größten Erfolge haben. Auf der Bühne haben diese Dilettantentalente nichts zu suchen. So soll auch der Verstellerschauspieler nicht der Versuchung verfallen, sich optisch und akustisch an lebende Vorbilder zu halten, diese blindlings nachzuahmen versuchen und dabei die allein lebendig machenden Gefühlsmomente vergessen. Der Persönlichkeitsschauspieler wieder, wie ich den anderen nennen möchte, soll sich darauf besinnen, daß es nicht immer er selbst ist, den er darzustellen hat! Er muß darauf bedacht sein, im Rahmen der zu schaffenden Figur zu bleiben. Wie gefährlich ist es – hat man durch innere Konzentration einmal eine echte Gefühlswelle geboren –, sich an dieser zu weiden!

Das Gefühl strömen zu lassen, darf der Lehrer dem Schüler erlauben, aber nur so lange und so viel, daß es nicht auf Kosten der Eitelkeit des betreffenden Darstellers geht! Interessant bleibt für den Zuschauer nur der Kampf mit dem Gefühl. Es zu prostituieren, mag verlockend sein. Aber der Schauspieler sollte die »Keuschheit« bewahren.

Zu diesem Thema gehört der »Kampf um die Träne«. Beim Film ist es bequem! Bei der Großaufnahme wird – versagt die Tränendrüse – das Glyzerinfläschchen zu Hilfe genommen. Beim Theater, obwohl sich viele auch da zu helfen wissen, ist das schon schwieriger. Ich hatte einen Kollegen, der in tragi-

schen Momenten auf der Bühne, wenn die Tränenbächlein fließen sollten, eine rasche Wendung weg vom Zuschauer machte und mit affenartiger Geschwindigkeit ein Salmiakfläschchen zückte, das er sich unter die Augen hielt, um im nächsten Moment dem gerührten Publikum die von Tränen benäßten Wangen zu präsentieren. Dabei ist es gar nicht von so entscheidender Bedeutung, ob der Zuschauer im Opernglas ein tränenbefeuchtetes Auge erblickt oder nicht! Das Weinen soll nämlich ihm überlassen bleiben! Er soll im gegebenen Moment gerührt sein und nicht der Schauspieler! Und je mehr der Schauspieler auf der Bühne weint, desto weniger tut es der Zuschauer. Damit will ich natürlich nicht sagen, daß eine Gefühlswelle auf der Bühne nicht von echtem Weinen begleitet sein darf. Im Gegenteil! Aber nur, wenn es einer wirklich wahren Gefühlsregung entspringt! Die Träne selbst ist nicht immer der Beweis für Echtheit. Wie oft ist es eine reine Tränendrüsenangelegenheit! Ich kannte eine Schauspielerin, die brauchte kein Glyzerin, keinen Salmiak, um ihre Tränen wie aus einem Gartenschlauch aus den Augen spritzen zu lassen! Die Träne als solche muß sekundär bleiben! Sie kommt schon im richtigen Augenblick. Ganz von allein. Das allzu mühsame Bestreben um die Träne, nur um der Träne willen, zu kämpfen, läßt einen allzu leicht den Boden der Wahrhaftigkeit verlieren.
Mein großes Beispiel für den Schauspieler, der sein Rollenerlebnis in darstellerisches Können umzusetzen verstand, war Albert Bassermann. Er konnte echte, heiße Tränen weinen – und sich im selben Moment umdrehen und mit den Kollegen Witze machen. Das nenne ich, den Höhepunkt der Darstellungskunst erreichen: daß das Erlebnis in eine solche Form gegossen ist, daß, wenn die äußere Form (die Vorstellung) stattfindet, sich auch das echte Erlebnis wirklich einstellt.
Schlimm ist es, wenn die Schauspieler etwas erzwingen wollen, wie ich es bei Lotte Medelsky mit ansehen mußte. Sie war von einem unerhörten, unbändigen Talent, aber sie wollte jedesmal, wenn sie auf der Bühne stand, ihr Erlebnis neu

produzieren. Das konnte dazu führen, daß sie in wahre Krämpfe verfiel, daß sich ihr Gesicht verzerrte, ihre Muskeln anspannten und sie vor sich hinmurmelte: »Oje, i hab's net, i hab's net.« Das war für mich der klassisch falsche Weg.

All diese Probleme stellen sich dem Lehrer, der mit den Schülern in der Schauspielschule zusammenarbeitet. Aber bevor es dazu kommt, muß er selbst eine schwere Entscheidung treffen, auf die ich bei meiner Rede zur Wiedereröffnung des Reinhardt-Seminares hingewiesen habe. Er muß ein Urteil darüber fällen, ob jemand Talent hat. Und das ist, aus meiner Erfahrung heraus gesprochen, fast unmöglich.

Das fängt schon beim Vorsprechen an. Es gibt junge Leute, die bei diesem Anlaß wirklich gut sind – und dabei bluffen. Das muß nichts mit wahrem Talent zu tun haben, das kann auch Begabung sein, etwas zu kopieren.

Ich habe im Laufe meines Lebens sehr viele Prüfungen abgenommen, in der Schauspielschule und bei der Schauspielergewerkschaft, wo jene Schüler antreten müssen, die Privatunterricht erhalten haben. Mein Urteil stand meist schon nach zwei Minuten fest, weil ich es mir rein gefühlsmäßig bildete und weniger auf das effektive Können als vielmehr auf die Ausstrahlung des angehenden Schauspielers achtete. Schon bei einer Prüfung muß ein junger Mensch zeigen, wie er eine Figur sieht – das ist wichtiger, als wie er sie bringt.

Daß ich mit dieser meiner Art des Urteilens oft recht hatte, will ich nur an einem einzigen Beispiel beweisen. Es betrifft den leider so jung verstorbenen Walter Kohut. Ich saß in der Prüfungskommission, als er seine Eignungsprüfung ablegte. Bei der anschließenden Konferenz stellte sich heraus, daß alle anderen Prüfer ihn abgelehnt hatten – nur ich hatte ihm ein Plus gegeben.

Ich war so überzeugt von seinem Talent, daß ich mich energisch für ihn einsetzte: »Glauben Sie mir, meine Herren«, sagte ich, »es steckt etwas in dem Burschen. Der hat das Zeug zu einem Schauspieler. Natürlich war er heute schlecht, da haben Sie recht. Trotzdem bin ich dafür, ihn durchzulassen.

Ich glaube rein gefühlsmäßig, daß aus ihm etwas werden kann.«
Die Kollegen stimmten schließlich zu, Walter Kohut die Prüfung anzuerkennen. Er hat seinen Weg gemacht, er ist ein ganz außerordentlicher Schauspieler geworden, und jedesmal, wenn ich ihn auf der Bühne oder im Fernsehen sah, habe ich mich gefreut.
Dazu fällt mir ein, daß ich selbst nie vorsprechen mußte – wahrscheinlich, weil ich Thimig hieß. Ich wäre sicher ein miserabler Vorsprecher gewesen, schon aus meinen bekannten Hemmungen heraus. Das heißt, einmal hab ich doch vorgesprochen, bei Leopold Jessner in Prag. Aber da war ich völlig unbelastet, weil ich wußte, daß die Folgen für mich ohne Bedeutung waren. Ich hätte meinen Vertrag mit Wien ohnedies nicht lösen können. So – völlig unbeschwert – habe ich dem Jessner gefallen, glaube ich...
Ich mochte Prüfungen auch in meiner Eigenschaft als Prüfer nicht. Es ist schrecklich, dabei zusehen zu müssen, wie sich manche Kandidaten abplagen, wie sie zittern, wie ihnen der Schweiß auf der Stirn steht, wie sie weiß bis in die Lippen oder blutrot sind. Das ist sicherlich eine der scheußlichsten Formen des Lampenfiebers, das ich natürlich auch gekannt habe und das mit den Jahren immer schlimmer wurde. Zu Anfang, bei meinen ersten Burgtheater-Auftritten, war ich seltsam unbeschwert. Aber je mehr man den Betrieb kennenlernt, je genauer man weiß, was nicht alles »passieren« kann, umso nervöser wird man. Die anfänglichen Zweifel, ob man einer Rolle auch künstlerisch gewachsen ist, weichen den Ängsten, ob man nicht steckenbleibt, ob mit den Requisiten alles klappen wird, ob der Partner aus der Rolle fällt... mein Gott, was es da nicht alles gibt!
Das Lampenfieber beim Vorsprechen eingerechnet, gingen wir als Prüfer dennoch immer rigoros vor, wir nahmen nur jene Kandidaten auf, die wir für wirklich begabt hielten. Es genügt einfach nicht, nur Schauspieler werden zu wollen.

Man muß auch anstreben, an die Spitze zu kommen, denn Mittelmäßigkeit ist in diesem Beruf der Tod.
Jetzt habe ich so viel von der »unlehrbaren« Schauspielkunst gesprochen, daß ich am Ende doch sagen will, was ich meinen Schülern mitzugeben versucht habe: die Erarbeitung einer Rolle. Dazu konnte ich natürlich keine Patentlösung anbieten. Ich sagte ihnen nur, wie ich es gemacht habe.
Mir ist es, offen gestanden, immer von neuem schwer geworden, mich mit einer Figur vertraut zu machen. Ich denke an meine Anfangszeit, wie verzweifelt ich oft war, wenn mir der Theaterdiener des Burgtheaters eine neue Rolle brachte. »Das kannst du nicht, das liegt dir nicht, das gelingt dir nie!« quälte ich mich selbst – und hatte keine Möglichkeit, sie zurückzugeben. Das heißt: Ich mußte sie nehmen, ich mußte sie schaffen. Da stand ich nun mit dem Rollenheft, vielmehr mit der herausgeschriebenen Rolle, was in meiner Frühzeit noch mit der Hand geschah! Das ganze Stück kannte man nicht – man reagierte aufs Stichwort. Was der Partner sagte, erfuhr man erst bei der Probe.
Für mich war das damals schon die reine Sinnlosigkeit. Ich versuchte stets, mir sofort das ganze Stück zu verschaffen und zu lesen, was bei den Klassikern ja leichter zu machen war als bei den Zeitgenossen. Aber nicht alle Kollegen hielten es so. Von Adele Sandrock erzählte man die Anekdote, daß sie in ihrer Rolle der Prinzessin Eboli einmal hinter der Bühne das Gespräch Don Carlos – Posa hörte und mit höchstem Erstaunen sagte: »Donnerwetter, der Junge liebt ja seine Mutter!« Daß ich von einem Stück nur die paar Szenen kannte, in denen ich vorkam, ist mir nur ganz, ganz selten passiert.
Ich gewöhnte mir an, meine Rollen eigenhändig aus dem Textbuch herauszuschreiben. Das war schon ein Lernprozeß an sich, außerdem konnte ich sie so handlich immer mit mir führen. Ich fahre auch heute noch mit einer Rolle in der Straßenbahn, ich gehe mit ihr auf der Straße, und ich habe sie immer, wenn ich beim Memorieren steckenbleibe, bei der Hand. Ich lerne Text, wie man in der Schule auswendig lernt –

ganz stur, so daß ich ihn im Schlaf hersagen kann. Und erst, wenn ich den Wortlaut dann zweifelsfrei intus habe, entwikkelt sich die Figur in mir, gedanklich und optisch.
Das ist meine Methode, und sie kann natürlich nicht für jeden gelten. Jeder muß seinen eigenen Weg zur Rolle finden. Nur eines passiert jedem Schauspieler – daß ihm Rollen liegen, und daß sie ihm nicht liegen. Egal, ob komisch oder tragisch, sie müssen der Persönlichkeit und der Ausstrahlung eines Schauspielers entsprechen.
Wenn man gegen eine Rolle inneren Widerstand spürt, so rate ich: Sich mit ihr zu beschäftigen, sich in die Figur zu versetzen, ihren inneren Wert zu erfühlen. Gelingt das nicht, so gibt es nur eines: Schauen, daß man die Aufgabe wieder los wird.
Ich für meinen Teil habe mich meinen Aufgaben stets mit großer Zähigkeit genähert, und im Laufe der Arbeit bin ich mit ihnen vertraut geworden, habe mich oft in die Rolle verliebt. Die Folge davon war eine ganz logische: Es war mir immer die Rolle die liebste, die ich gerade spielte.

Der »Deutsche Gruß« war bei uns im Haus nicht üblich

Stellvertretender Schauspieldirektor der Josefstadt

Im Laufe der Jahre war Reinhardt weniger und weniger an der Josefstadt zu finden. Darum wurde die Position des stellvertretenden Direktors, der in seiner Abwesenheit das Haus leitete, mit weitreichenden Kompetenzen ausgestattet. Als erster übernahm diese Funktion Emil Geyer, der nicht nur ein vorzüglicher Schauspieler und Regisseur war, sondern auch das für seine Stellung notwendige ökonomische Wissen besaß. Ich erinnere mich gern an ihn als einen besonnenen, ruhigen, angenehmen Mann.

Auf Geyer folgte für eine Spielzeit, das war 1934/35, Otto Ludwig Preminger. Er war zwar erst achtundzwanzig, hatte aber an der Josefstadt schon oft Regie geführt und sich als so begabt erwiesen, daß seine Berufung durchaus nicht überraschend kam. Er mußte später, wie so viele andere, emigrieren, ging nach Amerika und wurde einer der großen Filmregisseure von Hollywood.

Nach Preminger kam Ernst Lothar, ein Mann, der sich vor allem um eine literarisch wertvolle Spielplangestaltung bemühte, was mich nicht verwunderte, war er schließlich selbst ein namhafter Schriftsteller. Damals hatte die Josefstadt große Erfolge zu verbuchen, die zweifellos auf sein Konto gingen.

Persönlich führte Lothar ein strenges Regiment und hielt sehr auf Distanz. Wenn ein Bühnenarbeiter an ihm vorbeiging, so hatte er beim Grüßen den Hut abzunehmen. Lothar war wohl nicht ganz frei von Eitelkeit. Mich störte das nicht, ich fühlte mich unter seiner Führung sehr wohl. In diesen Jahren war ich als Schauspieler voll beschäftigt, außerdem leitete ich die Gastspiele des Josefstädter Ensembles.

Das »Happy«-Ensemble: Alfred Neugebauer, Fritz Delius, Fritz Grünbaum (obere Reihe), Erik Frey, Jane Tilden, H. Th., Hans Olden (untere Reihe)

Es war damals, in Lothars Ära, als mich meine Schwester Helene 1936 in ein Abenteuer hetzte, das mir vorgaukelte, ich könnte reich und ein berühmter Verleger werden – was aber dann kläglich mißlang. Helene riet mir, die Aufführungsrechte für das amerikanische Stück *Happy* von Bella und Samuel Spewack zu erwerben. »Du wirst ein Mordsgeld damit verdienen!« erklärte sie.

Ich folgte ihrem Rat, erwarb die Rechte, inszenierte es selbst an der Josefstadt und wirkte auch mit. Es wurde eine finanziell ungeheuer aufwendige Sache, weil ich mehrere Filmszenen einbaute. Bloß – die Kritiken waren nicht gut, und der Publikumserfolg ließ zu wünschen übrig. Von den Einnahmen sah ich keinen Groschen, aus dem Mordsgeld wurde nichts.

Eine der schönsten Regieaufgaben, die ich in dieser Zeit

übertragen bekam, war *Fräulein Else*, die Dramatisierung der Schnitzler-Novelle aus Lothars eigener Feder.
Daß er mit meiner Inszenierung zufrieden war, teilte er mir am 2. Dezember 1936 in einem nach der Uraufführung geschriebenen Brief mit: »... lassen Sie mich Ihnen danken. Sie haben nicht nur eine beispielhafte Meisterleistung als Regisseur vollbracht; Sie haben auch ein Beispiel gegeben, wie kameradschaftlich, freundlich und liebenswert gemeinsame Arbeit auf dem Theater sein kann ...«
Bevor es jedoch zur Uraufführung kam, trug sich eine unglaubliche Geschichte zu, die so bezeichnend für die damalige Zeit ist, daß ich sie in aller Ausführlichkeit erzählen möchte.
Fräulein Else, die Tochter eines verarmten Anwalts, wird von ihren Eltern beschworen, den reichen Herrn von Dorsday um Geld zu bitten. Dorsday stellt eine infernalische Bedingung: Er will sie dafür nackt sehen ... Für diese wichtige Rolle war Anton Edthofer vorgesehen, der aber diesen anmaßenden Lebemann, der ihm auch nicht recht zu Gesicht gepaßt hätte, nicht spielen wollte. Wir suchten eben nach einer anderen Besetzung, als uns aus Salzburg eine Nachricht von Reinhardt erreichte: Er hätte ein einmaliges Talent entdeckt. Ein Bauer sei von seiner Alm im salzburgischen Pinzgau herabgestiegen und hätte den Wunsch geäußert, Schauspieler zu werden. Er, Reinhardt, sei äußerst beeindruckt gewesen, wie dieser ihm den Monolog des Tell vorgesprochen habe – ein solches Naturtalent sei wirklich ein Phänomen. Wir sollten den Mann doch einmal einsetzen.
Reinhardt schickte ihn zum Vorsprechen zu meinem Vater. Der war begeistert. Dann sprach er Geyer und mir vor. Wir fanden ihn fabelhaft und beschlossen, ihm gleich die Rolle des Dorsday zu geben.
»Trauen Sie sich das zu?« fragten wir.
»Aber ja, das tu i, das tu i, das mach i scho«, erklärte er.
Die erste Probe begann köstlich. Die Souffleuse saß auf der Bühne. Erstaunt fragte der Bauer: »Was is denn das für a

Frau? Was will denn die?«
»Das ist die Souffleuse«, erklärte ich ihm. »Die hilft Ihnen, wenn Sie steckenbleiben.«
»I bleib net stecken«, meinte er daraufhin selbstsicher.
Die Proben verliefen reibungslos, der Bauer war wirklich erstaunlich begabt. In den Pausen ging er gern zum Portier, einem schlichten Mann, mit dem er vertraut plaudern konnte. Dabei erlebte ich, wie er einmal in Tränen ausbrach und jammerte: »I hab halt so Heimweh, so furchtbar Heimweh, wenn ich an meine Kalberln denk, das ist schrecklich...«
Ungeachtet seines breiten Dialekts sprach er aber auf der Bühne zu aller Erstaunen ein tadelloses Hochdeutsch. Heute wundere ich mich selbst, daß mir nichts aufgefallen ist, aber wir nahmen den Bauern, der immer eine nationalsozialistische Zeitung bei sich trug, hin. Aber es stimmte etwas nicht mit ihm.
Da war zum Beispiel die Geschichte mit seinem Namen. Wie er wirklich hieß, wollte er nicht sagen. Zuerst nannte er sich »Altenberger«, doch da es in Wien schließlich einen Peter Altenberg gegeben hatte, rieten wir ihm davon ab. Da erklärte er, er heiße auch gar nicht so – aber seinen wirklichen Namen könne er nicht verraten, sonst würde er andere Leute in Schwierigkeiten bringen. Daraufhin präsentierte er uns den Künstlernamen »Kaspar Brandhofer«. Das paßte zu dem Bauern, der erstmals auf der Bühne stand. Als solcher hatte er auch eine Publicity, die das Publikum neugierig machte. Und da er wirklich ausgezeichnet war, erntete er in der Inszenierung von *Fräulein Else* einen Riesenerfolg.
Angebote für Kaspar Brandhofer langten ein, sogar vom Burgtheater, aber Reinhardt war so begeistert von unserer »Entdeckung«, daß er den strengen Befehl erließ, den Mann ja nicht von der Josefstadt wegzulassen!
Im Laufe der Vorstellungen, bei denen ich ja als Regisseur nach meiner Gewohnheit immer dabei war, hatte ich Gelegenheit, diesen Brandhofer oft und oft zu beobachten. Und

eines Tages war mir klar, was mir seltsam an ihm vorkam: Unter dem blonden Haar, dem bäurischen Gehabe und dem Dialekt sah er mir eigentlich – jüdisch aus. Als ich eine diesbezügliche Bemerkung zu Hofrat Lothar machte, erklärte mir dieser: »Lieber Herr Thimig, wenn dieser Mann auch nur einen Tropfen jüdischen Blutes in sich hat, bin ich nicht der Lothar.«

Und dann geschah es, daß Heinrich Schnitzler, der Sohn des Dichters, sich die Vorstellung ansah. In der Pause stürzte er in mein Büro und rief: »Weißt du, wer das ist?«

»Na, ein Bauer«, sagte ich.

»Keine Spur«, entgegnete Heinrich Schnitzler. »Das ist er nicht.«

»Was heißt das?« fragte ich verdutzt.

»Das ist der Reuss!«

»Wer?«

»Der Schauspieler Leo Reuss. Ich habe mit ihm in Berlin im Staatstheater jahrelang die Garderobe geteilt. Der verstellt sich.«

»Das gibt es doch nicht«, meinte ich ungläubig.

»Ich geb' dir mein Ehrenwort, er ist es«, entgegnete Heinrich Schnitzler.

Und er war es auch. Nach der Vorstellung ging Schnitzler auf seinen ehemaligen Kollegen zu und sagte ihm seine Vermutung auf den Kopf zu. Und dieser leugnete gar nicht weiter.

Leo Reuss war in Deutschland ein sehr bekannter Schauspieler gewesen. Als Jude hatte er allerdings in Hitler-Deutschland kein Engagement mehr gefunden. Um die Sinnlosigkeit des neuen Rassenwahns zu beweisen, begann er die Komödie, auf die ihm auch die jüdischen Theaterleute Reinhardt und Lothar hereinfielen. Der Jude Leo Reuss wurde zum »erdverbundenen« Bauern, eine Kultfigur der arischen Rasse. Und er spielte seine Rolle hundertprozentig, fabelhaft, wirklich einmalig. Im nachhinein war mir erst klar, wie sehr ich diesen Mann bewundern mußte, mit welcher Konzentration bis ins letzte Detail er die Verstellung durchgehalten hatte. Auch in

äußeren Kleinigkeiten – so hatte er seine schwarzen Haare auch am Körper mit Wasserstoff gefärbt, um den Garderobier nicht mißtrauisch zu machen.
Und wie verhielt sich Reinhardt, als wir ihm die ganze Geschichte erzählten? Er hat gelacht, wahnsinnig gelacht, daß auch er darauf hereingefallen war!
So wie er reagierten viele auf diese Köpenickiade, manche hingegen fühlten sich an der Nase herumgeführt, gekränkt und beleidigt. Diese Geschichte ist an sich so großartig, daß schon ein Roman darüber geschrieben wird, ein Film soll gemacht werden, und auch ein Theaterstück gibt es dazu. Das hat übrigens ein ehemaliger Schüler von mir verfaßt, der vielbeschäftigte Schauspieler und Regisseur des Volkstheaters Oskar Willner. »Schriftstellern« ist sein erfolgreiches Hobby.

Die politische Situation der dreißiger Jahre, die Machtergreifung Hitlers in Deutschland, der immer stärker werdende Antisemitismus – all das blieb nicht ohne Folgen für das Theater. In Wien spürten wir anfangs noch wenig davon, doch bei den vielen Gastspielen der »Schauspieler im Theater in der Josefstadt unter der Führung von Max Reinhardt« waren wir Situationen ausgesetzt, die Böses ahnen ließen.
So fuhren wir in den schon recht unruhigen Zeiten nach Prag, wo wir mit mehreren Stücken gastierten. Während einer Vorstellung – Paula Wessely und Friedl Czepa standen gerade auf der Bühne – bemerkte ich plötzlich eine Unruhe, ohne gleich feststellen zu können, was los war. Plötzlich fiel der Vorhang.
Inzwischen hatte sich herausgestellt, daß die »Eiserne Garde«, eine rechtsgerichtete Bewegung, die sich in vielen Ländern organisierte, das Haus umstellt hatte, um gegen »Reinhardts jüdisches Theater« einen Skandal zu provozieren. Da ich als Leiter des Gastspiels für den Abend verantwortlich war, ließ ich sofort anordnen, daß sich die Feuer-

wehr an den Toren aufstellen und die Eindringlinge »wegspritzen« sollte.

Merkwürdig waren die Reaktionen der einzelnen Schauspieler. Ich weiß noch, wie ich mich wunderte, weil Friedl Czepa immer wieder »Nur keinen Bauchschuß! Nur keinen Bauchschuß!« vor sich hin sagte. Attila Hörbiger behielt die Nerven, trat vor den Vorhang, beruhigte das Publikum mit Scherzen, und als das noch nicht ausreichte, begann er den aufgeregten Leuten etwas vorzupfeifen – er konnte das so ausgezeichnet, daß er fast schon eine Art Kunstpfeifer war. Dann wurde es ruhig, und wir konnten weiterspielen. Aber wir verließen das Haus erst vier Stunden nach Ende der Vorstellung, als wir sicher sein konnten, nicht mehr attackiert zu werden.

Diese Tournee, die 29 Tage dauerte, in denen wir 31 Vorstellungen von vier verschiedenen Stücken gaben, war übrigens voll aufregender Ereignisse. Wir gastierten nach Prag noch in Brünn, Preßburg, Zagreb, Beograd, Temesvar, Bukarest, Czernowitz und schließlich in Radautz. Es war ein großer künstlerischer und finanzieller Erfolg.

Ich erinnere mich an die Czernowitzer Juden, die unbeschreiblich nett zu uns waren, sich um uns sorgten und uns noch eine riesige Kiste mit Proviant zum Bahnhof schickten. Als ich mir einen Fiaker zum Bahnhof nahm, sagte der nichtarische Rosselenker zu mir: »Hoffentlich habt ihr auch e Geschäft gemacht?«

Als ich ihn erstaunt anblickte, fügte er erklärend hinzu: »Nu, wir wollen doch, daß ihr wiederkommt!«

In Czernowitz war der Publikumsandrang so groß, daß sich trotz der überaus hohen Preise um Hunderte Leute mehr an der Kasse drängten, als wir unterbringen konnten. Darunter waren Menschen, von denen stadtbekannt war, daß sie oft kein Nachtmahl hatten – aber ins Theater wollten sie gehen!

Unangenehm wurde die Situation wieder an der rumänischen Grenze. Auf einem Bahnhof, wo wir nachts umsteigen mußten, kam plötzlich die Polizei und drängte uns ohne weitere Erklärungen in den Wartesaal. Der Perron wurde geräumt, aus dem Speisesaal nebenan hörten wir das Dröhnen nationaler Lieder. Das war wieder die uns schon bekannte »Eiserne Garde«, die man nach ihrer Verhaftung dort eingesperrt hielt. Man war nicht sicher, ob die Leute Waffen hatten und ob es nicht zu einer Schießerei kommen könnte. Unser Kollege Oskar Karlweis, ein ehemaliger Offizier, schrie, als es kritisch wurde: »Alles in Deckung, sofort in Deckung!«

Ich weiß noch, wie ich mich über die fabelhafte Disziplin unserer Frauen gewundert habe: Keine einzige wurde in dieser brenzligen Situation hysterisch...

Als unser Zug kam, bildete die Polizei einen Kordon, um »Reinhardts jüdisches Theater« schnell und unversehrt in die Wagen zu verfrachten. Man sagte uns nur noch, daß möglicherweise die Schienen vermint seien – und so fuhren wir doch mit einem etwas unangenehmen Gefühl im Bauch durch Rumänien. Passiert ist dann glücklicherweise nichts.

An dem denkwürdigen Tag, da Österreichs »Anschluß« erfolgte, gastierten wir gerade in Linz. In der Pause der Vorstellung hörten wir im Radio die berühmte Rede von Bundeskanzler Schuschnigg. Als wir dann nachts aus dem Theater kamen, marschierte gerade die SA in den Straßen von Linz auf.

Mit Interesse stellte ich fest, daß einige Kollegen bereits ein Hakenkreuz-Emblem in der Tasche trugen, das sie sich sofort ansteckten. Ernst Lothar hatte uns an diesem Tag in seiner Eigenschaft als Direktor in Linz besucht. Angesichts der Ereignisse fuhr er sofort mit seinem Wagen nach Wien zurück. Auf der Strecke sah er Gendarmen. Er ließ das Auto halten und erklärte den Leuten: »Ich bin Hofrat Lothar und möchte Sie darauf aufmerksam machen, daß in Linz geputscht wird.«

Ob er wirklich gemeint hat, die Weltgeschichte aufhalten zu können?

Während wir unsere Tournee fortsetzten, ging Ernst Lothar nach Budapest und von dort nach Amerika. Mit ihm Adrienne Gessner, seine Frau, die uns in Brünn adieu gesagt hatte, um

zu ihrem Mann zu stoßen. In Brünn verabschiedeten sich auch andere Kollegen, die wir nie wiedersahen.
Viele flüchteten in diesen Tagen. Plötzlich saßen wir reduziert in Wien und wußten nicht recht, wie es weitergehen sollte. Auch mit Reinhardt war nicht mehr zu rechnen. Meine Schwester Helene hatte mit ihm, wie schon erwähnt, die Heimat verlassen. Da ergriff ich, was ich eigentlich selten tue, die Initiative. Ich schrieb einen Brief an Heinz Hilpert, Reinhardts Nachfolger am Deutschen Theater in Berlin.
Darin bat ich ihn, er möge es doch ebenso halten wie seinerzeit Reinhardt und die Josefstadt den Berliner Bühnen angliedern.
Hilpert erklärte sich grundsätzlich damit einverstanden, mußte aber erst die Einwilligung vom Reichsministerium für Volksaufklärung und Propaganda einholen. Als dieses zustimmte, schrieb er mir am 23. Juni 1938 zurück.
Hilperts Bedingung dazu war, daß ich Schauspieldirektor des Theaters in der Josefstadt und damit sein Vertreter in Wien werden sollte. Ich übernahm die Aufgabe, sicher vielen zur Freude, weil sie wußten, daß ich Reinhardts Geist wider den Zeitgeist bewahren würde, wahrscheinlich aber auch vielen zum Mißvergnügen, weil ich sehr genau, ja, fast zu penibel war. Ich war immer der erste im Haus und der letzte, der es verließ. Konnte ich zufälligerweise nicht da sein, so erkundigte ich mich dauernd telefonisch, was es Neues gäbe.
Dabei leistete sich unser lieber Kanzleidiener Horvath, Reinhardts einstiger Chauffeur, einen netten ungewollten Gag, als er mir von einem Brief von »Robert Michel, Major an der Donau« berichtete. So interpretierte er das »a. D.« hinter dem Namen...
Als Direktor legte ich keine würdevolle Distanz zwischen mich und die Schauspieler, ich pflegte vielmehr ganz bewußt den Kontakt mit ihnen, die schließlich nach wie vor meine Kollegen waren. Täglich ging ich vor der Vorstellung

hinter die Bühne, begrüßte alle und wünschte mein Toi, toi, toi.

Wenn über Kollegen ein Auftrittsverbot verhängt wurde, war ich allerdings machtlos. Derartige Vorschriften kamen so dezidiert, daß es einfach keine Möglichkeit gab, dem auszuweichen. Hilpert mischte sich nicht ein – ich glaube, er war ganz froh, die Durchführung dieser traurigen, unangenehmen Dinge mir zu überlassen.

Als Theaterdirektor hing über mir immer das Damoklesschwert des Propagandaministeriums, das alle paar Monate unangesagt eine Kontrolle schickte. Man sah die Bücher ein und schnüffelte überall herum. Einmal kam sogar der Auftrag, sämtliche Briefschaften und Unterlagen aus der Reinhardt-Zeit zu vernichten.

Selbstverständlich wurde auch die Spielplangestaltung von »oben« her überwacht. Mancher uns liebe Dichter, wie beispielsweise Schnitzler oder Hofmannsthal, hatte aus dem Repertoire zu verschwinden. Wir spielten mehr und mehr Boulevardtheater, unpolitische Unterhaltungsstücke. Ich war froh, daß man mir wenigstens keine aktuellen Tendenzstücke oder irgendwelche Propagandavorstellungen vorschrieb. Da war es schon noch die edlere Aufgabe, die Leute in den schweren Zeiten wenigstens zu unterhalten.

Wir waren auch darauf angewiesen, daß sie zu uns kamen und Entspannung und Ablenkung suchten, da wir in ganz schlechten Zeiten auf Teilung spielen mußten. Es gab Abende, an denen wir besorgt am Guckloch des Bühnenvorhangs standen und in den Zuschauerraum sahen, wie voll er wohl wäre. Danach richteten sich unsere Gagen. Einmal mußte ich mir im Namen der Josefstadt, um überhaupt die Gagen zahlen zu können, das Geld ausborgen. Der edle Spender, der Freund und Helfer des Theaters, der hier einsprang, war der Portier des Hotels Bristol...

Von Vorschriften eingeengt, umgingen wir einige: So war zum Beispiel der »Deutsche Gruß« bei uns in der Josefstadt nicht üblich. Ich als Direktor kam allerdings nicht darum herum, wenn Baldur von Schirach, der Gauleiter von Wien, gelegentlich im Theater erschien. Dann hatte ich ihn mit einem Glas Champagner in der Loge stilgerecht willkommen zu heißen...

Zweimal traf ich auch den »Führer« Adolf Hitler persönlich, einmal in Wien, im Hotel Imperial, und einmal in München. Rund um ihn ging es zu wie zu Kaisers Zeiten. Er stand am Ende einer riesigen Freitreppe, von seinen Adjutanten umgeben. Man pilgerte zu ihm hinauf, um mit dem Namen begrüßt zu werden. Da er jeden Gast richtig ansprach, nehme ich an, man hat ihm die Namen jeweils zugeflüstert, obwohl es auch hieß, er hätte ein phänomenales Gedächtnis.

Bevor ich ihm erstmals gegenüberstand, hatte ich schon das prickelnde Gefühl, nun eine historische Persönlichkeit zu treffen. Als er mir aber die Hand schüttelte, schluckte ich an meiner Enttäuschung: Er wirkte wie ein kleiner Beamter, dem man am liebsten auf die Schulter geklopft hätte...

Bei Tisch saß ich dann neben ihm. An seiner anderen Seite hatte Paula Wessely Platz nehmen müssen. Während des Gesprächs bemerkte er: »Die Kellner sind alle Scharfschützen. Jeder einzelne kann auf zehn Schritt ein Markstück treffen.« Er wird schon gewußt haben, warum er solche Sachen gesagt hat... Er sprach auch über Todesangst. »Ich habe immer Todesangst«, sagte er. »Aber auch an das gewöhnt man sich. Man muß sich daran gewöhnen.«

Bei dieser Gelegenheit fiel mir auch auf, daß Hitlers Glas einen Goldrand hatte, alle anderen nicht. Er wußte also genau, welches seines war, man konnte ihm kein anderes unterschieben.

In meiner Eigenschaft als Theaterdirektor bekam ich vom Propagandaministerium den Auftrag, anläßlich von Hitlers Geburtstag eine Rede auf ihn zu halten. Das Manuskript wurde mir zugeschickt, und darin standen lauter Dinge, zu denen ich mich keineswegs aus Überzeugung bekennen konnte. Um diesem Problem wenigstens die Spitze zu nehmen, sagte ich einleitend: »Ich werde aufgefordert, Folgendes zu Gehör zu bringen.« Dann las ich die Rede vom Papier ab. Meine Schwester Helene warf mir später, nach ihrer Rückkehr aus der Emigration, vor, wie ich so etwas hätte tun können. Hätte ich es nicht getan, es wäre nicht nur mein großer Schaden gewesen, auch das Josefstädter Theater hätte zu leiden gehabt.

Lese ich heute die Rede, deren Abschrift ich noch besitze, so ist sie für mich ein Dokument einer Zeit, die in ihrer Gesinnung nie wiederkommen möge. Ich nehme an, viele andere haben einen ähnlichen Text so wie ich verlesen müssen:

Liebe Kameradinnen und Kameraden!
Unser Führer Adolf Hitler ist heute 50 Jahre geworden.
Liebe Freunde! Wir sind zusammengekommen, um dankbarsten Herzens dieses Tages zu gedenken. Berufenere, als ich es bin, werden heute all die kühnen, großen, gewaltigen in die Weltgeschichte eingehenden Taten in Erinnerung bringen, die Adolf Hitler für uns alle getan hat. Im ganzen großen Deutschen Reich, in allen Städten, Orten und Dörfern, in allen Betrieben und in jedem Haushalt werden heute Millionen Herzen höher schlagen im Gedenken an den Mann, dem wir so vieles, dem wir alles zu verdanken haben. Was schließen diese 50 Jahre, die Adolf Hitler gelebt hat, ein, an Willen und Tat, an Streben und Erreichen, an nationalem Einsatz und sozialem Fühlen, an rastloser Arbeit und überwältigendem Sieg. Und was er geschafft und geschaffen hat, nichts hat er für sich getan, alles für sein Volk, alles für uns. Sein Schaffen war es, das uns die Freiheit schenkte, die beglükkende Möglichkeit, selbst wieder schaffen zu dürfen. Er ist es, der uns die Ehre wiedergab und den Glauben an uns selbst. Ja, wir glauben an das Deutsche Volk, wir glauben an unsere herrliche Heimat Deutschland, wir glauben an Adolf Hitler. »Wir danken unserem Führer!« Aus jeder deutschen Seele drängt heute dieser Ruf dem Manne zu, der uns leuchtendes, hehres Beispiel und Vorbild ist. »Gemeinnutz geht vor Eigen-

nutz!« Dieser Satz, von Adolf Hitler geprägt, in ihm selbst ist er Gestalt geworden, bis in die letzte Konsequenz. Hat jeder Deutsche, wes Standes und Berufes er auch ist, heute seinem Führer zu danken, so haben wir alle Ursache, es ganz im Besonderen zu tun. Denn dieser Mann, der Deutschland mit eisernem Willen und starker Hand durch die politischen Wirrnisse der Vergangenheit steilauf zu stolzer Höhe geleitet hat, dieser Mann hat es auch zustande gebracht, daß die Kunst wieder zum Volk zurückgefunden hat. Und speziell das Theater ist ihm ans Herz gewachsen. Er hegt und pflegt unsere Kunst mit aller Liebe und tiefem Verständnis. Beglückt haben wir es erleben dürfen, daß er durch umfassende Reorganisationen, durch Gewährung weitgehendster Subventionen und nicht zuletzt durch persönliches subtilstes Kunstempfinden dem Theater gegeben, was des Theaters ist. Jeder von uns, ob Schauspieler, ob Arbeiter, ob Spielleiter oder Kanzleidiener, jeder, der heute in einem Theaterbetrieb zu tun hat, kann mit berechtigtem Stolze von sich sagen, er ist Mithelfer am Werk, das unser Führer zu einem ersten Kulturfaktor im Staate gemacht hat. Ihm haben wir es zu verdanken, daß »wir vom Theater« ohne wirtschaftliche Sorgen getrost in die Zukunft blicken können und Kunst um der Kunst willen machen dürfen. Ledig aller Fesseln drückender Hemmnisse darf sich das Theater zur höchsten Blüte entfalten. An uns ist es mitzuhelfen – mitzubauen.

Liebe Freunde! Zu seinem 50. Geburtstag beglückwünschen wir unseren Führer aus ganzer Seele und beglückwünschen uns selbst, daß der Herrgott ihn uns gegeben hat. Möge der Herrgott ihn uns in aller Gesundheit und Schaffenskraft erhalten. Es ist nicht im Sinne unseres Führers, dies mit Äußerlichkeiten abzutun. Unsere Gesinnung soll es bezeugen, unser Handeln soll es erweisen.

»Gemeinnutz geht vor Eigennutz!« – »Wir danken unserem Führer!« Adolf Hitler! Sieg Heil!

Im nachhinein kann ich sagen, daß von den vielen Funktionen im Theater, die ich im Lauf meines Lebens innehatte, die des »Direktors« nicht meine glücklichste war. Als Schauspieldirektor der Josefstadt demissionierte ich gleich dreimal, davon das erste Mal schon bei meinem Antritt.
Ich entdeckte nämlich sehr bald, daß es in der Buchhaltung eine Unterschlagung gegeben hatte. Ich ließ den Kassier in mein Büro kommen und sagte es ihm unter vier Augen auf den Kopf zu. Er brach zusammen und gestand.
Schweren Herzens trat ich den Gang zur Polizei an, um den unangenehmen Vorfall zu melden. Bei dieser Gelegenheit entdeckte ich, daß man sich viel weniger für die Straftat als für meine Person interessierte – wahrscheinlich kam nicht alle Tage ein bekannter Schauspieler aufs Kommissariat. Wie es meinem Vater ginge, wollte man wissen, ob ich verheiratet sei und mehr dergleichen. Es dauerte einige Zeit, bis ich die Anzeige, die mir auf der Seele brannte, anbringen konnte.
Mir war dieser Zwischenfall an »meinem« Theater so unangenehm, als ob ich persönlich etwas dafürgekonnt hätte. Selbstverständlich depeschierte ich sofort nach Berlin und stellte meinen Posten zur Verfügung. Hilpert lehnte postwendend ab.
Meine zweite Demission hatte ich mir allerdings selbst zuzuschreiben. Ich war wieder einmal überarbeitet – da ich neben meinen direktorialen Verpflichtungen auch noch spielte, geriet ich des öfteren in arge Zeitnot. Eines Sonntags geschah es, daß ich vormittags in Baden bei Wien eine Lesung zu halten und nachmittags auf der Bühne der Josefstadt zu stehen hatte.
Damals durften am Sonntag keine Autos fahren, nur solche mit Sondergenehmigung, die mit einem roten Winkel gekennzeichnet waren. Einen solchen Wagen mietete ich, um rechtzeitig von Baden wieder nach Wien zurück zu kommen. Als wir so durch Niederösterreichs schöne Weingegend fuhren, fragte mich der Chauffeur: »Herr Thimig, möchten Sie einen guten Wein kosten?«

Ich bin zwar kein Trinker, aber ein guter Tropfen war damals eine Seltenheit. Dennoch zögerte ich.
»Ich kenn' da einen Heurigen, Herr Thimig, da können wir ein paar Flaschen mitnehmen, Sie werden's nicht bereuen«, verstärkte der Chauffeur seine Überredungskünste, und so stimmte ich zu. Zu diesem Zeitpunkt war noch genug Zeit, einen kleinen Umweg riskieren zu können.
Der Weinbauer war hocherfreut, uns zu sehen, und bestand darauf, daß wir in den Keller hinabstiegen – um zu »kosten«. Es schmeckte vorzüglich. Um die Wahrheit zu sagen, der Chauffeur und ich kosteten nicht nur eine Sorte, wir kosteten uns mit wachsender Begeisterung durch. Dann erstanden wir ein paar Flaschen des köstlichen Tropfens und stiegen in bester Laune aus dem Keller herauf.
Erst im Freien merkte ich, wieviel wir intus hatten. Um mich drehte sich alles, und dem Chauffeur erging es wohl nicht anders. Wir torkelten zum Auto. Außerdem war mir totenübel. Wir hatten nur getrunken und nichts dazu gegessen: Das köstliche Ganslschmalzbrot, das in Friedenszeiten zu einer Weinkost gehört, gab es damals längst nicht mehr. Kurz, ich hatte einen schweren Rausch, und soweit es in mein Bewußtsein drang, mußte ich entsetzt feststellen, daß es um meinen Chauffeur ebenso bestellt war.
Er wollte sich ans Steuer setzen, aber ich hielt ihn mit großer Geste ab: »Nichts da, ich fahre selbst, Sie sind ja betrunken!« Worauf der Chauffeur freundlich zurücklallte: »Entschuldigen Sie, Herr Thimig, wenn ich bemerken darf, Sie sind auch betrunken . . .«
Nun begannen wir darüber zu streiten, wer wohl weniger betrunken sei. Schließlich gab ich nach, denn mir war so elend, daß es mir recht war, mich in einen Winkel meines Wagens zu verkriechen und nichts mehr hören und sehen zu müssen.
Der Chauffeur half mir noch ins Auto, und dann wußte ich nichts mehr. Bis ich plötzlich wach wurde und sah, daß wir irgendwo in einem Dorf in der Mitte des Marktplatzes stan-

36 Mit meiner ersten Frau, der Sängerin und Schauspielerin Christl Mardayn, Weihnachten 1928.

37 Außenaufnahmen zu meinem ersten (Stumm-)Film im Wiener Türkenschanzpark, 1921. Meine Partnerin war Christl Giampietro.

38 Unter Karlheinz Martins Regie drehte ich 1937 den Film »Millionäre«. Mein Partner auf diesem Szenenfoto: Wolf Albach-Retty.

39/40 Bei neun Wiener Filmen stand ich von 1940 bis 1951 als Regisseur hinter der Kamera: 1942 drehte ich mit Paula Wessely in der Hauptrolle »Die kluge Marianne«, 1941 mit Marte Harell und Hermann »Brüderlein fein«, die Lebensgeschichte Ferdinand Raimunds.

41 Der große Charakterkomiker Richard Romanowsky spielte in »Umwege zu dir« 1944 eine große Rolle. Hier erkläre ich ihm, wie ich die folgende Szene sehe.

42 Friedl Czepa, Attila Hörbiger und Hermann spielten 1943 die Hauptrollen in meinem Film »Die goldene Fessel« nach Nestroys »Der Zerrissene«.

den. Rückwärts im Wagen hatte ich meinen Rausch ausgeschlafen, vorne am Steuer war der Chauffeur eingenickt. Und ich wäre wahrscheinlich gar nicht aufgewacht, hätten nicht sämtliche Kinder des Dorfes durch die Scheiben geschaut und ihrer Begeisterung mit den lauten Rufen »Jö, zwei B'soffene!« Ausdruck verliehen.
Als wir schließlich in Wien ankamen, war es bereits viel zu spät, um zur Nachmittagsvorstellung zurechtzukommen. Als ich endlich in der Josefstadt ankam, lief das Stück schon seit einer Dreiviertelstunde.
»Ja, wo waren S' denn, Herr Thimig?« erkundigte sich mein Garderobier.
»Ich weiß, ich bin zu spät, ich muß mich ganz schnell umziehen.«
»Aber wieso denn? Wir spielen doch längst.«
»Wieso? Was heißt das? Ich bin ja noch nicht da!«
Worauf mich mein getreuer Garderobier belehrte: »Aber der Herr Böheim ist da! Der hat die Rolle sowieso schon einmal in zweiter Besetzung gespielt. Den hamma erreicht, und der ist eing'sprungen.«
Beschämt ging ich aus meiner Garderobe. Damals trug ich immer einen Revolver bei mir. Ich verdrückte mich in eine Ecke und hatte die ernste Absicht, mich zu erschießen, so erschüttert war ich über mein moralisches Versagen meinem Beruf gegenüber. Alfred Neugebauer, der mich gut kannte, stöberte mich auf und rettete mich, indem er mir die Waffe abnahm.
Ich ging in meine Garderobe zurück, setzte mich auf den Diwan und brütete dumpf vor mich hin. Später erfuhr ich, daß mein Garderobier vor der Tür Wache hielt und jedem, der vorbeikam, zuflüsterte: »Pscht! Der Direktor ist b'soffen! Pscht!«
Damals depeschierte ich abermals an Hilpert – und wieder wurde meine Demission nicht angenommen.
Es scheint übrigens doch ein Gesetz der Serie zu geben, denn zwei Wochen später hätte ich beinahe wieder eine Vorstellung

verpaßt. Ich kam gerade von einer Filmbesprechung und wollte noch eine Kleinigkeit zu Mittag essen. Gemütlich setzte ich mich in das Café Josefstadt, das damals noch Greilinger hieß.

Während ich da seelenruhig ein Paar Würstel verspeiste, stürzte mein guter Garderobier zur Tür herein: »Herr Direktor, es ist halb vier! Wo bleiben Sie denn? Alle warten schon!«

»Wieso?« fragte ich seelenruhig. »Wer wartet? Ich habe niemanden bestellt.«

»Net bestellt, Herr Direktor. Die Vorstellung! Sie haben doch Nachmittagsvorstellung!«

Es war wiederum zu spät, aber diesmal spielte ich doch. Man hatte das Publikum mit der Ausrede hingehalten, es wäre ein kleines technisches Gebrechen zu beheben, und zögerte so den Vorstellungsbeginn hinaus – bis ich fertig war. Mein getreuer Garderobier hatte mich gerettet, indem ihm der Einfall gekommen war, ich könnte in meinem Stammcafé sitzen. Er hatte mich gesucht und gefunden ...

Meine dritte Demission, die schließlich bewilligt wurde, war die Folge von Meinungsverschiedenheiten zwischen Hilpert und mir, die sich des längeren hinzogen. Ich hatte das Gefühl, daß er mit Dingen, die ich tat, nicht einverstanden war, und daß er nicht mehr uneingeschränkt hinter mir stand.

Unmittelbarer Anlaß für meinen definitiven Abgang waren Urlaube, die ich einigen Schauspielern für Filmaufnahmen gewährt hatte. Zuerst war dazu Hilperts grundsätzliches Einverständnis eingelangt, dann aber setzte er in Berlin Stücke an, zu denen er gerade diese Schauspieler unbedingt benötigt hätte.

Nach längeren brieflichen Auseinandersetzungen zog ich dann die Konsequenzen. Ich legte ihm die Gründe für meinen Wunsch, als Direktor (und in der Folge auch als Schauspieler) aus der Josefstadt zu scheiden, dar. Am 8. September 1941 bat ich ihn um Verständnis dafür:

Lieber Heinz!
Erlaube mir nun, zu Deinem Brief vom 5. September Stellung zu nehmen. Ende Mai hatten wir im Beisein von Dr. Ibach eine Unterredung, in der Du mich fragtest, ob ich in Berlin den Valentin spielen möchte. Ich habe Dir darauf geantwortet, daß ich selbstverständlich, wenn mir so eine Rolle angeboten wird, nicht nein sagen darf. In derselben Unterredung ergaben sich diesbezüglich schon Schwierigkeiten, weil der Termin von Neuhaus, den ich inszenieren sollte, terminlich damit zusammengefallen wäre. Schon damals äußertest Du, daß man halt den Verschwender auf einen späteren Termin verlegen müßte. Einige Zeit später sagte mir Ibach, daß Du verfügt hättest, es bliebe nun doch dabei, daß ich Neuhaus als drittes Stück in Wien machen soll, da der Verschwender in Berlin auf einen späteren Zeitpunkt verschoben sei. Am 17. Juli schrieb ich Dir, welche Schauspieler des Josefstädtertheaters ich in meinem Film brauchen würde, darunter auch Jane Tilden. Am 22. Juli erhielt ich von Dir ein Telegramm, in dem Du mich ermächtigst, unsere Schauspieler für den Film zu verpflichten, soweit ich es als Dein Vertreter verantworten kann und soweit keine Unordnung im Betrieb dadurch entstünde. Im selben Telegramm sagtest Du auch, ich müsse am 18. September in Berlin zu Verschwender-Proben eintreffen und fügtest hinzu, was in Wien frei ist, wird größtenteils in Berlin gebraucht. Am selben Tag depeschierte ich zurück, daß ich Dich bitte, Valentin anders zu besetzen, daß mir neuerliche Verlegung Verschwender unbekannt war, und daß ich aus Deinem Antrag nach Berlin zu kommen entnehmen müßte, ich wäre in Wien entbehrlich und bat Dich daher, zur Entlastung, um einen unbezahlten Urlaub. Die Antwort lautete, daß es Dir nicht auf Gehalt ankäme, sondern gerade auf diesem Gebiet auf Beispielhaftigkeit, und daß Du mich bittest, Ende September mit Neuhaus-Proben zu beginnen. Am 15. August schriebst Du mir, daß Du die Absicht hast, im Anschluß an Pedro Deine Wiener Tätigkeit mit dem Zerrissenen beginnen zu wollen. Am 21. August schrieb ich zurück,

daß für mich diese Konstellation äußerst günstig wäre, da ich dadurch die Möglichkeit hätte, meinen Film selbst – ohne Komplikationen – zu beenden. Da Forster doch nicht filmfrei war, nahmst Du diese Disposition mit einem Telegramm vom gleichen Tag wieder zurück, was Du am 25. August nochmals bestätigtest. Am 30. August sagtest Du mir, ebenfalls telegrafisch, gleichzeitig damit, daß Pedro*-Premiere am 26. September anzusetzen sei, daß es Dir außerordentlich lieb wäre, wenn ich den Lope im Anschluß daran inszenieren würde, stelltest mir aber frei, ihn dem Steinboeck zu übergeben, da Du selbst in Berlin festgehalten bist. Dieses wären die vorangegangenen Tatsachen.*
Was nun mich selbst und meine Filmtätigkeit betrifft: Vor allen Dingen glaube ich, besteht ein Mißverständnis Deinerseits über meinen Vertrag mit Dir. Derselbe lautet nur für Wien. So leid es mir getan hat, konnte ich daher mit vollem Recht Dich bitten, von meiner Berliner Tätigkeit abzusehen. Wie aus dem Vorangegangenen ersichtlich, mußte ich außerdem annehmen, daß Du über meine Filmtätigkeit orientiert bist, so daß der schwere Anwurf Deinerseits, mein Filmen wäre illegal, absolut ungerechtfertigt erscheint. Ich habe in meinem Filmvertrag schriftlich mir ausbedungen, daß ich für Proben Ende September, wenn nötig, zur Verfügung stehen muß. Ich war sehr froh, wie es sich ergab, von dieser Klausel keinen Gebrauch machen zu müssen, da es für mich eine schwere künstlerische Schädigung bedeutet hätte, wenn ich aus dem Film hätte ausspringen müssen, denn schließlich hätte ich dann für etwas zeichnen müssen, was ein anderer zu Ende geführt hätte.
Was nun den Urlaub Tilden betrifft:
In dem oben zitierten Brief vom 17. Juli nannte ich auch Jane Tilden, so daß ich aus Deiner Antwort, worin Du mir erlaubtest, Schauspieler im Film zu verpflichten, soweit ich es verantworten könne, auch Frau Tilden inbegriffen sah. Ich habe es verantwortet, da Frau Tilden im Neuhaus *eingesetzt war und daher selbstverständlich annahm, daß sie in Berlin*

nicht gebraucht wird, da Du ausdrücklich im Telegramm aussprachst, Du benötigst in Berlin die in Wien freien Schauspieler. Ich habe daher Frau Tilden den Urlaub bewilligt, unter der Voraussetzung, daß sie im Filmvertrag sich schriftlich ausbedingt, sie müsse für Proben und Vorstellungen im Josefstädtertheater zur Verfügung stehen. Daher kann ich mir auch in diesem Fall keinen Vorwurf machen.
Ein schweres Mißverständnis Deinerseits liegt auch vor, was den Fall Wessely-Hörbiger betrifft. Ich habe weder in dem Fall, wo es sich seinerzeit um eine Verlegung des Vertrages Wessely auf den 1. Jänner gehandelt hat, noch im jetzigen Fall überhaupt dazu Stellung genommen, sondern habe lediglich Dir die Bitte der Wessely resp. Hartls zur Kenntnis gebracht, um die Entscheidung gänzlich Dir zu überlassen. Ich habe mir überhaupt abgewöhnt gehabt, irgendeine Entscheidung selbständig zu treffen, so selbstverständlich in einem Falle Wessely ganz besonders. Da ich über Deine Dispositionen, den weiteren Spielplan betreffend, nicht orientiert bin, wäre es ja immerhin möglich gewesen, daß Dir die vorgeschlagenen Termine sogar angenehm gewesen wären. Wenn dem nicht so ist, ist es selbstverständlich Dein gutes Recht, Dich auf den Boden des Vertrages zu stellen, den Du mit Wessely und Hörbiger geschlossen hast.
Was nun die zur Verfügungstellung meines Amtes betrifft, bin ich selbstverständlich gerne bereit, mit Dir darüber persönlich zu sprechen und finde es auch viel richtiger und natürlicher. Vorausschicken möchte ich nur, daß es von mir keineswegs nur so dahingesagt war. Du weißt, daß ich schon öfter diesbezüglich Dir mein Leid geklagt habe. Ich will, weiß Gott, keine gekränkte Leberwurst spielen, aber Anschuldigungen wie, mein Verhalten wäre nicht beispielhaft oder gar illegal, treffen mich natürlich schwer, zumal ich aus tiefster Überzeugung sie ablehnen muß. Als mich besonders schwer schädigend aber muß ich es bezeichnen, daß Du einem anderen Betrieb gegenüber in einem Telegramm gesagt hast, ich wäre nicht berechtigt gewesen, Frau Tilden zu beurlauben. Ich

hätte nicht gedacht, daß Du, selbst wenn Du der Ansicht gewesen wärest, betriebsfremden Personen gegenüber mich so verkaufst. Ich weiß, daß Du durch die ganzen Zeitumstände bedingt, in begreiflicher Erregung bist und kann es auch verstehen, daß Dir das Temperament manchmal durchgeht. Aber auch Du wirst verstehen, daß ich mich durch diese Dinge zutiefst deprimiert fühlen muß. Vor allen Dingen deswegen, weil ich daraus entnehme, daß Deine Einstellung mir gegenüber nicht mehr die ist, wie sie einmal war. Denn auch eine Verfügung Deinerseits, daß von nun an nur Urlaube, die von Dir schriftlich bestätigt werden, gelten, beinhaltet ein schweres Mißtrauen. Darum ist es mir wirklich ernst, wenn ich Dich bei Deiner Anwesenheit in Wien bitten werde, mich meines Amtes zu entheben. Es ist klar, daß ich mich Deiner Entscheidung, was die heurige Spielzeit betrifft, vollauf fügen werde, aber jedenfalls muß ich Dir schon heute sagen, daß ich für die nächste Spielzeit nicht mehr Direktor spielen möchte. Du hast mir seinerzeit, bevor Du mich auf den Posten berufen hast, geschrieben, daß Du niemanden halten willst, der keine Freude an seiner Tätigkeit hat. So schwer es mich selbst trifft: dieser Fall ist eingetreten. Lieber Heinz, es spaßt mich nicht mehr. In der Form, zu der sich meine Position entwickelt hat, habe ich nicht mehr die geringste Freude. Du weißt, wie ich das Josefstädtertheater liebe, und will auch ausdrücklich festhalten, wie dankbar ich Dir bin für all das Gute, was Du mir angedeihen ließest. Trotzdem und über alles hinweg wird es mir immer bewußt bleiben. Ich spüre nur deutlich, und das ist das Hauptmotiv meiner Stellungnahme, daß ich in meiner jetzigen Stellung keinerlei künstlerische Erfüllung sehe und vor allen Dingen auch keine künstlerische Entwicklungsmöglichkeit. Die Vorkommnisse der allerletzten Zeit sind also nicht der Grund für meine Direktionsmüdigkeit, sondern haben nur wieder einmal Anlaß gegeben, diese Gefühle auszulösen. Ich hoffe nun zu Gott, daß wir einen Weg des gegenseitigen Verstehens finden werden, um in Freundschaft auseinander zu gehen, denn es wäre mir ein wirklich entsetz-

liches Bewußtsein, von Dir und gerade von Dir verkannt zu werden. Ich kann mir auch nicht denken, daß Dir durch mein Ausscheiden besondere Komplikationen erwachsen, da in der Form, wie der Direktionsposten des Josefstädtertheaters jetzt gedacht ist, ohne weiters Ibach oder, wenn es sein Gesundheitszustand nicht erlaubt, Steinboeck dieses Amt ausfüllen könnte.
Bitte versuche es, mir nicht böse zu sein und verzeihe mir die lange Epistel.

Herzlichst Dein
Hans Thimig

Hilpert versuchte einzulenken, aber der Bruch war zu tief und meine Unlust zu groß. Wir sind einander freundschaftlich verbunden geblieben, das gemeinsame Arbeitsverhältnis haben wir jedoch gelöst. Alfred Ibach folgte mir als stellvertretender Direktor nach. 1945 wurde dann Rudolf Steinboeck Direktor.
Als Schauspieler bin ich viel später, nach meiner zweiten Burgtheaterzeit, mit großer Freude an die Josefstadt zurückgekehrt und stehe immer wieder gern dort auf der Bühne.

Das Theater liebe ich, aber in den Film bin ich verliebt

Meine Filmtätigkeit

Nach meinem Abgang als Schauspieldirektor der Josefstadt widmete ich mich ganz dem Film.
Begonnen hatte es damit auf die unkomplizierte Art, die für mich so typisch ist. Eines schönen Tages läutete bei uns das Telefon – es hing noch an der Wand und hatte eine Kurbel, an der man drehen mußte, um die Zentrale zu erreichen und einen Anschluß zu verlangen. Ich weiß auch noch unsere Nummer: 17334. Was man sich so alles merkt... Ja, und da meldete sich irgendein Aufnahmeleiter und fragte, ob ich Zeit und Lust hätte zu filmen. Ich hatte.
Ich erinnere mich noch an die erste Freilichtaufnahme im Türkenschanzpark, ziemlich in der Nähe unseres Hauses. Meine Partnerin war die Tochter des berühmten Schauspielers Franz Tewele. Sie spielte eine Gouvernante, ich einen frechen Jüngling mit einer großen Bonbontüte in der Hand. Mehr weiß ich davon nicht mehr.
1921 spielte ich zusammen mit meinem Vater und Hermann in der Verfilmung von Gottfried Kellers Novelle *Kleider machen Leute*. In diesen Jahren waren Literaturverfilmungen sehr beliebt – auch in Eichendorffs *Aus dem Leben eines Taugenichts* war ich mit Valérie von Martens als Partnerin dabei. Damals spielte ich so viele Rollen, daß ich sie gar nicht mehr aufzählen kann. Obwohl ich – in diesem Fall ganz der Sohn meines Vaters! – ein »Statistiker« bin und alle meine Theaterauftritte festhielt, habe ich das beim Film unterlassen. Vermutlich, weil mich anfangs meine Seitensprünge als Filmschauspieler gar nicht so sehr interessierten. Sie bedeuteten für mich, ehrlich gestanden, bloß ein angenehmes Taschengeld.

Mein erster Tonfilm: »Das Geld liegt auf der Straße«, 1930

Ich konnte gar keinen besonderen Ehrgeiz entwickeln, weil man mich damals, in meinen zwanziger Jahren, hauptsächlich als »dümmlichen Liebhaber« einsetzte. In *Mädels von heute* stritt ich, glaube ich, gegen meinen Rivalen Hans Unterkircher um Olga Tschechowa. Da ich mich offenbar in diesem Genre recht gut bewährte, blieb mir diese Art von Rollen erhalten, was für mich allerdings schauspielerisch nicht sehr befriedigend war. Immerhin arbeitete man mit Kollegen

zusammen, die man auf dem Theater selten traf – etwa Lilian Harvey oder Mady Christians.
1930 drehte ich meinen ersten Tonfilm, der überhaupt der erste österreichische Tonfilm war. Er hieß *Das Geld liegt auf der Straße*, mein Vater wirkte mit und Hans Moser, Georg Alexander und meine liebenswürdige Freundin Rosa Albach-Retty. Regie führte Georg Jacoby.
In den folgenden Jahren drehte ich munter darauf los, jedes Jahr etwa so zwei Filme neben meiner Theaterarbeit. Es gab damals viele musikalische Komödien, und da stand man dann mit Opernsängern wie Adele Kern oder dem köstlichen Leo Slezak vor der Kamera. Im übrigen glichen die Lustspiele einander ziemlich, ob ich nun mit Magda Schneider vor der Kamera stand oder mit Liane Haid. Und ich immer (oder meistens): der naive, gutherzige Jüngling, der schüchtern die Augen aufschlug.
Zumindest verlangte man das von mir. Ich wußte nicht, wie ich auf der Leinwand aussah, ich hatte mich nie gesehen. Und vielleicht hätte ich bis in alle Ewigkeit unbeschwert weiter gefilmt, wäre nicht eines Tages, Anfang der vierziger Jahre, etwas ganz Entscheidendes passiert.
Ich hatte nichts Bestimmtes zu tun und ging ins Opernkino. Ich wußte gar nicht, was für ein Film auf dem Programm stand – ich ging halt ins Kino, wie man das bisweilen so tut. Heute hat man sich spontane Entschlüsse dieser Art durchs Fernsehen ja weitgehend abgewöhnt.
Ich sah mir also den Film an – ich weiß tatsächlich nicht mehr, welcher es war. Da erschien plötzlich ein kleiner Mann, den man zuerst nur von rückwärts sah. Dann drehte er sich um – und ich erschrak fast zu Tode: Ich war es selbst. Es war das erste Mal, daß ich mich auf der Leinwand sah.
Bis dahin hatte ich mir in meiner Unbekümmertheit sogar das Begutachten der Probestreifen, was sich kluge Kollegen nicht entgehen lassen, geschenkt. Und da stand ich nun vor mir und war total erschüttert. Wie schlecht ich war! Wie häßlich! Indiskutabel!

In diesem Augenblick beschloß ich, meine Karriere aufzugeben, ganz und gar. Schluß mit dem Film! Schluß mit dem Theater! Und tatsächlich machte ich als Schauspieler, zuerst im Film, dann auf dem Theater, eine sehr lange Pause...
Ein gütiges Geschick hatte jedoch einen willkommenen Ersatz für mich bereit: Ich wurde Filmregisseur und inszenierte in den Jahren zwischen 1940 und 1952 neun Filme. Ab 1951 trat ich dann auch wieder als Schauspieler vor eine Kamera, nachdem ich 1949 wieder zur Bühne zurückgekehrt war.
Auch zur Filmregie kam ich, wie zu den meisten Dingen in meinem Leben, relativ unproblematisch. Eines Tages rief mich Karl Hartl, Chef der Wien-Film, an: »Lieber Herr Thimig, wollen Sie nicht einmal einen Film drehen?«
Neugierig, wie ich nun einmal bin, sagte ich sofort: »Ja, bitteschön, gern. Ich habe das zwar noch nie gemacht, ich habe keine Ahnung, wie es geht, aber interessieren würde es mich schon.«
»Das ist kein Problem«, meinte Hartl. »Film ist kein solches Mirakel, wie man immer denkt. Ich werde Sie schon einführen. Das schaffen Sie.«
Und tatsächlich erläuterte mir Hartl so ausreichend die Grundelemente der Filmregie, daß ich an meine erste Arbeit gehen konnte. Es handelte sich um ein liebes Lustspielchen mit dem Titel *So gefällst du mir*, zu dessen Autoren der Dichter Josef Perkonig gehörte. Ich erinnere mich daran, daß mir dieser Film von allen, die ich gedreht habe, das meiste Geld einbrachte. Die Besetzung war ausgezeichnet: Gusti Huber und Jane Tilden, in kleineren Rollen Helly Servi, Ilse Hanel, Elisabeth Markus. Der Liebhaber war Wolf Albach-Retty.
Da die Geschichte in bäuerlichem Milieu, genau gesagt: in Virgen in Tirol, spielte, hatte das Drehbuch eine einschlägige Szene eingebaut – Albach-Retty mußte in eine Jauchengrube fallen. Begreiflicherweise war ihm nicht sehr wohl bei dieser Idee. In Windeseile hatte sich herumgesprochen, was da gedreht werden sollte, und eine Unmenge Leute stand höchst

neugierig herum. An diese ungebetenen Zuschauer wandte ich mich in meiner Eigenschaft als Regisseur mit einer kurzen Ansprache: »Werte Herrschaften, ich kann diese Szene aus begreiflichen Gründen nur einmal drehen, denn ich kann schwerlich verlangen, daß Herr Albach-Retty ein zweites Mal in die Jauchengrube fällt. Darum bitte ich Sie herzlich um Verständnis: Geben Sie keinen Laut von sich, wenn ich zu drehen beginne, denn der Ton läuft mit.«
Albach-Retty verstopfte sich alle Öffnungen seines Körpers mit Watte, fiel in die Jauchengrube – und alle schrien wie aus einem Munde entsetzt auf. Ich hatte die größte Mühe, den Aufschrei später herauszuschneiden ...
Bei diesem Film gab es noch eine Panne, die ich aber erst bemerkte, als es zu spät war. Ich konnte nur mehr beten, daß die Zuschauer im Kino nicht so aufmerksam waren, um zu begreifen, was mir da passiert war. Es ging um eine Kuh ...
Eine Kuh hatte aus dem Stall auszubrechen und im Hof einen großen Wirbel zu verursachen. Das Herauslaufen aus dem Stall wurde in Tirol gedreht, die Szene im Stall dann später in Wien, wo wir diesen im Atelier nachbauten. Eine gefleckte Kuh, wie sie in Tirol zur Verfügung gestanden war, konnten wir in ganz Wien nicht auftreiben. Was tun? Der Kuh wurden mit brauner Farbe Flecken aufgemalt, und ich war wahnsinnig erleichtert, daß mir kein Fehler unterlaufen war.
Erst als der Film fertig war, sah ich zu meinem größten Entsetzen, daß die Kuh im Stall eine große Glocke um den Hals trug. Als sie durch die Segnungen des Filmschnitts eine Sekunde später aus der Stalltür stürzte, hatte sie keine mehr ...
Für diesen meinen ersten Streifen hatte mir Hartl Richtlinien gegeben, an die ich mich in meiner zukünftigen Filmarbeit immer hielt. Wenn ich mir so die heutigen Filme ansehe, merke ich, daß sich heute niemand mehr um die Dinge kümmert, die wir eisern beachteten. Früher wäre es beispielsweise undenkbar gewesen, daß jemand links aus dem Bild geht, um bei der nächsten Einstellung rechts hereinzukom-

men. Früher konnte man auch nicht aus einer Totalen in eine Großaufnahme springen, was heute ohne Bedenken geschieht. Ich jedenfalls hielt mich an das, was damals als saubere Arbeit erachtet wurde.
Anfangs mußte ich mich erst daran gewöhnen, daß man beim Film eine Hälfte seines Denkens auf die Technik konzentrieren muß und nur eine Hälfte für die künstlerische Gestaltung bleibt. Aber bald fand ich Gefallen an der Technik, die ich auch schnell zu beherrschen lernte. Und dann merkte ich ihre künstlerische Eigengesetzlichkeit, die mir die Möglichkeit bot, noch nachdrücklichere Akzente zu setzen als auf dem Theater. So konnte ich beispielsweise als Filmregisseur das Publikum zwingen, dorthin zu sehen, wo ich es eben für wichtig erachtete – während ich im Theater nie und nimmer verhindern kann, daß die Leute irgendwoanders hinschauen. Konsequenterweise war für mich der Schnitt eines der wichtigsten Elemente der Filmarbeit, damit konnte ich das erreichen, was man auf der Bühne »Pointensetzen« nennt.
Was ich bei der Filmarbeit am störendsten und unangenehmsten fand, war die fast unabänderliche Tatsache, daß man nur selten chronologisch drehen kann, Szenen vom Schluß am Anfang aufnimmt, Szenen an bestimmten Schauplätzen oder mit bestimmten Schauspielern hintereinander erledigen muß. So ist alles zerrissen, und eine kontinuierliche Rollengestaltung ist bei den Dreharbeiten so gut wie nicht möglich.
Hier versuchte ich, eigene Wege einzuschlagen. Wo es möglich war, ging ich chronologisch vor, wie ich es aus meiner Theaterpraxis gewöhnt war. Und dann führte ich noch etwas ein, was viele Kollegen erstaunte: Ich setzte Proben an, richtige Proben, wie sie beim Film ganz unüblich waren. Auch versuchte ich, Zeit einzusparen. So schlug ich vor, die Mittagspause zu streichen, denn bis man alle Beteiligten wieder aus der Kantine zusammengetrommelt hatte, waren aus einer halben Stunde oft eineinhalb geworden. Es machte mich nervös, soviel Zeit zu verlieren. Darum empfahl ich, mittags nebenbei mit einer Wurstsemmel zufrieden zu sein, dafür

würde ich abends eine Stunde früher Schluß machen. Einigen war das recht, aber die meisten waren daraufhin eher schlecht auf mich zu sprechen, und ich vermochte mich nur noch selten damit durchzusetzen.
Überhaupt konnte ich meine Theatergewohnheiten nicht ganz ablegen. Die Drehbücher, die ich mit Hartl zusammen aussuchte und an deren Dialogen ich oft mitschrieb, behandelte ich wie meine Regiebücher. Ich zeichnete mir zu jeder Einstellung nicht nur den genauen technischen Ablauf ein, sondern auch meine Bemerkungen für die künstlerische Gestaltung.
Einen Spaß habe ich mir beim Film geleistet. Da es bei den Dreharbeiten meist zog und staubte, gewöhnte ich mir an, ein Käppchen zu tragen. Ein weißes oder ein schwarzes – was seine eigene Bedeutung hatte. Am Abend eines jeden Drehtages sah ich mir die Aufnahmen an. Erschien ich am nächsten Tag mit dem schwarzen Käppchen im Atelier, wußten alle: »Oje, die Muster sind im Eimer«, trug ich das weiße, wußten sie: »Die Szene ist im Kasten.«
Die Filmarbeit wurde mir leichtgemacht. Fast immer konnte ich Dinge realisieren, die mich interessierten, und bekam auch die Besetzung, die ich mir wünschte. Zwar gelang es mir nach meinem ersten Film nicht, die Rechte für die Romane von Daniele Varé *(Der Schneider himmlischer Hosen, Das Tor der glücklichen Sperlinge* und *Tempel der kostbaren Weisheit),* die mir sehr gefielen, zu bekommen, aber dafür bekam ich eine andere schöne Aufgabe, die außerdem – man schrieb ja 1941 – den Vorteil hatte, politisch einwandfrei zu sein. *Brüderlein fein* wurde ein Film rund um den Dichter Ferdinand Raimund nach dem Roman *Da leg ich meinen Hobel hin* von Eduard Paul Danzsky.
Die Idee zu diesem Film stammte von Hartl, und ich hatte anfangs gezögert, da ich im Milieu eine Parallele zu Willi Forsts *Operette* fand und begreiflicherweise einige Scheu hatte, mit diesem wirklich begnadeten Filmregisseur auch nur im entferntesten in Konkurrenz zu treten. Aber dann

Brüderlein fein

Produktionsleitung: Hans Garden

Drehbuch: Otto Emmerich Groh und Hans Thimig | Musik und musikalische Leitung: Willy Schmidt-Gentner und Alexander Steinbrecher | Kamera: Hans Schneeberger

Spielleitung: Hans Thimig

Darsteller:

Ferdinand Raimund	Hans Holt
Ignaz Schuster	Hermann Thimig
Therese Krones	Marte Harell
Vater Wagner	Karl Skraup
Toni Wagner, seine Tochter	Winnie Markus
Alois Gleich	Wilhelm Heim
Luise Gleich, seine Tochter	Jane Tilden
Franz Grillparzer	Paul Hörbiger
Josef Korntheuer	Ferdinand Mayerhofer
Nikolaus Lenau	Hans Hotter
Lipperl	Franz Böheim
von Jaroszinsky	Fred Liewehr
Graf Kaunitz	Egon von Jordan
Graf Sedlnitzky	Eric Frey

Ein Wien-Film im Verleih der Bavaria

Mein zweiter Regiefilm war 1941 »Brüderlein fein«, die Lebensgeschichte Ferdinand Raimunds.

entschloß ich mich doch, dieses Genrestück aus dem Biedermeier zu drehen, wobei es mir gar nicht so sehr um präzise historische Genauigkeit ging, sondern um die Atmosphäre der damaligen Situation. Und außerdem – der Film spielte in der Welt des Theaters, also in meiner!

Ich genoß es, mit Hans Holt zusammenzuarbeiten, der sich so gewissenhaft auf die Rolle des Raimund vorbereitete, daß er wochenlang in Museen und Bibliotheken nach Material über den Dichter suchte. Er zeigte dann auch eine Leistung, die über das Liebenswürdige hinausging und zum Zwiespältigen im Charakter des Dichters vordrang. Viel Augenmerk hatten wir natürlich auf die Beziehung Raimunds zu den drei Frauen seines Lebens geschenkt: Jane Tilden spielte die Luise

Gleich, seine unliebenswürdige Ehefrau, Hartls Gattin Marte Harell die Therese Krones und Winnie Markus die Toni Wagner, Raimunds große Liebe.
Auch sonst war an der Besetzung nicht gespart worden. Für die Schauspieler Ignaz Schuster und Friedrich Korntheuer waren mein Bruder Hermann und Ferdinand Mayerhofer aufgeboten, als Grillparzer erschien Paul Hörbiger, als Nikolaus Lenau der Sänger Hans Hotter, Graf Kaunitz wurde von Egon von Jordan, der Graf Sedlnitzky von Erik Frey gespielt, und als Räuber Jaroschinsky brillierte Fred Liewehr – es war wirklich eine herrliche Besetzung, das muß ich in der Rückschau sagen.
Damals drehte ich wirklich jedes Jahr einen Film. 1942 war es *Die kluge Marianne*, ein Lieblingsprojekt der Wessely, die hier einmal Gelegenheit hatte, nicht nur die dramatische Heldin, sondern auch ein ulkiges Frauenzimmer zu sein – ein Weg, auf dem ich sie als Regisseur gern begleitete. Mein Bruder Hermann machte damals gerade seine Karriere als humorvoller Liebhaber (nicht der dumme, wie ich), den er auch hier spielte. Außerdem war Attila Hörbiger mit von der Partie.
Wieder ein Jahr später, 1943, folgte für mich auf Raimund nun Nestroy – *Die goldene Fessel* war eine Verfilmung von dessen Posse *Der Zerrissene*. Für die Rolle des Herrn von Lips interessierte sich Ferdinand Marian, aber ich bevorzugte Hans Holt in der Titelrolle, außerdem meinen Bruder, Attila Hörbiger, Erik Frey, Friedl Czepa als Madame Schleyer und Thea Weis als Kathi. Es war mein Lieblingsdrehbuch, das Franz Griebitz da geschrieben hatte, denn es reizte mich die Idee, Nestroy zu bewahren und ihn doch in ein filmisches Gewand zu stecken.
Wirklich gestritten habe ich bei dieser Gelegenheit mit Karl Hartl um den Titel des Films. Ich wollte unbedingt den originalen des Stücks, aber Hartl bestand darauf, daß das nicht gehe – *Der Zerrissene* war damals, wo Goebbels laufend neue Vorschriften erließ, was alles nicht sein durfte, schon zu

Paula Wessely und mein Bruder Hermann spielten die Hauptrollen in meinem Film »Die kluge Marianne«, 1942.

EINLADUNG

zur

URAUFFÜHRUNG

im

UFA-THEATER

Eintrittskarten liegen bei, im Verhinderungsfall wird um Rücksendung gebeten

Deutsche Filmvertriebs-Gesellschaft m. b. H.
Ostmärkische Filmtheater Betriebsgesellschaft m. b. H.

zersetzend. Stundenlang debattierten und gustierten Hartl und ich Titel – »Der arme Reiche«, »Die Millionen des Herrn von Lips«, »Geld allein ...«, »Der Sklave des Geldes«. Als wir dann auf »Die zwei Lipse im Lips« kamen, saßen wir schon am Boden und konnten nur mehr lachen. Am nächsten Tag fanden wir dann binnen weniger Minuten den Titel *Die goldene Fessel.*

An meinen nächsten Film, *Umwege zu dir*, den ich 1944 in Prag zu drehen begann, habe ich eher düstere Erinnerungen. Ich hatte zusammen mit Stefan Kamare das Drehbuch geschrieben, das in der guten alten Zeit spielte und deshalb scharf abgelehnt wurde – die Nazis wollten keine Barone und Grafen auf der Leinwand sehen. Erstmals filmte ich mit meiner ehemaligen Frau, Christl Mardayn, auch Marte Harell war wieder dabei, Susi Nicoletti, Dagny Servaes und Lotte Lang. Für mich war es schön gewesen, ein paar Tage in Wildalpen und dann in Prag zu drehen, als mich die Nachricht vom Tod meiner Eltern erreichte ...

Als ich wenige Wochen später, im Oktober 1944, in Wien *Wie*

Für die Wien-Film drehte ich 1943 »Die goldene Fessel« nach Nestroys Posse »Der Zerrissene«.

ein Dieb in der Nacht begann, wieder mit Gusti Huber und Wolf Albach-Retty, dem Erfolgspaar meines ersten Streifens, mit Christl und Hermann, Anton Edthofer und Hans Olden, drehten wir draußen im Sieveringer Atelier, während auf Wien die Bomben fielen. Im Studiogelände gab es keinen Luftschutzkeller. Bei Alarm mußten wir zu einem Heurigen in der Nähe laufen und in den Weinkeller hinuntersteigen, der übrigens keinesfalls bombensicher war. Aber die Angst um das eigene Leben war bei allen viel geringer als die Sorge darüber, was wohl in Wien passiert sei, ob die Angehörigen noch leben, ob die Wohnungen noch stehen.

Mit Schauspielern, die unter solchen Ängsten litten, konnte man schwer arbeiten. Da kam ich auf die Idee, nach der Entwarnung jedesmal einen Boten auf einem Motorrad in die Stadt zu schicken. Er sollte bei allen fraglichen Adressen nachsehen, ob alles in Ordnung war. Wenn er dann mit der Nachricht, es sei nichts oder nur wenig passiert, zurückkam, konnten wir beruhigt weiterdrehen.

Ich hatte mich bei meiner Arbeit immer aus allem Politischen

herausgehalten. Natürlich kann der Beste nicht in Frieden leben, wenn es dem bösen Nachbarn nicht gefällt. So mußten einmal in einer Filmszene Würstel gegessen werden, obwohl die Lebensmittel schon knapp waren. Ich besorgte fünf Paar, weil ich auch damit rechnen mußte, die Szene zu wiederholen. Würstel waren nur gegen Fleischmarken zu bekommen, also mußte ich sie hintenherum beschaffen.
Nun war aber einer der Schauspieler ein treuer Diener seines Führers und fragte sofort: »Von wem sind die Würstel?«
Der Aufnahmeleiter antwortete wahrheitsgemäß: »Die wurden gekauft.«
»Und woher hatten Sie die Marken?«
»Vom Herrn Thimig.«
»Und wo hatte der sie her?«
Und der liebe Mensch ging hin und denunzierte mich wegen ein paar Würstel!
Gott sei Dank hatte das keine weiteren Folgen. Aber eine andere Sache hätte gefährlich werden können. Dem Propagandaministerium in Berlin, das seine Augen überall hatte, fiel auf, daß in meinem Filmteam mehr oder minder zufällig, aber jedenfalls mit ganz geringen Ausnahmen (wie dem Würstel-Kollegen), keine Nazis beschäftigt wurden. Da beschloß man offenbar, diesem Thimig einmal den Herren zu zeigen. Ich wurde nach Berlin befohlen, wo ich die Ehre haben sollte, einen Propagandafilm zu drehen.
Ich war einigermaßen blaß vor Entsetzen über diese Aussicht. Doch mein Freund Karl Hartl, an den ich nur mit tiefster Dankbarkeit und Verehrung denke, ließ mich nicht im Stich. »Das machst du nicht«, erklärte er, »du verschwindest einfach nach Wildalpen. Ich sage, ich weiß nicht, wo du bist – bist halt krank geworden und in irgendeinem Sanatorium.«
So ging ich nicht nach Berlin. Wer weiß, ob mir Hartl, der wahrhafte Freund, einer der wenigen Menschen in meinem Dasein, mit dem ich per »Du« war, damit nicht das Leben gerettet hat...
Nach dem Krieg fand ich mich mit dem Komponisten Anton

Profes, den Drehbuchautoren Peter Francke und Kurt Heuser, dem Kameramann Hans Schneeberger, mit dem ich oft zusammengearbeitet hatte, und dem Architekten Werner Schlichting zur Gründung der »Unitas-Film« zusammen. Wir wollten nichts weiter, als wieder Filme machen, vor allem österreichische Filme. Dabei waren wir durchaus willens, uns der eigenen Vergangenheit zu stellen. Schon der erste Streifen, den ich nach dem Krieg machte, *Gottes Engel sind überall*, behandelte dieses Thema.
Susi Nicoletti spielte eine Witwe, die mit ihrem sechsjährigen Sohn auf der Flucht ist und während eines Bombenalarms das Kind aus den Augen verliert. Sein Retter ist ein älterer Soldat, gespielt von Attila Hörbiger, der sich des Buben annimmt. Daß wir das Thema Krieg aufgegriffen hatten, trug mir beim Filmfestival von Locarno, wo der Streifen 1948 außer Konkurrenz gezeigt wurde, viel Applaus ein.
Normalerweise ist es eine Plage, mit Kindern zu drehen (fast so schlimm wie mit Tieren!), aber der kleine Heiki Eis, der Sohn von Burgschauspielerin Maria Eis, erwies sich als außergewöhnlich begabt. Meist genügte es, ihm eine Szene einmal vorzuspielen. Dank seiner Intelligenz hat er aber nicht bloß nachgeplappert, was er da hörte, sondern überlegte sich, was das heißen sollte. Ich merkte an seinen Fragen, daß er wirklich über seine Rolle und die jeweilige Szene nachdachte. Eine Einstellung wurde auf dem Bahnhof von Wels gedreht. Dafür hängten wir Plakate mit nationalsozialistischen Parolen auf, etwa die vom »Kohlenklau«. Die Leute, die mit dem Zug durch Wels kamen, starrten verdutzt aus den Fenstern und fragten sich entsetzt, was da geschehen sei: »Ist es am Ende schon wieder soweit?«
Für diesen Film benötigte ich eine Menge Komparsen, die SA-Leute darstellen sollten. Um diese zusammenzutrommeln, mietete ich einen Lautsprecherwagen und fuhr in langsamem Tempo durch Wels. »Sie haben Gelegenheit, bei Filmaufnahmen mitzuwirken«, verkündete ich. »Kommen Sie nur, Sie können sich dann alle im Kino sehen. Gagen kann

ich keine zahlen, aber es gibt eine gute Jause. Melden Sie sich zahlreich!«
Aber es meldeten sich im ganzen nur vier Leute, nicht mehr. Man hatte gesehen, wie ich vorher Nazi-Szenen drehte, und damit wollte niemand etwas zu tun haben. Ich mußte dann den Schauplatz im Atelier in Wien extra nachbauen und mit professionellen Statisten drehen, die solche Hemmungen nicht hatten.
Dennoch hatte ich bei diesem Film mit dem eher traurigen Thema für mich privat riesigen Spaß. Ich bin nämlich ein alter Eisenbahn-Liebhaber – schon als Kind wollte ich Lokomotivführer werden. Später besaß ich eine Zimmereisenbahn, die mir und Oskar Karlweis gehörte. Wir konnten stundenlang am Boden hocken und Eisenbahn spielen. Und nun stand mir bei den Dreharbeiten eine wirkliche Eisenbahn zu Gebot – unter meinem Kommando! Eine Lokomotive und vier Waggons! Ich saß im Führerstand, hatte ein Pfeiferl und konnte kommandieren: Pfiff ich einmal, fuhr der Zug an, pfiff ich zweimal, blieb er stehen, pfiff ich dreimal, fuhr er rückwärts. Kindisch? Mein Gott, es war einfach eine Riesenfreude für mich!
1948 drehte ich, wieder mit Paul Hörbiger, *Maresi* nach der gleichnamigen Novelle von Alexander Lernet-Holenia, worin auch die junge Maria Schell mitwirkte. Dem Dichter gefiel das Drehbuch, wie er mir in einem sehr freundlichen Brief schrieb, aber die Kritiker waren anderer Meinung. Wieder einmal, wenn auch aus anderen Gründen als während des Krieges, war man gegen Aristokraten allergisch. Übrigens – heute kann man mich wohl nicht mehr dafür anzeigen, daß wir den Film auf gestohlenem Filmmaterial gedreht haben? Nachher lösten wir die »Unitas-Filmgesellschaft« wegen Uneinigkeit auf – es war alles recht unersprießlich. Es vergingen ein paar Jahre, bis ich wieder einen Film machte, der mein erster Farbfilm und mein letzter Streifen als Regisseur werden sollte. Er hieß *Frühlingsstimmen*, und am Drehbuch schrieb immerhin der von mir so verehrte Max Mell mit.

Wieder hatte ich ein Filmkind zu führen, aber der kleine Fritz von Friedl war glücklicherweise so begabt wie Heiki Eis. Ich muß ehrlich sagen, daß mich das Drehbuch zu diesem Sängerknabenfilm nicht allzu sehr begeisterte, und obwohl ich eine schöne Besetzung mit Alma Seidler, Susi Nicoletti, Adrienne Gessner, Christl Mardayn, Hans Jaray, Paul Hörbiger und der blutjungen Senta Wengraf hatte, war nach diesem Film meine Lust, mich weiter als Filmregisseur zu betätigen, weitgehend zu Ende.

Aber, wie das in meinem Leben so oft geschah – eines geht, das andere kommt. Inzwischen hatte ich meine Karriere als Schauspieler wieder aufgenommen. Ich kann nicht sagen, daß ich im Film besondere Rollen gespielt hätte, aber es waren kleine, prägnante Charakteraufgaben darunter – für den dummen Liebhaber war ich nun, in meinen Fünfzigern, da Gottseidank zu alt. Ich erinnere mich, daß ich 1952 unter der Regie von Karl Hartl in dem Kriminalfilm *Der schweigende Mund* mit Curd Jürgens spielte, daß ich neben der jungen Romy Schneider in den *Mädchenjahren einer Königin* dabei war und in Fritz Kortners Verfilmung der Tragödie von Sarajewo. Meine Szene im *Braven Soldaten Schwejk*, mit Heinz Rühmann in der Titelrolle, unter der Regie von Axel von Ambesser, hat man herausgeschnitten... Künstlerschicksal.

Ich habe mich, erst als Schauspieler, dann als Regisseur, mehr als 40 Jahre mit dem Film beschäftigt, und in der ganzen Zeit bin ich nie so populär geworden wie damals, als ich einen Werbefilm für Stock-Weinbrand fürs Fernsehen machte. Wo immer ich dann erschien, in der Straßenbahn, im Kino, im Theater – überall erkannte man mich und sprach mich an: »Prost Stock, Stock, Stock!« Popularität ist schön, aber die Lust auf Werbespots ist mir doch ein wenig vergangen.

Mein Interesse, in Fernsehfilmen aufzutreten, war nie besonders stark ausgeprägt. Ich gehöre nicht zu jenen Schauspielern, die dieses neue Medium als Haupterwerbs-

quelle ansehen, aber wenn sich eine hübsche Aufgabe bot, nahm ich sie gerne an.
So geschah es, daß sich eines Tages der berühmte Filmregisseur Vojtêch Jasny in Wildalpen einfand, um mit mir über meine Rolle in dem Fernsehfilm *Der Traumtänzer* von Herbert Asmodi zu verhandeln. Die Gegend und unser Häusl gefielen ihm sehr gut, und er beschloß, einen Teil der Dreharbeiten hierher zu verlegen. Aber er hatte ein Anliegen: »Ihre Frau müßte mitspielen«, meinte er. »Da wäre noch eine kleine Rolle, für die sie ganz ausgezeichnet passen würde.«
Meine Frau erstarrte und stieß einen Schreckensschrei aus: »Nein, nie im Leben. Das kommt überhaupt nicht in Frage. Es genügt, daß alle anderen in der Familie schauspielern. Ich will meine Ruhe haben!«
Aber Jasny ließ nicht locker, und mit viel Überredungskunst gelang es ihm schließlich, sie umzustimmen. Schade, daß der Film nur in Deutschland zu sehen war. Ich bin sicher, wäre die Sendung auch nach Österreich übernommen worden, meine Frau hätte den Apparat nicht aufgedreht – um nichts in der Welt!
Wenn man mich gefragt hat, wie ich persönlich zur Theater- und zur Filmarbeit stand, hab ich stets geantwortet – und dem ist nichts hinzuzufügen: »Das Theater liebe ich, aber in den Film bin ich verliebt.«

Ohne viel »Theater«, wie's bei uns Thimigs üblich ist

Familienangelegenheiten

Es ist wohl an der Zeit, daß ich über diverse Heiraten im Hause Thimig erzähle. Meine erste mit Christl Mardayn fiel in meine frühe Josefstädter Zeit: Wir heirateten am 8. Jänner 1929. Kennengelernt hatten wir zwei Wiener uns in Hannover. Christl war dort Operettendiva – das war schon ihre zweite Karriere, nach der einer Opernsängerin und vor einigen anderen.

Das war nämlich das Typische an ihrer Laufbahn: Immer wieder begann sie eine neue Karriere, und immer hatte sie Erfolg. Da sie die seltene Gabe eines absoluten Gehörs und einer ausbildungsfähigen Stimme besaß, ließen ihre Eltern sie an der Akademie für Musik und darstellende Kunst Gesang studieren; sie schloß mit Auszeichnung ab. Übrigens war sie auch eine ausgezeichnete Pianistin, was ihr beim Studium ihrer Gesangspartien sehr zustatten kam. So wurde sie Opernsängerin. Dabei blieb es nicht lange. Sie hatte nämlich die besondere Fähigkeit, ihre Rollen auch schauspielerisch zu gestalten. Außerdem verfügte sie über ein theatralisches Temperament, das geradezu nach der Operette rief. Am ehemaligen Carltheater feierte sie in dieser Sparte einen bedeutenden Durchbruch, war an der Seite von Louis Treumann und dem damals noch jugendlichen Komiker Fritz Imhoff die große Diva – die Madame Pompadour, die schöne Galathee, die schöne Helena und hatte auch in anderen Partien dieses Ranges große Wirkung.

Da Erfolgsoperetten damals oft an die 100 Vorstellungen erreichten und meist en suite gespielt wurden, litt ihre Stimme, und sie mußte das Singen wohl oder übel aufgeben. Glücklicherweise ist es ihr mehr wohl als übel bekommen, denn als sie zum Chanson überwechselte, fand sie dafür eine

so einmalige persönliche Note, daß sie auch in diesem Genre riesigen Erfolg hatte. Reizvoll wirkte es auch, daß sie sich dabei meist selbst am Klavier begleitete.
Max Reinhardt wurde auf sie aufmerksam, und da er ja oft vor anderen entdeckte, was in einem Menschen schlummert, engagierte er sie als Schauspielerin an die Josefstadt. Dort erwies sie sich als das, was man eine »Salondame« nannte, und reüssierte glanzvoll, nicht zuletzt durch ihren ausgesprochenen Sinn für Humor. Sie trat in Lustspielen von Curt Goetz *(Dr. med. Hiob Prätorius)*, von Bahr *(Der Meister)*, von Bruno Frank *(Nina)* auf und war später auch am Volkstheater, etwa in den Titelrollen von *Madame Sans-Gêne* von Victorien Sardou oder *Meine Nichte Susanne* von Alexander Steinbrecher einzigartig.
Mit unvergleichlichem Charme spielte sie auch die Wirtin im *Weißen Rößl*, das ursprünglich ein Lustspiel von Blumenthal und Kadelburg war und in der Bearbeitung eines gewissen Hans Thimig aufgeführt wurde... Bei der Verfilmung war mein Bruder Hermann ihr Partner. Womit wir auch beim Film wären, wo sie ebenfalls viel eingesetzt wurde.
Zu guter Letzt wurde Christl Mardayn Lehrerin für Oper, Operette, Chanson und natürlich Schauspiel. Sie fühlte für diese Tätigkeit eine aufrichtige Berufung. Schließlich beschränkte sie sich darauf, widmete sich der Lehrtätigkeit mit vollem Einsatz und erhielt den Professorentitel. Bis zu ihrem Tod, der sie 1971 nach kurzer, schmerzvoller Krankheit ereilte, hat sie viele Schüler ausgebildet, die ihr heute noch dankbar sind. Ihr pädagogischer Stil mag aus heutiger Sicht vielleicht nicht als der modernste erscheinen, aber die von ihr veranstalteten Schülervorstellungen brachten ihr große Zustimmung bei Presse und Publikum.
Oskar Maurus Fontana hat einmal über Christl Mardayn geschrieben: ihre Frauengestalten seien »stark, selbständig und unabhängig. Immer neigt man sich dankbar vor ihrer Lebendigkeit und ihrem Humor, ihrer Natur und ihrer Grazie.« Und das konnte man auch privat von ihr sagen: Sie war

ein Mensch voll Energie und Tatkraft, voll Fleiß und gesundem Ehrgeiz. Dazu nur ein Beispiel: Als Opernsängerin wog sie 82 Kilo – damals glaubte man nämlich, für die Stimmresonanz sei eine gewisse Fülle unerläßlich. Als sie zum Theater wechselte, reduzierte sie ihr Gewicht durch eiserne Willenskraft auf 59 Kilo! So war sie.

Ja, und als sie 1928 in Hannover die Titelrolle in der Operette *Eveline* von Bruno Granichstaedten spielte, wer war in dieser Vorstellung der Buffo? Ich! Und wie das Leben spielt – wir verliebten uns und heirateten bald. Wie es bei den Thimigs üblich ist, ich werde später noch darauf zurückkommen: in aller Stille, ohne jede Publicity. Mein Vater und Vater Mardayn waren die Trauzeugen. Es gab keinen Festschmaus, sondern nur ein kurzes Mittagessen bei meinen Eltern, weil ich schnell für eine Reise nach Zürs packen mußte. Dort war ich für einen Film verpflichtet und reiste gleich ab. Aus der üblichen Hochzeitsnacht wurde daher nichts, denn meine frischgebackene Frau mußte in Wien bleiben, wo sie allabendlich auf den Brettern zu stehen hatte.

Eine richtige Hochzeitsreise fand erst mit einem halben Jahr Verspätung, im Juli 1929, statt. Wir reisten mit einem kleinen Frachter von Triest über Fiume nach Livorno, bei Sizilien um den italienischen Stiefel herum nach Genua, Marseille, Barcelona und dann über Paris zurück. Es war wunderschön, bis auf einige kleine Pannen. Etwa, als wir uns beide durch die ungewohnte Kost fürchterlich schlecht fühlten – aber jeder Angst hatte, es dem anderen einzugestehen. Da kam es zu recht peinlichen Situationen... Nach der Reise fuhren wir nach Wildalpen und erlebten noch ein paar herrliche Tage. Dann bezogen wir im Haus meiner Eltern eine Parterrewohnung, die wir wunderschön eingerichtet hatten.

Die Mardayn und ich haben in den folgenden Jahren künstlerisch oft zusammengearbeitet. Auf der Bühne waren wir kongeniale Partner. Sie vertraute mir ganz und gar und folgte in jeder Beziehung meinen Ratschlägen – nicht zu ihrem Nachteil, wie ich glaube. Ich war ihr Gefährte bei ihren

diversen Karrieren. Als ich etliche Stücke mit ihr in der Hauptrolle inszenierte, kam es nie zum geringsten Krach.
So verliefen die ersten ominösen »sieben Jahre« der Ehe ohne besondere Zwischenfälle. Auch die Beziehung meiner Eltern zur Mardayn erwies sich Gott sei Dank als überaus glücklich, und meine Geschwister, die ja keinen näheren Kontakt mit ihr hatten, standen ihr mit Sympathie gegenüber. Aber irgendwann kommt es halt dazu, daß man feststellen muß: Man hat sich auseinandergelebt.
Die Scheidung war übrigens typisch für uns. Wir hatten Hemmungen, den wahren Grund des Scheidungsbegehrens zu eröffnen, also mußte ein Zeuge gefunden werden, der – obwohl alles nicht wahr war – aussagte, daß wir uns gegenseitig unflätig beschimpft hätten... Ich muß es Christl heute noch hoch anrechnen, wie großzügig sie sich verhalten hat: Sie verlangte (und bekam) nie einen Groschen Geld von mir! Ich heiratete wieder, sie heiratete wieder, und wir waren die besten Freunde.
Meine zweite Hochzeit wäre erheiternd zu nennen, hätte sie nicht in der Zeit bitterer Not stattgefunden. Es war kurz nach Kriegsende, als ich Leni Rauch zum Standesamt führte, eine Wildalpenerin, die ich schon »ungeboren« kannte, denn ich war 14 Jahre alt, als sie zur Welt kam. Die Mutter meiner Frau war in jungen Jahren die Wildalpener Gespielin meiner Schwester Helene gewesen und als solche »Kind« im Hause Thimig. Zur sechsfachen Mutter geworden, waren dann auch die Kinder dieser Helene Rauch eine lebhafte Schar, die bei uns aus und ein ging. Darunter Lenerl, ein liebes, zartes, graziöses Kind, das mir besonders auffiel, weil es immer das gewaschenste von allen war.
Als wir in Wien heirateten, hatte ich nicht sehr viel Geld, sie gar keines. Sie borgte sich von einer Bekannten einen Hut aus, ich erschien in einem sogenannten dunklen Anzug, der wohl eher schmutzig-grau war. Unsere Trauzeugen waren gute Bekannte, die mit einem armseligen Blumensträußchen in der Hand beim Standesamt des 6. Bezirkes ankamen.

Um ja jedes Aufsehen zu vermeiden, wie es eben die Thimig-Gewohnheit ist, wählten wir einen Dezembertag, in aller Herrgottsfrüh, um sicher zu sein, daß es keine ungebetenen Zuschauer geben würde. So betraten wir den düsteren Saal.

Noch bevor der Standesbeamte seine Rede begann, baten wir ihn, sich kurz zu fassen. Die sogenannte Feier hatte kaum begonnen, als das elektrische Verbundnetz zusammenbrach und wir in der Dunkelheit dastanden.

Der Standesbeamte unterbrach seine Rede: »Was machen wir jetzt?«

»Bitteschön, weitermachen«, sagten Leni und ich wie aus einem Mund. »Und so kurz wie möglich!«

So geschah es. Wir heirateten im Finsteren. Da war auch die Sache mit den Ringen nicht so peinlich. Ich habe nämlich eine krankhafte Aversion gegen Metall an meinem Körper, kann also keinen Ring tragen. So hatte ich für die Hochzeit erst gar keinen gekauft, sondern nur geliehen. Ich ließ mir den Ring für eine Sekunde anstecken, nahm ihn sofort wieder herunter und verstaute ihn in meine Tasche.

Aber das hat unserem Glück nichts anhaben können. Wir führten und führen die glücklichste Ehe, die ich kenne – ich kann behaupten, daß sie so gut und harmonisch ist, wie die meiner Eltern. Wir haben unseren Bund nie bereut. Aber ich muß schon sagen, daß es ein Glück war, daß Lenerl so gar nichts mit dem Theater zu tun hat. Wie meine Mutter ist sie nur ein gutes, naives Publikum. Wenn beide Ehepartner Künstler sind, so birgt das – ich kann es nach meiner Ehe mit der Mardayn sagen – viele Gefahren in sich.

Die Ehe zwischen Leni und mir brachte uns bald ersehnten Nachwuchs. Dazu gibt es eine unglaublich klingende Geschichte, für deren Wahrheit ich mich aber verbürge. Bald nach unserer Hochzeit war meine Frau in Wildalpen und ich in Wien, in der Wohnung Josefstädterstraße 3. Ich schrieb ihr gerade einen Brief, als ich beim Fenster hinaussah und auf der Terrasse – kaum zu glauben – einen Storch sitzen sah! Da klingelte es an der Türe. Es war der Briefträger mit einer Mitteilung meiner Frau, daß sie ein Baby erwarte.

Das waren meine beiden Ehen. Auch meine schauspielernden Geschwister waren je zweimal verheiratet. Nur Fritz tanzte, wie üblich aus der Reihe. Er heiratete, wie man so schön sagt, ein »braves Mädchen aus dem Volke«, wo weit und breit nichts von Schauspieleratmosphäre zu verspüren war. Ich erinnere mich noch an das Essen, das meine Eltern damals in Wien zu Ehren des jungen Paares in unserem Haus gaben.

Nur wenige Verwandte der Braut, die Anny Schmidt hieß, kamen, und alle waren natürlich zu dem Mahl eingeladen. Auch ein Herr fand sich ein, den wir alle für einen Onkel hielten. Vater, der niemanden von Annys Familie kannte, fragte Fritz bei Gelegenheit beiläufig, wer denn dieser Herr eigentlich sei.

»Keine Ahnung«, antwortete Fritz. »Ich dachte, es ist ein Bekannter von euch.«

Kurz, mir ist diese skurrile Episode vor allem in Erinnerung geblieben, weil sich ein völlig Fremder dabei eingeschlichen hatte und es sich bei uns schmecken ließ...

Fritz, der als einziger von uns nie künstlerische Ambitionen gehabt hatte – seine einzige Leidenschaft galt der Landwirtschaft –, war als Verwalter auf einem Gut in Gänserndorf beschäftigt, als seine Frau Zwillinge bekam. Die Buben wurden zwar lebend geboren, waren aber nicht lebensfähig. Fritz, auch weltanschaulich aus der Reihe von uns Freidenkenden tanzend, ließ die Babys nottaufen. Weil ihm keine anderen Namen einfielen, nannte er sie Hermann und Hans. So liegen in dem kleinen niederösterreichischen Ort »Siedichfür« ein Hermann und ein Hans Thimig begraben.

Fritz machte den Eltern noch viele Sorgen. Vater streckte ihm Geld für die Pacht eines kleinen Gutes, Wolfstein in

St. Martin im Mühlkreis, vor, aber Fritz wirtschaftete es herunter. Das geschah 1929.
1931 wurde er von seiner Frau geschieden, im September 1936 setzte er in Wildalpen seinem Leben selbst ein Ende. Der Anlaß: Er hatte ein uneheliches Kind mit einem, wie sich später herausstellte, sehr netten, vernünftigen Mädchen. Fritz blieb wegen permanenter Geldschwierigkeiten oft die Alimente schuldig und fürchtete, daß sich die Kindsmutter an unseren Vater wenden könnte. Fritz schämte sich und ahnte nicht, daß Vater volles Verständnis gezeigt hätte. Armer Fritz!
Was meine Schwester Helene betrifft, so verliefen ihre Eheangelegenheiten auch nicht unkompliziert. Ich war vierzehn Jahre, als sie in Berlin Paul Kalbeck, den Sohn eines sehr bekannten Journalisten, heiratete. Ich merkte nicht viel davon. Eines Tages hörte ich eher beiläufig, daß die Leni geheiratet hätte – wir Thimigs machen einfach kein Aufhebens von Familienereignissen. Von der Scheidung viereinhalb Jahre später erfuhr ich mehr, allerdings ohne zu wissen, daß es wegen ihrer Beziehung zu Max Reinhardt geschah. Vater wohnte der Scheidungsverhandlung zwischen Helene und Kalbeck im Justizpalast bei und fand die Sache einer französischen Posse würdig – das zu scheidende Paar erschien in schönster Harmonie und ging auch gemeinsam weg, zusammen mit der Zeugin, Reinhardts Sekretärin Gusti Adler, die über beide Ohren in Kalbeck verliebt, aber auch mit Helene bestens befreundet war. Leider hatte mein Vater zu ernste Ansichten über die Ehe, um über das Ganze zu lachen.
Die Familie war über die Angelegenheit ziemlich verwirrt. Helenes Bindung zu Reinhardt störte uns alle doch. Daß er verheiratet war und Kinder hatte, war für Vater tatsächlich ein Grund zu erwägen, die Kontakte zu ihr abzubrechen. Natürlich kam es nicht dazu, aber eine klärende Aussprache zwischen den Familienmitgliedern fand nicht statt.
Ich persönlich verstieg mich damals zu dem Urteil, daß

Helene in ihrer Art, »psychologisch« zu lieben, ihre Bewunderung für den genialen Regisseur Reinhardt mit den Gefühlen für ihn als Mann und Mensch verwechselte.
Trotz des Widerstandes der Familie – ich gestehe, daß ich mit meinen achtzehn Jahren noch ganz auf Vaters Seite stand – hielt sie an Reinhardt fest. Qualvolle Jahre begannen, in denen er um seine Scheidung von Else Heims kämpfte. Diese sträubte sich vehement. Nachdem eine Scheidung in Deutschland aussichtslos schien, verlegte Reinhardt in den Jahren 1931 und 1932 seinen Wohnsitz sogar nach Riga, um dort nach lettischem Gesetz geschieden zu werden. Aber auch dies erwies sich als fruchtloses Bemühen. Die Ehe wurde zwar tatsächlich getrennt, der Bescheid jedoch bald als ungültig erklärt. Der Leidensweg begann von neuem, bis er endlich, 1935 in Reno, im amerikanischen Bundesstaat Nevada, ein Ende fand. Und eines Tages hörten wir die erfreuliche Tatsache, daß Leni und Reinhardt geheiratet hatten – wieder in aller Stille, versteht sich.
Die Ernsthaftigkeit, mit der beide ihre Zusammengehörigkeit verteidigten, konnte auch meinen Vater umstimmen und ihn von ihren wahren Gefühlen überzeugen. Als er dann, 1924, während der Probenarbeiten zu *Kabale und Liebe*, in dem Regisseur auch den genialen Künstler erkannte, warf er alle Ressentiments über Bord, seine bürgerlichen Vorbehalte, daß seine Tochter als das »Liebchen des Chefs« gelten müßte, und war von nun an aufrichtig positiv zu dieser Verbindung eingestellt. Trotzdem kamen innige verwandtschaftliche Gefühle in ihm nicht auf, und von einem »Du«-Wort mit dem späteren Schwiegersohn konnte nicht die Rede sein. Die privaten Emotionen der Thimigs Reinhardt gegenüber waren so distanziert, daß auch mir nie so recht zu Bewußtsein kam, daß dieser berühmte, gefeierte und von mir ja so verehrte Max Reinhardt eigentlich mein Schwager war.
Reinhardt verließ 1937 Europa, weil er die Nazi-Gefahr rechtzeitig erkannte, und Helene folgte ihm nach Amerika. Sie war so viel von Wien weg gewesen, daß ihr Abschied im

Trubel der Ereignisse unterging. Wir konnten irgendwie gar nicht glauben, daß es eine Trennung auf lange Sicht sein sollte. Als der Krieg ausbrach, wurde es für meine Eltern allerdings ein unermeßlich schmerzliches Bewußtsein, daß sich ihre Tochter unerreichbar weit weg befand, und sie sollten sie ja auch nicht wiedersehen.

Nach Reinhardts Tod fand meine Schwester, als sie nach Wien zurückgekehrt war, in dem Schauspieler Anton Edthofer einen neuen, liebenswerten Gefährten, der ihr den letzten Lebensabschnitt verschönte. Ich war mit Edthofer sehr befreundet – er war auch einer der wenigen Menschen, mit denen ich per »Du« war. Eine Seltenheit bei mir, denn ich gehe – was ich übrigens mit Reinhardt gemeinsam habe – mit dem »Du«-Wort sehr sparsam um.

Ich schätzte Edthofer als Schauspieler: Er war wirklich wunderbar und hatte eine phantastische Ausstrahlung. Im hohen Alter wurde er sogar ein ausgesprochen schöner Mensch, was er in seiner Jugend nicht gewesen war. Obwohl er aus den einfachsten Verhältnissen stammte und über keine besondere Bildung verfügte, wirkte er in seiner Soigniertheit wie ein englischer Lord.

Edthofer wohnte bei meiner Schwester und zahlte ihr jeden Monat brav einen Beitrag für den Zins und das Essen – nicht viel, aber meine Schwester hätte ohnedies von sich aus nichts gewollt. Eines Tages kam er zu Helene und erklärte: »Also weißt du, ich sehe, wie wahnsinnig teuer alles geworden ist, und ich zahle immerfort dasselbe. Also bitte, vom nächsten Ersten an, das verspreche ich dir – esse ich weniger.«

Mit Edthofer habe ich gerne und ausgezeichnet zusammengearbeitet. Er war immer die Liebenswürdigkeit in Person und erklärte mir einmal, ich sei für ihn *der* Regisseur schlechthin.

Das verdanke ich einer kleinen Nachsicht, die ich ihm stets gewährte. Edthofer hatte, wenn er spielte, nur einen Wunsch – er wollte auf der Bühne sitzen. Er machte ungern Gänge, und wenn sie nicht zu vermeiden waren, hatte er Schwierig-

keiten, sie sich zu merken. Ich tat mein Möglichstes, um ihn sitzen zu lassen, wann immer ich es einrichten konnte.
Auch von Hermann hörte ich eines Tages lapidar, er hätte geheiratet. Das war 1919. Seine Erwählte war eine Berliner Schauspielerin namens Hanna Wisser. Anfangs schien alles in schönster Ordnung zu sein, bis ich merken mußte – die beiden verbrachten den Sommer oft in Wildalpen –, daß es in der Ehe, aus der die 1923 geborene Tochter Christine stammt, nicht ganz stimmte. Eifersüchteleien und Rechthabereien auf beiden Seiten, kurz: 1927 ließen sie sich scheiden. Näheres habe ich nicht erfahren. Auch als Hermann 1939 seine um viele Jahre jüngere, gutbürgerliche Schauspielerkollegin Vilma Degischer heiratete, vollzog sich das in aller Stille. Sie war für ihn ein Haupttreffer, und ich glaube, er auch für sie. Schön, daß sie nicht in seinem Schatten gestanden ist, sondern in der Josefstadt eine so große Karriere gemacht hat.
Vilma war übrigens die große Hoffnung meines Vaters, daß es bei den schauspielernden Thimigs doch noch einen männlichen Erben geben könnte (Fritz hatte zwei Söhne). 1939 war ihre Tochter Hedwig zur Welt gekommen, die auch ein »H« im Namen und als Taufpatin immerhin Hedwig Bleibtreu hatte. Trotzdem ist sie nicht zum Theater gegangen. Sie wurde eine sehr gebildete und gescheite Person, die im Schuldienst arbeitet. Als Vilma 1943 erneut schwanger wurde, hegte mein Vater wieder die größten Hoffnungen auf einen männlichen Enkel. Als Namen stellte er sich »Hieronymus«, des glücksbringenden »H« wegen, vor, oder »Honoratus«. Die entsprechenden Kosenamen wären dann »Hymus« oder »Honerl« gewesen... Aber es kam nicht dazu. Vilma gebar abermals eine Tochter, Hannerl, und sie ist Schauspielerin geworden. Armer Vater – einen männlichen Thimig wird es nach mir auf dem Theater nicht mehr geben!
Übrigens: Meine Frau und ich wünschten uns immer nur Töchter. Wir haben uns redlich bemüht, diesem Wunsch Rechnung zu tragen. Mit Erfolg.

Zum Familien-»H«, das wir Thimigs so wichtig nehmen, muß ich noch eine Geschichte erzählen. Meine Tochter Heidi, deren Taufpatin Maria Andergast ist, heißt Heidemaria. Bei meiner zweiten Tochter fiel uns ursprünglich kein anderer »H«-Name als Helga ein. Der gefiel uns später gar nicht mehr, und auf Vorschlag von Helene, die ihre Taufpatin war, nannten wir sie dann Henriette, auch weil die Abkürzung »Netterl« etwas so anheimelnd Nestroy'sches an sich hat. Ich mag mich allerdings nicht daran erinnern, welchen amtlichen Leidensweg wir durchkämpfen mußten, um den Vornamen zu ändern.

Unsere Eltern hatten in all den Jahren lebhaften Anteil an den Liebesgeschichten und Heiratssachen ihrer Kinder genommen. 1938 kam es dann zu einer Affäre, die unsere ganze Familie auf tragische Art und Weise »berühmt« und meinen betagten Eltern ziemlich zu schaffen machte: Bei uns brach die Papageienkrankheit aus.

Es begann damit, daß Mutter mit Fieber das Bett hüten mußte und der Arzt nicht recht feststellen konnte, was ihr eigentlich fehlte. Nach einigen Tagen zeigten sich auch bei meinem Vater katarrhische Erscheinungen. Er legte sich mit Fieber zu Bett. Gleiches tat wenige Tage später, mit den gleichen Symptomen, unser guter alter Hausarzt. Ein fremder Arzt mußte geholt werden, eine Krankenschwester wurde engagiert, um meine Eltern zu betreuen. Woran sie eigentlich erkrankt waren, konnte nach wie vor niemand sagen.

Die Sache wurde allmählich unheimlich. Die Krankheit war sichtlich ansteckend. Schließlich erkrankte mein Bruder und mußte ins Spital. Dort hatte ein Assistenzarzt die Idee zu fragen: »Ist vielleicht ein Vogel im Haus?«

Der Vogel war da. Mein Vater hatte meiner Mutter rührenderweise einen Wellensittich geschenkt, damit sie sich nicht so einsam fühlte. Wir Kinder waren alle dem elterlichen Heim entflogen, der Vater untertags kaum zu Hause. So erstand er in der Döblinger Hauptstraße einen Wellensittich und ahnte

nicht, daß er Mutter überhaupt keine Freude damit machte. Sie hatte keinerlei Beziehung zu dem Tier, und der Vogel saß einsam in seinem Käfig, der im Schlafzimmer meiner Mutter in einer Ecke ein wenig beachtetes Dasein fristete.
Alle Leute, die dieses Schlafzimmer aufsuchten, wurden ein Opfer der geheimnisvollen Krankheit, selbst wenn sie mit dem Vogel nicht unmittelbar in Berührung kamen. Die Luft schien verseucht zu sein. Und als man nun auf die richtige Spur gekommen war, stellte sich heraus, daß es sich um die sogenannte »Papageienkrankheit« handelte.
Was tun? Man nahm den Vogel samt Käfig und brachte ihn törichterweise zum Hausmeister. In der Folge erkrankte auch das Hausmeisterehepaar. Nun erst wurde das Tier zur Untersuchung nach Mödling in die Versuchsanstalt eingeliefert. Die Gewißheit, daß es sich um die überaus ansteckende Papageienkrankheit handelte, bedeutete in diesem Fall wenig, denn es gab noch keine Injektionen dagegen. Heute wäre eine solche Seuche keine Affäre, denn man kennt ihre Erreger und könnte sich dagegen impfen lassen. Aber damals war es eine Katastrophe.
Im ganzen starben fünf Leute daran. Auch unser guter Hausarzt überlebte die ungewöhnliche Krankheit nicht. Nach ihm starb unser Steuerberater, ein weiterer Arzt, die Krankenschwester und, ich glaube, auch jemand aus der Hausmeisterfamilie.
Verständlicherweise bekam auch ich große Angst, da ich natürlich Kontakt mit den Eltern hatte. Ich suchte Rat bei meinem Arzt, der mir versicherte, er hätte mir in der Infektionsabteilung ein Bett reserviert: »Wenn Sie etwas spüren, kommen Sie sofort!«
Was soll ich sagen? Natürlich spürte ich alles mögliche! Was immer mir als Symptom der Krankheit bekannt war, ich vermeinte es an mir zu entdecken. Als ich Fieber bekam, und wenn es auch nur 37,1 war, war ich völlig verzweifelt. Außerdem stand ich kurz vor einer längeren Tournee. Ich wollte meine Lieben natürlich nicht in Wien verlassen, da ich ja

jederzeit mit ihrem Ableben rechnen mußte. Als ich wieder zu meinem Arzt ging, um seinen Rat einzuholen, sagte er: »Lieber Herr Thimig, ich beschwöre Sie: Fahren Sie! Es wird Sie auf andere Gedanken bringen, und hier können Sie ohnedies niemandem helfen!«

Schweren Herzens ließ ich mich überzeugen, daß es das Beste war.

Man schrieb den März 1938. Erste Station der Tournee war Budapest. Auf dem Bahnhof waren auffallend viele Reporter, und alle wollten ein Interview mit mir. Ich war ziemlich stolz darauf, offensichtlich so berühmt zu sein, wurde aber schnell herb enttäuscht – es ging nicht um mich und meine Schauspielkunst, alle wollten so viel als möglich über die Papageienkrankheit in meiner Familie wissen. Trauriger Ruhm, so auf den Titelseiten der Zeitungen zu erscheinen!

In der Bevölkerung brach eine wahre Hysterie aus, und unzählige Menschen öffneten ihre Vogelkäfige und ließen die unschuldigen Vögel frei ... Meine Eltern und Hermann überstanden glücklicherweise die Papageienkrankheit recht gut. Vater und Mutter blieben uns noch sechs Jahre lang erhalten, bis in den September 1944.

Ende August 1944 hatte Vater mit Mutter noch die Thimig-Ausstellung im Burgtheater besucht und war gerührt gewesen, wie liebevoll von seiten der Nationalbibliothek die Geschichte unserer Familie dokumentiert worden war.

Drei Wochen später, am 22. September, geschah das Unglück. Mutter hatte ein Säckchen Nüsse aus unserem Garten gepflückt, die sie den Kindern von Gustav Dießl und Maria Cebotari schenken wollte, da es ja damals nichts Gutes zu essen gab. Sie hatte Gustav telefonisch gebeten, ihr entgegenzukommen. Er tat es und sah von weitem, wie sie plötzlich strauchelte und sich am Gartengitter festhielt. Er lief zu ihr und sie fiel ihm leblos in die Arme. Ein Arzt, der vorüberfuhr, hielt an und half Gustav, Mutter ins Haus zu tragen. Es gab keine Hilfe mehr – sie erlag einem Gehirnschlag.

Gustav hatte die schreckliche Aufgabe, erst Vater, dann Hermann in Wildalpen und schließlich mich, der ich eben in Prag filmte, davon zu verständigen. Vater nahm lange von Mutter Abschied und schloß sich sofort in seinem Zimmer ein. Als wir zu ihm kamen, fanden wir ihn in tiefer Ohnmacht. Er starb, zwei Tage nach seiner über alles geliebten Frau, an einer Überdosis Schlaftabletten.
Vater hatte im Mai dieses Jahres in einer fast vorausahnenden Klarheit uns Kindern einen Brief hinterlassen, in dem er seine Gedanken über das Sterben niederschrieb:

Es ist richtig und nützlich, wenn ich am Ende meines langen Lebens meinen Kindern sage, wie ich über das Sterben und über den Tod und über das Kurzvorher und über das Kurznachher gedacht habe; denn eine große Helligkeit leuchtet da auf in der mißlichen Phase des Marasmus! Und diese Helligkeit soll meinen lebensreifen Kindern zur tieferen Bekanntschaft mit ihrem Vater dienen, ja sie soll ihnen mit zu ihrer Lebensweisheit Beiträge leisten.
Ich lebe gern, denn das Leben hat mich verwöhnt und die Natur hat mich befähigt, es mit künstlerischem Genießen zu füllen.
Für mein Sterben kommen sechserlei Fälle in Betracht:
1. *Das Sterben im Einschlafen. Das halte ich für die größte Gnade und mehr ist darüber nicht zu sagen.*
2. *Das Sterben bei Bewußtsein, aber schmerzlos. Auch dafür wäre ich dem Schicksal dankbar.*
3. *Ich werde durch Gehirnschlag gelähmt oder ich*
4. *komme durch Lungenentzündung zum Sterben; dann wird in 3.) und 4.) ein vernünftiger Arzt, so hoffe ich, keinen Einhalt des Leidens versuchen, denn ein zusammengeflickter Mensch über das 90. Lebensjahr hinaus ist unnütz und lästig. Ein Herzschlag, wie der Blitz aus den Wolken, sei gepriesen.*
5. *Oder mein Sterben ist schmerzreich; dann wird man es verstehen, daß ich meine letzte Kraft und mein letztes*

Bewußtsein dazu verwende, dieses Sterben selbsthilflich abzukürzen.

6. *Dieses selbstbewirkte Sterben werde ich auch sterben, wenn Eure Mutter früher als ich zum Sterben käme, denn ich will nicht ohne sie als zwecklos leben. Ihr werdet dann zu meinem Freitod für das sentimentale Motiv dafür: »Kränkung über den Verlust der Gattin, mit der ich weit über ein halbes Jahrhundert in ungetrübter Ehe gelebt«, beim Publikum nur Gläubige finden.*

Aus diesen Zeilen mußten wir die heroische Tatsache erkennen, daß nicht, wie anzunehmen war, der Tod unserer Mutter ihn so erschütterte, um ihm ein Leben ohne sie vielleicht nicht mehr vorstellbar erscheinen zu lassen. Nein, er hatte auf den Tod seiner geliebten Frau gewartet. Er wollte ihr nicht seinen Tod antun, denn schon längst hatte er die Absicht gehabt, die Tat zu setzen. Um keinen Preis wollte er in einen Altersmarasmus und damit seinen Angehörigen zur Last fallen.
Am 26. September 1944 standen wir am Sieveringer Friedhof vor den Särgen unserer Eltern. Nur wir Brüder und Vilma begleiteten sie ins Krematorium und trugen dann die Urnen zum Grab. Unsere Gedanken gingen dabei zur fernen Schwester, die nicht bei uns sein konnte. Wenn es in solchen Augenblicken einen Trost gibt, so lag er in diesem Falle nur darin, daß die Eltern hochbetagt waren, ein erfülltes Leben gehabt hatten und schließlich gemeinsam den letzten Weg antraten.
Bald nach dem Begräbnis fuhr ich nach Prag zurück, um dort meine Filmarbeit zu vollenden. Anschließend suchte ich unser Häusel in Wildalpen auf, das mir wieder einmal zum Refugium wurde. In diesen letzten Kriegsmonaten war ich froh, von Wien, wo der Krieg tobte, in eine Welt flüchten zu können, in der man verhältnismäßig wenig davon merkte. Aber mit der Zeit ereilten uns die Ereignisse auch hier. Und wenn es in der Vorwarnung hieß: »Anflug feindlicher Flug-

verbände auf Wien über Kärnten und Steiermark«, dann wußten wir, daß es direkt über Wildalpen ging.
Dennoch fühlten wir uns nicht unmittelbar bedroht. Und als einmal ein Konvoi sich aus dem Verband löste und eine Bombe über unserem Gebiet abwarf, passierte Gott sei Dank nicht viel. Ob die ihm übriggeblieben ist? dachte ich damals, und diese Vermutung sollte sich bestätigen.
Nach dem Krieg war ich in Wien einmal bei amerikanischen Offizieren eingeladen. Und wie der Zufall will, kam ich mit einem Fliegeroffizier ins Gespräch, dem ich den Vorfall erzählte und meine Vermutung von der übriggebliebenen Bombe kundtat. Er begann sehr zu lachen und sagte: »You will not believe me, that was me!« Und es stimmte auch: Er hatte noch eine Bombe übrig gehabt, hatte dafür ein passendes Objekt gesucht und die Wiener Hochquellenwasserleitung eingezeichnet gefunden, deren Quellgebiet zum Teil in Wildalpen liegt. Er warf die Bombe – traf aber glücklicherweise nicht.
Gegen Kriegsende versammelte sich dann fast die ganze Familie Thimig in Wildalpen. Die Eltern waren ja schon tot und Helene in Amerika, aber Hermann kam mit Frau und Kindern, meine Exfrau Christl Mardayn fand sich mit ihrem zweiten Mann ein, und ich war ja mittlerweile auch nicht mehr allein.
Mein Bruder Hermann und ich waren zum Volkssturm abkommandiert worden, was bedeutete, daß wir Schützenlöcher bauen mußten, um gegebenenfalls die hereindringenden Feinde abzuhalten. Wir hatten auch den Auftrag, Löcher für Sprengkörper in die Brückenköpfe zu schlagen. Einige von uns taten das eher widerwillig und zögernd. Das fiel dem Ortsgruppenleiterstellvertreter auf. Wir gehörten ja zu jenen, denen er zeitig in der Früh einen Boten schickte, wir hätten uns zu melden, um in verschiedene Richtungen abkommandiert zu werden.
Beim Abschied von unseren Angehörigen war uns schon einigermaßen bang, aber dann gingen wir und meldeten uns

pflichtgemäß. Inzwischen hatte man eingesehen, wie sinnlos das alles bereits geworden war – und schickte uns wieder nach Hause. Der traurige Abschied von der Familie war gottlob umsonst gewesen.

Kurz darauf war der Spuk zu Ende – und ein anderer begann. Es gab unzählige Verhaftungen, und im Zuge der Entnazifizierung war auch plötzlich der Posten eines Bürgermeisters von Wildalpen vakant. Es herrschte allgemeine Ratlosigkeit, wer dieses Amt übernehmen sollte: »Einer, der kein Nazi war... aber da gibt's halt nicht viele.«

Jemandem fiel ein: »Der Thimig ist da. Der könnte das machen!«

Und so erschienen tatsächlich ein paar Wildalpener mit der Bitte bei mir, die Gemeinde zu führen. Nach kurzer Überlegung nahm ich an, denn es galt ja, in der schlimmen Zeit für alle das Beste herauszuholen, und da hatte ich doch die meisten Möglichkeiten. Ich stellte nur eine Bedingung: »Bürgermeister« wollte ich wirklich nicht heißen. So wurde ich »Gemeindesekretär«. Was absolut nicht bedeutet, daß mir dieses Amt weniger Mühe bereitet hätte.

Wildalpen war nach dem Krieg völlig von der Welt abgeschnitten und von Russen eingekreist. Jedesmal, wenn sie durchzogen, war das für die Zivilbevölkerung mit allerlei Unannehmlichkeiten verbunden. Um dem möglichst vorzubeugen, richtete ich mit ein bißchen restlichem Benzin einen Motorraddienst ein. Die Burschen hatten zu schauen, ob die Russen kamen. War dies der Fall, so gaben sie Alarm, und die Frauen des Ortes kraxelten sofort in die Berge. Auf diese Art mußte ich nur zwei Vergewaltigungen registrieren – und auch diese sahen bei näherer Betrachtung danach aus, als ob sie den Frauen nicht einmal so unangenehm gewesen wären.

Eine meiner ersten Amtshandlungen als Gemeindesekretär betraf die Waffen. Ich ließ sie alle einsammeln und deponierte sie, fein säuberlich mit dem Namen des Besitzers versehen, auf dem Gemeindeamt. Als die Russen kamen,

um nach Waffen zu suchen, konnte ich sie gesammelt präsentieren und verhinderte damit unangenehme Suchaktionen.
Ein Russe, der vor unseren gestapelten Waffen stand, ergriff ein schön ziseliertes Scheibengewehr: »Wem das gehören?« Es war zufälligerweise meines, was ich ihm sagte.
»Gut. Name – Thimig. Thimig?«
»Ja, Thimig«, sagte ich gehorsam. »Mein Name ist Thimig, und das Gewehr gehört mir.«
Darauf der Russe: »Ah, Thimig! Verwandt mit Thimig in Wien?«
»Ja, ich komme selbst aus Wien.«
»Ah, ich gewohnt ganzen Krieg hindurch in Wien, Liechtensteinstraße, nahe bei dir.«
»Ich habe dort nie gewohnt, aber mein Bruder.«
»Aha, Bruder...«
Ich überlegte gerade, daß der Russe wohl ein Spion gewesen sein mußte, wenn er den ganzen Krieg lang in Wien gewohnt hatte, als er plötzlich sagte: »Du nehmen dein Gewehr mit nach Hause!«
Ich nahm's gern und schenkte ihm dafür einen Revolver, den er hocherfreut empfing und damit solchen Spaß hatte wie ein Kind mit seinem Spielzeug.
Sicherheitshalber versteckten wir auch den wenigen Schmuck, den meine Frau besaß. Wir taten ihn in eine Schachtel, die wir am Berg vergruben. Die Stelle merkten wir uns genau: Zwei Schritte links von einem bestimmten Baum, und dann etwa einen halben Meter in die Tiefe.
Als wir den Schmuck später ausgraben wollten, fanden wir ihn nicht. Jahre nachher fiel er uns durch Zufall in die Hände – an einer ganz anderen Stelle. Da wir nichts aufschreiben wollten, hatten wir uns das Versteck ganz falsch gemerkt. Die Münzen, die Christl Mardayn irgendwo in Wildalpen vergraben hatte, tauchten übrigens nie wieder auf.
Zu den großen Problemen dieser Zeit gehörte auch die Verpflegung. Ich hatte eine kleine Handdruckmaschine zur Verfügung, auf der ich die Lebensmittelkarten herstellte, die ich

in der Gemeinde ausgab – Fleisch und Fisch stand darauf. Aber woher sollte ich die dazugehörigen Lebensmittel nehmen? Kurz entschlossen ließ ich die Jäger Wild abschießen und die Fischer die Fischwasser schädigen – Hunger tut weh. Da war es mir egal, daß die Jagdherren und die Besitzer der Fischwasser lange nicht gut auf mich zu sprechen waren. Für die Gemeinde ging es schließlich ums Überleben. Und wenn ich schon als Gemeindesekretär fungierte, dann wollte ich doch so gerecht und ehrbar wie möglich den Wildalpenern über diese Zeit hinweghelfen.

Zu Hunger und Kälte kamen auch die seelischen Nöte. Hermann war nach Wien gefahren und hatte dort unser Elternhaus zwar noch ganz, aber in schrecklichem Zustand vorgefunden: Direkt vor dem Haus gähnte ein drei Meter tiefer Bombenkrater, und auch der Garten hinter dem Haus war durch eine Bombe zerstört. Alle Fensterscheiben, aber auch alle, waren zertrümmert, ebenso die Eingangstüren. Fenster- und Türstöcke waren herausgerissen. Aber auch im Haus war der Anblick ein grauenvoller – die Plünderer hatten ganze Arbeit geleistet. Alles Brauchbare war gestohlen, kein Möbelstück mehr ganz, alles in schrecklicher Weise beschmutzt.

Was Hermann aber und natürlich auch mich am tiefsten schmerzte, war der Nachlaß meines Vaters, der sich in einem so rettungslos verwüsteten Zustand befand, daß Hermann, wie er mir erzählte, die Idee hatte, alles anzuzünden, weil er sich eine Wiederherstellung dessen, was einst in peinlichster Ordnung erstrahlt hatte, nicht vorstellen konnte. Glücklicherweise fanden sich Idealisten beim Kulturamt der Stadt Wien, die Vaters Schätze halbwegs wieder in Ordnung brachten. Und Hermann, der das Vaterhaus in Wien geerbt hatte, während Wildalpen an mich gegangen war, brachte mit der Arbeit seiner eigenen Hände wieder in Ordnung, was nur möglich war.

Langsam normalisierten sich die Zustände, und als ich dann nach Wien zurückkehrte, war es mit meiner Stellung als Gemeindesekretär zu Ende.

»Bravo Thimig! Bravo Thimig!«

Rückkehr ans Theater

Obwohl ich mir nach meinem Abgang von der Josefstadt geschworen hatte, nie mehr eine Bühne zu betreten und mich ganz dem Film zu verschreiben, hielt ich es auf die Dauer einfach nicht aus. Und als ich nach mehrjähriger Pause vom Burgtheater einen Antrag erhielt, an das Haus meiner Jugend zurückzukehren, war ich eigentlich recht froh darüber.

Mittlerweile schrieb man das Jahr 1949. Seit 1943 hatte ich nicht mehr gespielt. Regie geführt, das schon, ein wenig an der Josefstadt und oft am Volkstheater. Und Josef Gielen, der damalige Direktor des Burgtheaters, köderte mich zuerst auch mit einem Regieangebot: »Ich brauche nach dem Tod von Herbert Waniek unbedingt einen Regisseur, Herr Thimig. Können Sie mir aushelfen?«

Und als ich zusagte, fuhr er fort: »Ja, übrigens, Herr Thimig, ich habe gehört, daß Sie doch auch Schauspieler waren?«

»Ja, bis vor sechs Jahren«, sagte ich.

»Na also. Vielleicht könnten Sie da auch bei mir hin und wieder spielen? Natürlich würden wir darüber extra verhandeln, das heißt, wir können ja in den Vertrag nehmen, daß Sie eine Sondergage bekommen, falls Sie spielen.«

Ich sagte zu – und was geschah? Ich war als Schauspieler am Burgtheater von da an weit mehr beschäftigt denn als Regisseur …

Als junger Mann hatte ich das Burgtheater im großen Haus am Ring verlassen, als reifer Mann, knapp vor meinem »Fünfziger«, kehrte ich ins Burgtheater zurück, allerdings in sein Ausweichquartier. Das ehemalige Varieté Ronacher in der Seilerstätte diente dem Burgtheater, das noch in den letzten Tagen des Zweiten Weltkriegs zerbombt worden war, als Ersatz.

Ich bemerkte schnell, daß die Atmosphäre hier eine ganz andere war als früher. Das lag schon an Äußerlichkeiten, beispielsweise daß die Schauspieler zu dritt und zu viert gedrängt in den Garderoben sitzen mußten. Das einzige vertraute Requisit, das ich vorfand, war mein Schminkspiegel – der stammte noch aus dem alten Burgtheater am Michaelerplatz. Von dort nahm ihn mein Vater als Erinnerung mit, als das Haus 1888 abgerissen wurde. Und nun benützte ich ihn. An den Seiten des Spiegels, links und rechts, steckten Kerzen. Seit den Zeiten Maria Theresias war es Brauch gewesen, daß die Burgschauspieler täglich zwei Kerzen geschenkt bekamen, zu jeder Vorstellung zwei schöne, große Kerzen. Wozu? Zum Anwärmen der Schminke. Die war nämlich seinerzeit so hart gewesen, daß sie erst über einer Flamme weichgemacht werden mußte. Mit der Zeit verbesserte sich die Qualität der Schminke, sie wurde weicher. Trotzdem erhielten die Burgschauspieler vor jeder Vorstellung ihre zwei Kerzen; sie wurden nur immer kleiner.

Ich konnte mich im Ronacher nicht recht wohlfühlen. Irgendwie bildete ich mir ein, daß man in der Luft noch den Geruch vom seinerzeitigen Varieté schnuppern könnte. Auch das Hauspersonal war seltsam zusammengewürfelt und stammte noch aus diesen Zeiten. So war hier eine Toilettenfrau beschäftigt, die hauptsächlich französisch sprach – wahrscheinlich hatte sie sich früher mit den Artisten in dieser Sprache unterhalten. Sie hatte auch einige Zeit in Paris gelebt und erzählte immer davon.

Die Enge, in der wir Schauspieler notgedrungen arbeiten mußten, hatte aber auch ihre guten Seiten. Sie bewirkte zum Beispiel, daß sich das Zusammenleben mit den Kollegen loyaler gestaltete. Jeder mußte auf den anderen Rücksicht nehmen. Niemand konnte sich in die Isolation zurückziehen – man saß zusammen, wenn man auf den Auftritt wartete. Dadurch kam man sich näher, die Gespräche wurden vertrauter. Und die Arrivierten, zu denen jetzt auch ich zählte, kamen in engeren Kontakt mit den Jungen. Die räumliche Distanz

war zwar kleiner geworden, die persönliche nicht und blieb, wie in meiner Anfängerzeit am Burgtheater, sehr von Respekt geprägt.
Neben mir saß Erich Auer, und wir unterhielten uns viel miteinander. Ich habe fast das Gefühl, ihm damals ein väterlicher Freund geworden zu sein. Wir debattierten über alles mögliche, über Rollenauffassungen ebenso wie über Schminken und Kostüme oder über die Sorgen des Alltags.
Wir arbeiteten hart im Ronacher. Es waren viele Stücke im Repertoire, und ich fand mich oft eingesetzt. Ich hatte beinahe täglich Vorstellung, manchmal sogar zweimal, weil wir ja auch das Akademietheater bespielten.
Einmal wurde mir dieses Arbeitstempo zuviel. Im Mai 1950 erlitt ich kurz vor der Premiere von Shakespeares *Der Widerspenstigen Zähmung* eine schwere Nervenattacke. Da ich mich so sonderbar schwach fühlte, ließ ich den Theaterarzt kommen: »Können Sie mir nicht etwas geben, ich fühl' mich so wahnsinnig schwach.«
»Natürlich, das werden wir gleich haben«, meinte der Arzt und gab mir eine Spritze.
Da sah ich im Spiegel meines Schminktisches, wie sich meine Hände und Arme verkrampften. Der Arzt bekam einen Mordsschreck – er hatte mir die Spritze zu schnell gegeben. Rasch wurde ich ins Ärztezimmer transportiert. Nach einer Gegeninjektion konnte sich der Vorhang mit zwanzigminütiger Verspätung heben.

Schön war es für mich, nun am Burgtheater wieder mit meinen Geschwistern künstlerisch »unter einem Dach« zu sein. Hermann war schon seit 1934 hier engagiert, Helene nach ihrer Rückkehr aus Amerika, 1946, an das Burgtheater gekommen. Sie verließ das Haus aber 1954 zugunsten des Theaters, das einmal Reinhardt geleitet hatte: der Josefstadt. Oft stand ich mit meinem Bruder Hermann gemeinsam auf der Bühne, einmal waren wir alle drei in einem Stück beschäftigt: in Carl Zuckmayers *Gesang im Feuerofen.*

1955, auf Josef Gielen war Adolf Rott als Direktor gefolgt, verließen wir das Ronacher und übersiedelten in das wiederaufgebaute Haus am Ring.
Zuerst erschraken wir vor der Größe des Hauses. Wir müssen uns gefühlt haben wie seinerzeit mein Vater und seine Kollegen, als sie 1888 vom intimen Michaelerplatz in das damals neue Haus am Ring zogen. Plötzlich mußte man sich neue Spielweisen überlegen, Sprache und Gesten hatten deutlicher zu werden. Nach rückwärts zu sprechen, war kaum mehr möglich. Der Raum verlangte, daß man sich als Schauspieler dem Publikum präsentierte, was einen meiner Meinung nach künstlerisch doch ein wenig hemmte.
Allerdings waren die technischen Einrichtungen der neuen Bühne enorm und eröffneten den Inszenierungen viele neue Möglichkeiten. Das empfanden wir nach dem Ronacher natürlich als Labsal. Leider ließ die Akustik zu wünschen übrig. Später unternahm man alles mögliche, um die »akustischen Löcher« zu stopfen, aber es nützte nicht sehr viel.
Direktor Rott, ein impulsiver, arbeitsfreudiger und intensiver Mann, brachte für das Burgtheater eine glückliche Periode. Unter ihm erreichte die vielgerühmte Ensemblekunst des Hauses einen ausgesprochenen Höhepunkt. Der Glanz der Besetzungen ließ nichts zu wünschen übrig.
Mich schien Rott gern zu mögen und ließ mich auch viel inszenieren. Meinen vielleicht größten Erfolg hatte ich mit der Einstudierung von *Donna Diana* von Augustin Moréto, 1956 im Akademietheater. Ich bearbeitete das Stück und erweiterte es um Zwischenspiele, die großen Anklang fanden. Komödiantisches, Lustspiele mit artistisch reizvollen Szenen hatte ich schon immer am liebsten inszeniert. Hier ließ ich ein wenig den Zauber der Reinhardt'schen Welt wirken, indem ich Mimus, Tanz und eine ironisch pointierte Musik zusammenfließen und die Umbauten von Tänzern in Commedia-dell'arte-Kostümen verkürzen ließ. Außerdem hatte ich mit Susanne Almassy eine köstliche Hauptdarstellerin. Jürgen Wilke und Robert Lindner brillierten, und als die Kritik gar

feststellte, Giorgio Strehler sei nicht umsonst in Wien gewesen, war ich sehr glücklich.
Daraufhin erhielt ich sogar den Antrag, *Donna Diana* in Amerika zu inszenieren. Zweifelnd meinte ich zu Rott, mein Englisch sei wohl nicht gut genug dafür. Rott seinerseits hätte gar keine Bedenken gehabt, und so bedauerte ich es schließlich sehr, daß ich aus Termingründen ablehnen mußte. Neugierig, wie ich nun einmal bin, wäre das sicher eine interessante Erfahrung gewesen...

Diese Burgtheaterjahre sind für mich voll von Erinnerungen an große Kollegen, die nicht mehr unter uns weilen. Ich erinnere mich an eine nette Episode mit dem wundervollen Albin Skoda. 1958 spielten wir zusammen im Burgtheater in Franz Theodor Csokors *3. November 1918*, er den Leutnant Zierowitz, ich den jüdischen Regimentsarzt Dr. Grün. In einer Szene mußte das Feldtelefon läuten. Zu unserem Entsetzen, das von Sekunde zu Sekunde größer wurde, läutete gar nichts – weiß Gott, wo der Inspizient mit seinen Gedanken war. Skoda flüsterte mir verzweifelt zu: »Was soll ich jetzt machen?« Schließlich mußte er ja zum Apparat gehen, abheben und fragen, wer dran sei.
Ich war ratlos. Als die Pause unerträglich quälend wurde, gab sich Skoda einen Ruck, sagte: »kling, kling, kling – oh, das Telefon!«, ging hin und hob ab...
Einmal setzte ich mich zwischen zwei anstrengenden Proben in den nahegelegenen Volksgarten, um mich ein wenig zu entspannen. Da kam die Sesselfrau, um zu kassieren, denn damals war die Benützung der Sessel noch gebührenpflichtig: »Bitt' schön, Herr Thimig«, begann sie, »dürft' ich Sie um ein Autogramm bitten? Die Bleibtreu, der Girardi, der Aslan – alle sind's da g'sessen, und ich hab's versäumt, sie für mein Büchl um eine Unterschrift zu bitten. Und jetzt sind ma alle wegg'storben...«
Raoul Aslan war tatsächlich knapp davor verstorben. Ich bewunderte ihn sehr, nicht nur als großen Schauspieler,

sondern auch dafür, wie er nach dem Zweiten Weltkrieg verstanden hatte, als Burgtheaterdirektor große Schwierigkeiten zu meistern. Er setzte vieles durch, was in der damaligen Zeit fast unmöglich schien – eine Kämpfernatur! Ich bin oft mit ihm auf der Bühne gestanden.
Mit Wehmut erinnere ich mich noch an einen seiner letzten Auftritte. Anläßlich eines Burgtheatergastspiels in Schwetzingen spielte er den Seher in der *Alkestiade* von Thornton Wilder. Er konnte kaum mehr gehen, und die Kollegen mußten ihn stützen. Er fühlte sehr wohl, daß sein Ende nahe war, aber er wollte, er mußte spielen.
Ein anderer Großer des Burgtheaters starb kurz darauf: Werner Krauß. Er war fürwahr einer der wandlungsfähigsten Schauspieler des deutschsprachigen Theaters. Nach dem Krieg bekam er große Schwierigkeiten, da er angeblich ein Anhänger des Naziregimes gewesen sein sollte und durch die Mitwirkung im *Jud Süß*-Film gebrandmarkt war. Wir erlebten es noch, daß er bei einer Tournee in der Rolle des John Gabriel Borkman von empörten Studenten niedergepfiffen wurde.
Mit Werner Krauß ist mir einmal etwas passiert, was mir unendlich peinlich war, obwohl ich nichts dafür konnte. Trotzdem hätte ich mich am liebsten dafür entschuldigt. Wir befanden uns wiederum mit dem Burgtheater auf Tournee, diesmal in Hamburg. In Shakespeares *Was ihr wollt* spielte ich aus Altersgründen nur noch den Fabio, eine kleine Rolle, verglichen mit dem Bleichenwang, der ich einmal gewesen ...
Nach der Vorstellung bekamen wir reichen Applaus, der Vorhang mußte immer wieder hochgehen. Inmitten von Albin Skoda, Ewald Balser, Alma Seidler, O.W. Fischer und mir verbeugte sich Krauß, der wundervolle Malvolio.
Da drängte sich ein Mann mitten durch den Zuschauerraum und rief: »Bravo Thimig! Bravo Thimig!«
Krauß und die anderen starrten mich verdutzt an. Ich weiß nicht, ob sie glaubten, ich hätte mir selbst eine Claque geworben. Später stellte sich heraus, daß der »Bravo«-Rufer ein

Zuschauer mit dem Hobby Theatergeschichte war. Der Name »Thimig« war ihm daher ein Begriff – Hugo Thimig allerdings!

Privat hatten Krauß und ich weniger Kontakt. Er liebte vor allem Leute, mit denen er zusammensitzen und trinken konnte. Ich hingegen bin – die Josefstädter Episode ungeachtet – ein Nichttrinker. Aber jedenfalls hat er, was ich ihm hoch anrechne, einem Antialkoholiker, nämlich Josef Meinrad, seinen Ifflandring vermacht.

Noch bevor Adolf Rott die Direktion des Burgtheaters niederlegte, suchte man nach einem Nachfolger. Sogar ich war im Gespräch. Ernst Haeusserman schlug mich vor, desgleichen tat Hans Weigel, der Kritiker, den ich sehr schätze. Er schrieb, ich solle dieses Amt übernehmen.

Ich bin heute noch froh, daß ich ausnahmsweise einmal nein sagte. In meinem damaligen Alter wären mir Verantwortung und Einsatz schon zu groß gewesen. Haeusserman wurde Direktor, und wir Brüder Thimig blieben gern als Schauspieler im Haus.

Zum Trost für etwas, das ich gar nicht wollte, ernannte man mich allerdings zum »Regievorstand«. Das Amt war neu geschaffen worden, und den Titel fand ich außerordentlich häßlich. Ich konnte nicht umhin, dabei immer an einen Bahnhofsvorstand zu denken...

Mir oblag die Kontrolle der laufenden Vorstellungen, und außerdem war ich für Umbesetzungen verantwortlich. Ebenso unterstanden mir die Regieassistenten. In meiner Garderobe wurde ein Telefon installiert – auf diese Art hatte ich sogar eine Art Büro. Was ich nicht hatte, obwohl es am nötigsten gewesen wäre, war ein Sitzplatz im Zuschauerraum, damit ich die Vorstellungen von unten her hätte kontrollieren können. Aber ich bekam nicht einmal einen Klappsitz...

Mit dem »Regievorstand« haperte es von vorn und hinten. Die Umbesetzungen machten nur Schwierigkeiten. Entweder stand der Schauspieler, den ich für richtig hielt und einsetzen wollte, nicht zur Verfügung, weil er gerade ein anderes Stück

probierte oder im Akademietheater auftrat. Fand sich dann einer, den ich halbwegs akzeptieren konnte, habe ich wiederum nicht die nötigen Proben für ihn bekommen. Nein, eine richtige Probe sei aus diesem oder jenem Grund nicht möglich, hieß es dann immer, schauen Sie sich das Repertoire an. Wenn es gut ging, bot man mir für den neu eingesetzten Schauspieler eine kurze Verständigungsprobe vor der Vorstellung an – so wie in meinen Burgtheateranfängen! Womit sich die ganze Sache in der Praxis sehr bald totgelaufen hatte...
Was ich auch in der Ära Haeusserman blieb, war der »Einspringer-Regisseur«. Statistiker, der ich bin, habe ich mir vieles notiert, aber eines müßte ich wirklich nachholen: aufzuzählen, wie oft ich für einen Regiekollegen eingesprungen bin! Nun, ich habe die Arbeiten dann immer mit Ambition übernommen und versucht, die Sache so gut wie möglich zu einem Ende zu bringen.
Einmal allerdings glaubte ich, es wirklich nicht schaffen zu können. Das war im März 1962, als nach einem großen Krach zwischen der Direktion und dem Maler Oskar Kokoschka plötzlich kein Regisseur für die von ihm ausgestattete *Gefesselte Phantasie* von Raimund vorhanden war. Gutmütigerweise sprang ich ein – aber damit waren so viele Aufregungen verbunden, daß ich es wirklich bereut habe.
Kokoschkas Dekorationen, vielmehr die Bilder, die er uns lieferte, gefielen mir in den Farben ausgezeichnet. Allerdings war es schwierig, sie zu realisieren und ihnen mein Regiekonzept anzupassen. Jedenfalls dürfte ich diese heikle Aufgabe nicht im Sinn Kokoschkas gelöst haben, denn er soll ironisch gesagt haben: »Hans Thimig hat vielleicht doch nicht die richtige Art des Inszenierens; er läßt die Menschen vor meinen Bühnenbildern sich bewegen. Das könnte das Auge des Betrachters ablenken.«
Daraus ergaben sich Unstimmigkeiten zwischen mir und ihm, weil er unbedingt auf meine Regie Einfluß nehmen wollte. Ich war sehr unglücklich, denn ich spürte, daß von meiner eigenen Handschrift als Regisseur immer weniger

übrig blieb. Direktor Haeusserman versuchte zu vermitteln, aber Kokoschka wurde böse und erschien nicht mehr zu den Proben. Was mir wieder nichts ausmachte – obgleich es mir schon lieber gewesen wäre, die Sache gütlich zu bereinigen. Das Opfer war allerdings ich, der Regisseur, der an allem schuld war, als die Vorstellung schließlich bei Publikum und Presse heftige Diskussionen auslöste. Mein Bruder Hermann, der die Hauptrolle des Nachtigall ganz wunderbar und mit Riesenerfolg spielte, bedauerte mich sehr.
Sehr gefreut habe ich mich über einen Brief des Dichters Felix Braun, der mir Trost spendete:

Wien, den 19. IV. 1962

Verehrter, lieber Hans Thimig!
Ich möchte Ihnen ein Wort des Dankes für die Gefesselte Phantasie *sagen, die meine Schwester und ich von der Galerie aus mit großer Freude angeschaut und angehört haben. Die Regie konnte nicht besser der Poesie des Spiels entsprechen: freilich hätte die Phantasie von oben herab schweben müssen, was vielleicht noch geändert werden mag. Sonst alles von lauterer Anmut. Ich muß Ihnen meine dankbare Zustimmung schicken, weil das Unverständnis gewisser Kritiker auch mich stört. Ihr Bruder Hermann ist großartig, und wie entzückend Frau Sutter und Frau Matz! Auch der Einfall, die Zauberschwestern durch Männer spielen zu lassen, dünkt mir exzellent. Und ich weiß nicht, was man gegen die Farben Kokoschkas haben kann. So danke ich Ihnen einen schönen Burgtheaterabend. Wie selten geht man aus dem Theater so bereichert und so erfreut, wie wir es gestern waren! Mit einem herzlichen Glückwunsch*
Ihr Sie verehrender *Felix Braun.*

Dennoch war ich froh, daß ich mich nicht mit dieser Leistung von meinem geliebten Burgtheater verabschieden mußte …

Obwohl ich nun allmählich ins höhere Alter kam, war meine

Arbeits- und Unternehmungslust ungebrochen. Neben dem Burgtheater blieb da ein Bereich, dem ich mich schon immer gern gewidmet hatte: die Tourneen. Ein Gastspiel zu geben oder eine Tournee mitzumachen, war für mich mehr als nur Gelderwerb, nämlich auch eine interessante und angenehme Abwechslung.

Ich erinnere mich, daß es mich schon sehr früh zu allerhand »Abenteuern« dieser Art trieb. Ich war flotte Mitte 20, als ein Agent bei mir anfragte, ob ich in Brünn gastieren wollte.

Und wie ich wollte! Selbstbewußt bejahte ich. Und ich wünschte auch, ganz allein als »Star« zu gastieren.

»Und was wollen Sie spielen?« fragte der Agent.

Frech nannte ich ihm nicht nur den Leon in Grillparzers *Weh' dem, der lügt!*, den ich schon am Burgtheater erprobt hatte, sondern auch den Karl-Heinz in dem seinerzeit vielgespielten Rührstück *Alt Heidelberg*, weil er als gute Rolle galt. Dabei hatte ich das Stück zu diesem Zeitpunkt noch nicht einmal gelesen! Aber damals lernte ich noch rasch, und ich beherrschte die Rolle in kürzester Zeit, so daß ich frohen und frechen Mutes in Richtung Brünn fahren konnte.

Dort angekommen, fragte man, ob ich eine Verständigungsprobe wollte. In Anbetracht dessen, daß ich von dem Stück keine Ahnung hatte, bat ich, mir meine Partnerin ins Hotel zu schicken, damit wir wenigstens unsere gemeinsamen Szenen einmal durchnehmen könnten. Ich hatte bloß nicht mit dem Portier gerechnet, der das Fräulein nicht in mein Zimmer ließ, obwohl ich nachdrücklich versicherte, wir wollten nur proben. So fand unsere Begegnung im Salon statt. Ich gab mich ganz so, als ob ich die Rolle schon weiß Gott wie oft gespielt hätte, und sie merkte meinen Schwindel nicht. Auch als ich auf der Bühne stand, agierte ich ganz wie ein uralter Alt Heidelberger.

Schon früh ließ man mich bei Tourneen, wie ich sie als Burgtheater- und als Josefstadt-Mitglied erlebte, als Inspizient fungieren. Das war besonders anfangs eine für mich aufregende Aufgabe, da man schließlich auf diese Art für den reibungslosen Ablauf der Vorstellung verantwortlich war. Ich erinnere mich noch, wie wir in meiner frühen Burgtheaterzeit durch Holland reisten. Damals sollte ich Tini Senders, eine Kollegin, zum Auftritt holen. Aber an ihrer Garderobentür hing ein großer Zettel: »Achtung! Nicht stören! Nicht rufen! Nicht klopfen! Nicht läuten!« Ja, bitte, wie soll man da seinen Beruf ausüben?

Natürlich erlebte ich bei Tourneen auch persönlich groteske Szenen. So gastierte das Burgtheater mit Schillers *Don Carlos* bei der Weltausstellung in Brüssel. Ich war für die Rolle des Priors dabei und hatte nur eine Szene. Als wir am Spielort eintrafen, war der Manager völlig verzweifelt: Vier Stunden Spieldauer, das sei völlig unmöglich, erklärte er uns, die Leute hätten dann keine Möglichkeit mehr, mit öffentlichen Verkehrsmitteln nach Hause zu fahren.

Was tun? Es mußte gestrichen werden, natürlich nur eine ganze, geschlossene Szene. Ich fiel als Prior dem Rotstift zum Opfer. Auf diese Weise bin ich völlig umsonst nach Brüssel gereist – aber für volles Honorar und ausgezeichnete Rezensionen. Die Kritiker schauten nämlich offenbar nur auf den Theaterzettel und nicht auf die Vorstellung und lobten Hans Thimig, der gar nicht aufgetreten war.

Es ist für einen Schauspieler schön und schmeichelhaft, wenn er auch im Ausland bekannt und beliebt ist. Mir geschah dies durch Tourneen in hohem Maße. 1962 reiste ich mit dem *Apostelspiel*, das mir von Jugend an lieb war, durch Deutschland, Holland, die Schweiz und Luxemburg. Ich inszenierte und spielte selbst den Großvater, unterstützt von Christl Hörbiger, die als Magdalen wirklich rührend war, von Walther Reyer und Hanns Obonya. Es war ein kleines Geschenk meinerseits zum 80. Geburtstag des Dichters, und die Aufführung gereichte uns allen zum Erfolg.

Daß man sich über die eigene Popularität manchmal doch Illusionen macht, habe ich in Herford, einer kleinen deutschen Stadt, erfahren. Als braver Ehemann und Familienva-

ter wollte ich Frau und Kindern eine Ansichtskarte schreiben, um sie davon zu verständigen, daß es mir gutging. Da ich keine Marke hatte, ging ich vom Hotel zum gegenüberliegenden Bahnhof, wo sich ein Briefmarkenautomat befand. Ich warf eine D-Mark-Münze ein, in der Hoffnung, fünf Marken zu je 20 Pfennig dafür zu erhalten, aber der Automat, dieses Miststück, schluckte zwar begeistert mein Geld, gab aber keinerlei Gegenwert.
Ratlos hielt ich meine unfrankierte Postkarte in der Hand, als ein Bahnbeamter vorbeikam. Ich fragte ihn, wie ich erstens wieder zu meiner Mark käme und wo ich zweitens eine 20-Pfennig-Marke auftreiben könnte, weil ich gern meiner Frau geschrieben hätte.
Ich war wirklich erstaunt, als der brave Mann in seine Tasche griff und mir erstens ein Markstück, zweitens die benötigte Marke überreichte. »Hier, Herr Thimig«, sagte er freundlich. »Die Mark hole ich mir schon von den Postkollegen, und für die Briefmarke bekomme ich 20 Pfennig.«
Gerührt gab ich ihm das Geld und fühlte mich doch einigermaßen geschmeichelt, daß ein einfacher Bahnbeamter in Herford, einer Stadt, in der ich noch nie gewesen war, mich erkannt hatte. Na ja, Film, Fernsehen, Radio und jetzt die Tournee – immerhin erstaunlich, wie weit heute die Popularität reicht!
Ich dankte dem wackeren Mann herzlich und drückte ihm leutselig die Hand. Eine Frage konnte ich aber nicht unterdrücken: »Sagen Sie mir bitte, wieso haben Sie mich eigentlich mit meinem Namen angesprochen?«
»Aber das ist doch nicht schwer«, antwortete der Beamte freundlich, »die Karte, die Sie da in der Hand halten, ist doch an Frau Thimig adressiert!«
Im Frühjahr 1964 unternahm ich mit meiner Schwester Helene, mit der ich sehr gern arbeitete – im Jahr zuvor hatte ich mit ihr und meiner Schwägerin Vilma Degischer in der Josefstadt Michael Redgraves Stück *Die beiden Damen Borderaux* inszeniert: ein Thimig-Familienfest! –, eine Tournee mit

Pirandellos *So ist es – ist es so?*, und im Herbst desselben Jahres reiste ich mit Hermann Bahrs *Die Kinder*, worin ich nicht nur spielte, sondern wiederum Regie führte. Die Besetzung mit Attila Hörbiger, Wolf Albach-Retty, wieder Christl Hörbiger, Ernst Anders, Michael Janisch und mir als Diener Johann wurde vom Publikum sehr gefeiert.

Wenn ich nicht nur spielte, sondern auch Regie führte, war eine Tournee für mich immer viel anstrengender, da ich mich natürlich für alles verantwortlich fühlte. Wenn etwas passierte, mußte ich es ausbügeln. Und bei den *Kindern* gab es schon bei der ersten Station eine kleinere Katastrophe.

Es wurde ausgepackt, die Dekoration aufgebaut – und was mußten wir feststellen? Ein Tischchen, das ich für die Aufführung als unbedingt nötig erachtete, war aus Versehen in Wien zurückgeblieben. Nun mußte unbedingt Ersatz geschafft werden, denn das Tischchen spielte in meiner Inszenierung eine wesentliche Rolle. Und noch dazu brauchte ich unbedingt einen ganz bestimmten Tisch.

Also sagte ich zur Reiseleiterin: »Wir müssen einen Tisch kaufen. Schnell in ein Kaufhaus!«

Nun war es aber schon ziemlich spät – zwei Stunden vor Vorstellungsbeginn und knapp vor Geschäftsschluß. Ziemlich atemlos erreichten wir ein Kaufhaus, wo man uns aufmerksam machte, daß gleich geschlossen würde. Dennoch hetzten wir zur Möbelabteilung und gaben unseren Wunsch nach einem runden Tisch kund.

»Wir brauchen ihn dringend für die *Kinder*«, fügte ich hinzu, als ob ich mich der Verkäuferin damit besser verständlich machen könnte.

»Ach, einen Kindertisch!« meinte diese hilfreich.

»Nein, nicht für die Kinder, für ein Stück.«

»Ein Stück? Wollen Sie denn mehrere Stücke?«

Zu diesem Zeitpunkt war ich durch das Fragespiel schon ziemlich genervt, außerdem hatte ich das Gefühl, daß uns die Verkäuferin für nicht ganz richtig hielt.

Schließlich fanden wir in letzter Minute doch noch einen

Tisch, der paßte, und die Premiere konnte ohne Panne über die Bühne gehen...

Konfusionen können auch entstehen, wenn man gleichzeitig zwei Gastspiele absolvieren soll. Das passierte Attila Hörbiger und mir. Die Bekanntschaft zwischen Attila und mir ist bereits uralt, denn ich hatte ihn schon in Brünn anläßlich meines Gastspiels kennengelernt. Sein hinreißendes Talent, sein Temperament, sein Humor waren mir so aufgefallen, daß ich das Josefstädter Theater auf ihn aufmerksam machte, was auch zu einem Engagement führte. Darauf bin ich heute noch stolz. Doch nun zurück zu unserer Tournee.

1967/68 unternahm das Burgtheater seine berühmte Welttournee, die ohne das großzügige Engagement des begeisterten Theaterfreundes Gert von Gontard nicht möglich gewesen wäre. Ich bedauerte wirklich, daß ich aus gesundheitlichen Gründen nicht alle Stationen mitmachen konnte und auf Amerika, Japan und Israel verzichten mußte. Aber in alter Unternehmungslust zog ich – zusammen mit Attila Hörbiger – eine kleine Tournee durch Deutschland vor.

Man hatte uns nur die Bedingung gestellt, daß wir bei den zwei Aufführungen des Burgtheaters in Paris, in der Comédie Française, zur Verfügung stehen müßten. Im *Bruderzwist in Habsburg* spielte Attila den Kaiser Rudolf II., ich den Sekretär Rumpf.

Zu diesem Zweck hatten Attila und ich einen dreitägigen Urlaub von der Tournee erhalten – mehr war in der Disposition nicht möglich. In dieser Zeit mußten wir also so rasch wie möglich nach Paris und wieder zurück. Wir befanden uns gerade in einem kleinen Städtchen namens Selb an der deutsch-tschechoslowakischen Grenze, das durch Hutschenreuther-Porzellan berühmt ist. Von dort aus gab es keine direkte Bahnlinie und natürlich auch keinen Flugverkehr. Was also tun?

Der Retter aus der Not war ein theaterbegeisterter Fabrikant, der uns großzügig seinen Wohnwagen samt Chauffeur zur Verfügung stellte. Gleich nach der Abendvorstellung fuhren wir los. Attila und ich hatten ein schmales Wohnwagen-Bettchen, in dem wir uns gemeinsam hinlegen konnten. Es war nicht sehr komfortabel, aber besser als gar nichts. Und die Hauptsache war, daß wir pünktlich in Paris eintrafen. Wir absolvierten unsere Auftritte an der Comédie Française, stiegen wiederum in den Wohnwagen und stießen programmgemäß zu unserer Truppe.

Diese Tournee hatte die bekannte Theateragentur Landgraf organisiert. Es bedeutete für mich immer das reinste Vergnügen, mit diesem Unternehmen durch die Lande zu ziehen. Nicht zuletzt deshalb, weil ich dort auch ein bisserl bei allem mitreden durfte.

Wir waren stets mit einem bequemen Bus unterwegs. Ich richtete es so ein, daß wir in der Früh oft sehr zeitig wegfuhren, um noch vor Mittag in der nächsten Stadt anzukommen. Es folgte das Mittagessen, nach Tisch konnte ich ein kleines Verdauungsschläfchen halten, und dann war immer noch Zeit für einen kleinen Erkundungsspaziergang durch die Stadt. Anschließend bereitete ich mich auf die Vorstellung vor, und danach saßen wir noch in der Regel gemütlich beisammen. Aber nicht allzu lange, da ich auf meinen Schlaf nicht verzichten wollte und wir morgens ja bald wieder aus den Federn mußten.

Wenn alles programmgemäß ablief, und dafür trugen ich und die rührige, besonders taktvolle, liebe Reiseleiterin Andrea Riedel nach Möglichkeit Sorge, fühlte ich mich bei derartigen Tourneen sehr wohl. Es gab allerdings immer Kollegen, die an diesem Zigeunerleben keinen Gefallen fanden und nur des Geldes wegen wochenlang aus dem Koffer lebten. Ich habe es jedenfalls gern gemacht.

Wohl auch weil ich in Tourneen eine künstlerische Herausforderung eigener Art sah. Jeden Abend ein neues Haus, ein neues Publikum, das wirklich in jeder Stadt anders war – und so hatte man eigentlich immer Premiere. Man wußte nie, wie die Leute reagieren würden. Hier bekam man viele Lacher, dort wenige und an ganz anderen Stellen. In manchen Vorstellungen herrschte gespannte Stille, in manchen war Unruhe zu spüren. Es war wirklich seltsam und lehrreich zugleich.

1966 wurde ich vom Burgtheater pensioniert, aber das bedeutete nicht, daß ich aufgehört hätte zu spielen. Wir Mitglieder des Burgtheaters haben das Glück, als »Externisten« zu Extragage auftreten zu dürfen. Da gab es noch ein paar schöne Rollen. Und auch unerwartete Erfolge. Zum Beispiel Arthur Schnitzlers *Komödie der Verführung*.

Darin kommt ein altes Ehepaar vor, das gar nichts zu sagen hat, nur auftritt und pantomimisch agiert. Diese beiden Rollen wurden traditionsgemäß nur mit berühmten Schauspielern besetzt – seinerzeit mit Auguste Wilbrandt-Baudius und Fritz Straßny, diesmal mit Melanie Horeschowsky und mir. Obwohl es doch eigentlich nur stumme Statistenrollen waren, erhielten wir jedesmal Abgangsapplaus. Das bereitete mir schon riesige Genugtuung.

Weil ich als Pensionist über meine Zeit frei verfügen und aus den Angeboten aussuchen kann, was mir Spaß macht, bin ich in den letzten Jahren an die Josefstadt zurückgekehrt. So trete ich an beiden Bühnen auf – ich bin ja auch an beiden Ehrenmitglied. Wenn man mich fragt, welche mir lieber ist, kann ich es nicht sagen. Das Burgtheater ist meine Mutter, die Josefstadt mein Vater.

Ernst Haeusserman, derzeit Direktor des Theaters in der Josefstadt, ködert mich geradezu mit Rollen, denen ich nicht widerstehen kann, etwa meiner Paradepartie, dem Diener Johann in Bahrs *Kindern*, oder – wer kann da nein sagen? – dem Polizeikonzipisten in Molnárs *Liliom*. Und man baute mir, angesichts meines würdigen Alters, auch goldene Brükken. *Liliom* hatte beispielsweise bei den Bregenzer Festspielen 1981 Premiere. Entgegenkommenderweise verschonte man mich weitgehend mit Proben. Die zweite Besetzung, die nun bei mir immer eine Bedingung ist, um mich nicht mehr

unter den Zwang des Auftretens um jeden Preis zu knechten, hat das für mich übernommen.
Ja, man wird immer rührender zu mir. Als »Greis« behandeln mich die Leute wie ein rohes Ei. Ich weiß es zu schätzen.

FERDINAND RAIMUNDS ZAUBERMÄRCHEN „Die gefesselte Phantasie" hatte gestern in Bildern und Kostümen Oskar K o k o s c h k a s und unter der Regie von Hans T h i m i g im Burgtheater Premiere. Titelrolle: Johanna M a t z

Notiz des »Kurier« vom 18. April 1962 über eine Produktion des Burgtheaters, bei der ich gutmütigerweise als Regisseur eingesprungen war.

Denn über allem steht der Schauspieler

Vielseitigkeit und Neugier

Ich war nie ein Schauspieler ersten Ranges. Ich war immer ein begehrter, guter, verwendbarer Schauspieler, der alle möglichen Arten von Rollen spielen konnte und auch wollte. Aber ich war nie, wie man so schön sagt, ein »Star«.
Berühmt war erst Vater, dann, bedingt vor allem durch seine großen Filmrollen, mein Bruder Hermann. Es ist mir ja mehrmals passiert, daß Autogrammjägerinnen mit leiser Enttäuschung feststellten: »Ach, es ist ja nur der Hans.« Wahrscheinlich hätte ich auch berühmt werden können, wenn ich es darauf angelegt hätte, aber ich bin im Grunde meines Herzens ein zufriedener Mensch. Und das ist in mancher Hinsicht schlecht. So habe ich nie Ehrgeiz entwikkelt, das Ziel der höchsten Popularität zu erreichen.
Ein anderer Fehler von mir ist meine Neugier, die mich zweifellos dazu verleitet hat, mich ein wenig zu verzetteln. Ich habe alles mögliche gemacht – ja, im Rückblick muß ich sagen, daß es wahrlich frech von mir war, immer zu allem ja zu sagen. Und warum? Weil ich eben neugierig bin.
Dabei liegt das Freche gar nicht in meiner Natur, im Gegenteil: Ich bin im Grunde meines Wesens ein schüchterner Mensch. Um das aber niemanden merken zu lassen, spielte ich immer den Überlegenen, der keine Angst hat und auf allen Gebieten versiert ist. Auf die Art haben mir die Leute Dinge zugetraut, von denen ich selbst nicht wußte, ob ich sie kann oder nicht. Ich hab's aber immer versucht – und meist gelang es auch.
Dafür kann ich zahllose Beispiele aufzählen, schon aus meiner frühesten Jugend. Bei einer Galavorstellung im Zirkus fuhr ich auf einem Minifahrrad und produzierte mich im Messerwerfen.

Theater an der Wien

Direktion: Wilhelm Karczag

Telephon der Tageskassa im Theatergebäude 5245
Telephon der Tageskassa I., Rotenturmstraße 16 (Basar), 13120

Anfang ½7 Uhr **Freitag den 12. Mai 1922** Anfang ½7 Uhr

Unter persönlicher Leitung des Komponisten Franz Lehár

Zum **1.** Male:

Frasquita

Operette in drei Akten von Dr. A. M. Willner und Heinz Reichert
Musik von **Franz Lehár**

In Szene gesetzt von Oberregisseur **Emil Guttmann**

Frasquita . . . . . . **Betty Fischer**	Louise, ein Mädchen . **Margit Kühl**
Armand Mirbeau . . **Hubert Marischka**	Ines, Sängerin . . . Lilly Bredow
Hippolyt Gallipot, Privatgelehrter . . . . . **Hans Thimig** a. G.	Sancho, Petro } Matrosen . Alexander Netzl, Wilhelm Houdek
Aristide Girot, Fabriksdirektor . . . . . . Emil Guttmann	Don Diego Cortez . . Karl Schulz
Dolly, seine Tochter . . Henny Hilmar	José Alvarez . . . . . Eduard Fritsch
Sebastiano, ein junger Zigeuner . . . . . . Harry Payer	Philippe, Kammerdiener Anton Matscheg
Juan, der Wirt . . . Otto Langer	Fernandez, ein alter Zigeuner . . . . . Vinzenz Kaiser
Franconi, Oberkellner . Karl Tuschl	Ein Gendarm . . . . Thomas Branyi
	Eine Tänzerin . . . . Poldi Eigner

Matrosen, Burschen, Mädchen, Tänzerinnen, Besucher der „Alhambra"

1. Akt: Vor einer Posada in Barcelona. 2. Akt: In der „Alhambra". 3. Akt: In Armands Wohnung in Paris — Zeit: Gegenwart

Tänze einstudiert vom Ballettmeister Gustav Neuber

Die vollständig neuen Dekorationen stammen aus dem Atelier Ferdinand Moser, die neuen Kostüme und Toiletten angefertigt vom Theaterkostümatelier Marie Skrebschowsky und vom Obergarderobier Alois Strommer — Sämtliche Toiletten von Frl. Betty Fischer stammen aus dem Hause **C. Grünzweig**, I., Hegelgasse 21 — Die Hüte von Frl. Betty Fischer von **Maison Berthe**, I., Habsburgergasse 3 — Die Pelze von Frl. Betty Fischer von **Pentzel & Rainer**, I., Singerstraße — Sämtliche Garderoben des Herrn Dir. Marischka, Herrn Thimig und Herrn Guttmann sind von der Firma **Eduard Krall und Söhne**, VII., Breiteggasse 10—12 — Die Wäscheausstattung des Herrn Dir. Marischka von Firma **Richard Körner**, I., Graben 19 (Hotel Müller) — Die Schuhe stammen aus dem Schuhhaus **„Aschenbrödel"**, VI., Mariahilferstraße 113 — Der Pelz von Frl. Hilmar stammt aus dem Pelzhaus **E. Anders**, I., Bez., Kärtnerstraße 53 und VII., Mariahilferstraße 114 — Der Hut des Frl. Hilmar von **Chapeau Gaston**, I., Neuer Markt 10 — Die Möbel im 2. Akt sind von der Firma **C. Lorenz** (Kunst und Wohnung), VIII., Josefstädterstraße 21 — Das Mobilar der Interieurs im 3. Akt stammt aus den Ateliers der Möbelfabrik **Karl Bamberger**, V., Schönbrunnerstraße 26 — Die Nippesschreibtischgarnitur von der Firma **Riessel & Sikora**, I., Kärntnerstraße 45 — Das künstlerische Toilettenarrangement, sowie sämtliche Bühnenbehelfe wurden durch die **„Moderne Propaganda" Ernst Fischer**, VI., Schmalzhofgasse 22, Tel. 1487/IV, durchgeführt.

Nach dem zweiten Akt eine größere Pause

Operngläser bei den Billetteuren und in den Garderoben

Dieses Theater ist in sämtlichen Räumen mit **Metaxlampen** beleuchtet

Kassen-Eröffnung 6 Uhr **Anfang ½7 Uhr** **Ende 10 Uhr**

Morgen und die folgenden Tage, Anfang 7 Uhr: **Frasquita**

Sonntag den 14. Mai, Nachmittags 3 Uhr: **Der letzte Walzer**

„Elbemühl", Wien IX.

Gelegentlich auch Operetttenbuffo: 1922 trat ich als Hippolyt in der Uraufführung von Franz Lehárs »Frasquita« auf.

Anläßlich dieser Darbietungen wirkte auch Max Brod mit, und es existiert sogar ein Foto, das uns gemeinsam in der Manege zeigt. Später betätigte ich mich auch einmal als Zauberer. Das war 1940, als ich an der Josefstadt in dem Stück *Der Zauberer* von Juliane Kay spielte. In der Titelrolle hatte ich auf der Bühne ein paar Kunststücke vorzuführen. Das mußte ich natürlich erst einmal lernen. Ich nahm also Stunden bei dem Sohn von Grete Wiesenthal, der auf diesem Gebiet prominent war. Er brachte mir ein paar Tricks bei, etwa wie man eine brennende Zigarette in einem Taschentuch verschwinden läßt, ohne ein Loch hineinzubrennen, und wie man die brennende Zigarette dann wieder aus einer anderen Tasche zieht. Das Publikum war verblüfft über das, was ich auf der Bühne bot, und spendete jedenfalls stürmischen Applaus.

Vom Zaubern zum Kabarett ist es nicht weit, und auch in diesem Metier versuchte ich mich ein paarmal. Nach den Theatervorstellungen trat ich nachts im »Moulin Rouge« in diversen Sketches auf. Was nicht meinen einzigen Ausflug in Gebiete abseits des »seriösen« Sprechtheaters bedeutete.

Ich war auch Operettenbuffo – ich habe ja schon berichtet, daß ich bei einer solchen Gelegenheit in Hannover meine spätere Frau Christl Mardayn kennenlernte. Und mit einer anderen Buffopartie ging ich, man wird's mir kaum glauben, aber es stimmt, in die Musikgeschichte ein. Es ereignete sich, als im Frühjahr 1922 im Theater an der Wien die Proben zur Uraufführung von Franz Lehárs *Frasquita* stattfanden.

Der Komponist dirigierte selbst. Ich strengte mich ungeheuer an, und es ging auch alles soweit ganz gut. Bis auf einen schwierigen Einsatz, den ich einfach nie traf. Lehár war unendlich geduldig mit mir, aber ich patzte immer wieder. Da kam ihm der rettende Einfall: ein Paukenschlag! Dieser Paukenschlag würde mir signalisieren, daß mein Einsatz kam. So wurde er in die Partitur von *Frasquita* hineinkomponiert – und ich, Hans Thimig, bin daran schuld.

Die Tenorpartie sang in einigen Vorstellungen der unvergeß-

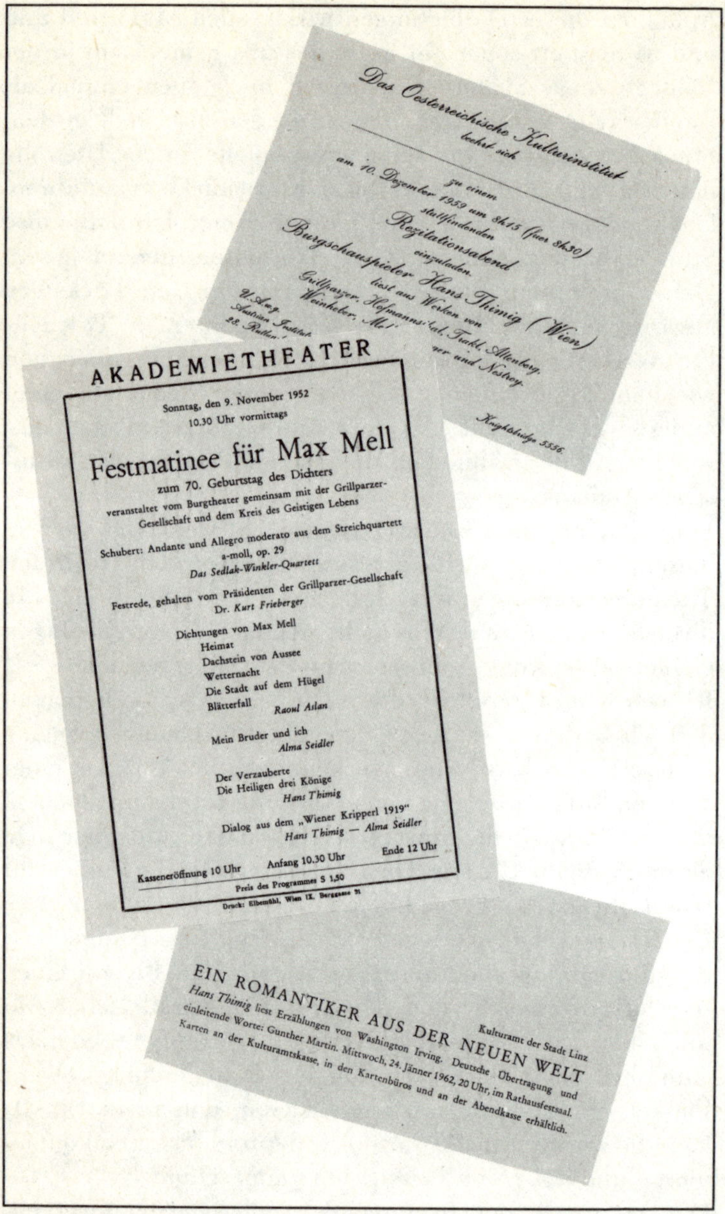

Lesungen und Rezitationen sind gar nicht so leicht, wie sie wirken und wirken müssen …

43 Einen großen Teil meiner Popularität verdanke ich dem Rundfunk. Mitte der Fünfzigerjahre startete die Serie »Die Radiofamilie«. Zum Stammensemble gehörten, neben mir als Oberlandesgerichtsrat Dr. Floriani (v. l. n. r.): Guido Wieland, Elisabeth Markus, Wolferl Brandstätter, Vilma Degischer und Helly Servi.

44 In der Radio-Kinderserie »Achtung! Jägerlatein!« war ich der alte Försterjörgl. Hier ein Foto von der 80. Sendung mit Michael Rösner, Kitty Oertl als Mariandl, Christl Köllner, Karl Mittner und Peter Frick.

45 »Besuch am Montag«, eine Sendung für Senioren, läuft seit 1972. Hier ein Foto mit dem technischen Betreuer Günther Riedl von einer öffentlichen Aufnahme in der Wiener Stadthalle 1981.

46 Gelegentlich bin ich in österreichischen Festspielorten aufgetreten. So in Ernst Lothars Salzburger Inszenierung von Goethes »Clavigo«, 1949: Neben Vilma Degischer als Sophie, Hans Jaray als Carlos und Käthe Gold als Marie spielte ich den Buenco.

47 Im Salzburger »Jedermann« von 1950 verkörperte ich den Armen Nachbarn neben Fred Liewehr als Guter Gesell und Attila Hörbiger als Jedermann.

48 Bei den Bregenzer Festspielen 1983 trat ich in Ernst Haeussermans Inszenierung von Hofmannsthals »Der Schwierige« als der alte Diener Lukas auf. Der Hans Karl Bühl war Karlheinz Böhm, seine Schwester Crescence Susanne Almassy.

49 Mit meiner Frau Lenerl in Wildalpen. ▶

50 Meine Familie: Lenerl und meine Töchter Henriette und Heidi.

51 Mit meiner Schwester Helene bei der Eröffnung der Max-Reinhardt-Ausstellung in Salzburg, 1967.

52 Meine Frau und ich verbringen einen zufriedenen Lebensabend in dem herrlichen Wildalpen.

liche Richard Tauber. Ich hatte ein Duett mit ihm – ich, mit meiner kaum vorhandenen Ministimme, und er, der Star der Stars! Aber Tauber war so entzückend kollegial, daß er ganz leise sang. So konnte man auch mich ein bißchen hören …

Dem musikalischen Theater bin ich übrigens, so erstaunlich es klingt, treu geblieben. Nicht, daß ich in diesem Genre Karriere gemacht hätte, dazu hatte ich zu wenig Stimme. Aber es fanden sich immer wieder Sprechrollen, die sich für mich zu eignen schienen, zum Beispiel der Pancratius in Lortzings *Wildschütz*. Auch für die Musicals holte man mich immer wieder – an der Wiener Volksoper trat ich in *West Side Story* und in *Karussell* auf. Ja, ich stand sogar auf den Brettern der Wiener Staatsoper, als Haushofmeister in *Ariadne auf Naxos*, und auf denen des Salzburger Festspielhauses, als Erster Musikant in Boris Blachers *Romeo und Julia*. Aber ich will ehrlich sein: Es waren allesamt Sprechrollen!

Als Zuschauer war ich dem musikalischen Theater seit meiner ersten Burgtheaterzeit verbunden. Damals hatte die Burg stets eine Loge für Opernsänger reserviert und die Oper vice versa eine für Burgschauspieler. Davon machte ich an freien Abenden reichlich Gebrauch. Für mich war es allerdings ein Segen, daß man in einer Loge mehr oder minder ungehemmt kommen und gehen konnte, wann man wollte. So mußte ich mir nie eine Opernvorstellung ganz ansehen und konnte die fehlenden Akte zu einem anderen Zeitpunkt, wenn ich gerade Lust hatte, nachholen. Mein Lieblingskomponist war Puccini, und seine *Bohème* schätzte ich besonders. Eine ganze Wagner-Oper allerdings hätte ich nicht durchgestanden … Da wäre es mir vielleicht so ergangen wie meinem vor einiger Zeit verstorbenen Kollegen Karl Eidlitz, der im Gegensatz zu mir sehr musikalisch war: Trotzdem schlief er einmal auf seinem Logensesselchen ein, fiel zu Boden und brach sich den kleinen Finger!

Auch Operettenvorstellungen im Theater an der Wien habe ich anno dazumal des öfteren besucht und freute mich immer auf den letzten Akt, wenn die sogenannte »Moser-Rolle« drankam, das heißt, wenn der Komiker Gelegenheit zu einem

Konzertsaal: Hotel wilder Mann.

XVIII., Währingerstraße 85.

Samstag, den 22. April 1911

½4 Uhr

SCHÜLER-KONZERT

des

Privat-Musik-Institutes — Marietta de Gelli

XVIII., Anastasius Grüngasse 14.

PROGRAMM:

1.	Schulz: **Kleine Ouverture** zu 8 Händen	Victoria Pelischek, Mila Neumayr, Irmgard Soukop, Grete Watzl.
	Josef Löw: **Cavatine u. Barcarole**	Wilfried Fromme.
2.	Jacob Schmitt: **Sonatine**	Trudi Mohilla. } Lehrzeit
	Lichner: **Polonaise**	Hansi Thimig. } 6 Monat.
	Gounod: **Faust-Walzer**	Otto u. Erwin Hein.
3.	Gurlitt: **Ländliche Bilder**	Gerta Ullrich, Walter Engel.
	Diabelli: **Rondo**	Berta Löw.
4.	Mozart-Grieg: **Sonate** C-dur, 3. Satz	Marianne Pauer.
	Beethoven: **Original-Sonate** zu 4 Händen	Mimi Oman und Mizzi Peschke.
	Schulz: **Rondino**	Riquette Rainer.
5.	Donizetti: **Kleine Fantasie** aus **La Favorita.**	Josefine Neuwirth.
	Jensen: **Reigen**	Ludmilla Neumayr.
	Mozkowsky: **Menuett** für 2 Klaviere	Ludwig und Raimund Adamek.
6.	Mozkowsky: **Spanische Tänze**	Frl. Irma Wilhelm.
	Oesten: **Pastorella** für 2 Klaviere 4 händ.	Grete Altrichter, Anny Schabuß.
7.	Grünwald: **Trio** für 3 Violinen	Mizzi Winkler, Otto Feix, Hermann Reuter.
	Mischek: **Trio** für Violine	Hermann Reuter, Meiti Gabriel, Walter Lach.
	Klavier	Lubka Kolessa, Frl. Liesel Reifenstuhl, Minna Engel.
	Cello	Hr. Franz Köckeis (6 Mon.).
8.	Mendelssohn: **Lied ohne Worte**	Irmgard Soukop.
	Rubinstein: **Melodie** für 2 Klaviere	Marianne Feigl, Mimi Jünger.
9.	Bohm: **Wart nur** } Frank: Duett: **Mariechen** } Gounod: **Der Zeisig** } gesungen von	Gisi u. Lini Wurzel.
	Mendelssohn: **Canzonetta**	Paul Weiß.
10.	Beethoven: **Sonate** 3. Satz } Haydn: **Rondo all'ongarese** }	Minna Engel.
	Mozart: **Menuett** } Heller: **Präludien** }	Lubka Kolessa.
11.	Alard: **Etude**	Frl. Adele Leschka.

Obwohl mir der Klavierunterricht eine Qual war, produzierte ich mich als Bub einmal sogar öffentlich.

humoristischen Kabinettstückchen bekam. Meine liebste Operette war der *Opernball* von Heuberger. Daran hat sich bis heute nichts geändert – die Vorliebe für Offenbach ist bloß dazugekommen.

Trotz solch tiefer Sympathie für die Musik muß ich bekennen, daß diese meine künstlerischen Seitensprünge doch immer ein Wagnis bedeutet haben: Ich bin nämlich – eigentlich nicht musikalisch. Da schlage ich aus einem Teil meiner Familie, denn meine Mutter war äußerst musikalisch, konnte recht gut klavierspielen und sang auch, wenn sie gut gelaunt war, mit einer ganz reizenden Stimme. Als Kind lernte ich natürlich auch klavierspielen, allerdings mehr schlecht als recht, wenn ich mich auch einmal im »Wilden Mann«, einem alten Kaffeehaus auf der Währingerstraße, anläßlich einer Darbietung der Klavierschule sogar öffentlich am Piano produzierte. Aber der Unterricht war mir eine solche Qual, daß mich meine Eltern nicht länger dieser Tortur aussetzten.

Helene und Hermann hatten die Musikalität unserer Mutter geerbt, Hermann konnte gut Gitarre spielen, Helene ein bißchen Klavier, und Bruder Fritz blies das Piston. Bezüglich der Musikalität geriet ich meinem Vater nach, der sich dieser Eigenschaft nicht rühmen konnte und höchstens ein paar seinerzeit populäre Gassenhauer trällerte. Ja, und wenn ich heute zu Hause ähnlich ein Liedchen vor mich hinsinge, stehen meiner Frau die Haare zu Berge, so falsch klingt es.

Was ich wirklich habe, ist ein starkes rhythmisches Gefühl – im Unterschied zu Hermann, der zwar nie einen falschen Ton gesungen, aber stets mit dem Rhythmus Schwierigkeiten gehabt hat. Pausenhalten war für ihn ein Problem.

Ich trat häufig in Raimund- und Nestroystücken auf, in denen ich Couplets oder ein kleines Lied singen mußte. Das ist keine ernste Musik, wo man durch Falschsingen die heilige Kunst beleidigt, aber diese musikalischen Einlagen haben doch eine wichtige Funktion, sie stehen sozusagen im Mittelpunkt des Interesses.

Es ist üblich, daß die Texte der Couplets aktualisiert werden und man die Musik neu arrangiert und erweitert. Ich habe mich immer sehr bemüht, die Texte gut pointiert und zu möglichst starker Wirkung zu bringen. Mit der Melodie hatte ich es bloß immer schwer. Als guter und geduldiger Geist stand mir dabei Alexander Steinbrecher, Komponist und langjähriger musikalischer Leiter am Burgtheater, zur Seite. Ich bin überzeugt, daß er als mein Instruktor schwer gelitten hat! Immerhin – es war zwar ein weiter Weg, bis ich eine Melodie richtig intus hatte, aber dann hatte ich sie auch! Gemogelt habe ich übrigens immer – mit Sprechgesang.

Ich erinnere mich an die Einstudierung von Nestroys *Das Mädl aus der Vorstadt*. Ich spielte den Knöpfl, und Steinbrecher wollte, daß ich zu Beginn des dritten Aktes zusätzlich ein kleines Lied bekäme. Lange probierten wir daran herum, versuchten viele Varianten – und was am Ende dabei herauskam, war ein wirklicher Erfolg. Mein Refrain »... oder wie, oder was ...« kam im Original gar nicht vor!

Für *Der Färber und sein Zwillingsbruder* dachten sich Steinbrecher und Hans Weigel, der Nestroy so brillant bearbeitete, ein grausig schweres Couplet für mich aus, eines von der »Schnellsprech«-Sorte, die es bei diesem Dichter so häufig gibt. Man kann sich nicht vorstellen, wie ich mich damit geplagt habe. Aber mit Bienenfleiß schaffte ich es dann doch.

Wenn ich schon bei der Vielseitigkeit bin, dann muß ich auch berichten, was ich immer ungeheuer gerne gemacht habe: Lesungen und Rezitationen. Schön war es, als sich Helene, Hermann und ich am 16. Juni 1954 zusammenfanden, um im Akademietheater eine Gedenkmatinee für unseren Vater zu veranstalten. Wir lasen aus seinen Tagebüchern. Es war eine würdige Feier, die wir an anderen Orten wiederholten. Dann wurde immer wieder der Wunsch laut, uns Thimigs alle öfter gemeinsam auftreten zu lassen, in Lesungen oder einem Stück, aber es sollte nie so recht zustandekommen.

Im Rahmen des Vortragszyklus »Die berühmte Stimme« oder für die Aktion »Künstler helfen Künstlern« habe ich öfters alleine Rezitationsabende gestaltet. Und Einladungen in

Blindenheime, Krankenhäuser, Altersheime nahm ich stets mit besonderem inneren Engagement an.
Lesungen und Rezitationen sind gar nicht so leicht, wie sie wirken und wirken müssen. Man tritt auf ganz andere Art vor das Publikum, als wenn man auf der Bühne steht. Ich versuchte beim Vortragen nicht Theater zu spielen, sondern zu lesen, richtig zu lesen, um auf diese Weise die Aufmerksamkeit und das Interesse meiner Zuhörer – und ich sage das Wort ganz bewußt – zu gewinnen.

Von Lesungen ist es es nur ein kleiner Schritt zum Rundfunk, jenem Medium, dem ich heute einen großen Teil meiner Popularität verdanke. Mich hat die Technik schon immer fasziniert – wenn ich denke, welchen Fortschritt sie allein in meinem Leben genommen hat, vermag ich es kaum zu glauben. Ich war als Kind noch dabei, als die »Renner-Buben«, die Pioniere der österreichischen Luftfahrt, dem Kaiser Franz Joseph in Wien ihr selbstkonstruiertes Luftschiff vorführten. Und inzwischen sind die Menschen auf dem Mond gelandet! Als ich noch vor dem riesigen Schalltrichter saß und vor lauter Nebengeräuschen kaum Musik hören konnte, hätte ich auch nicht geträumt, daß man mit einem winzigen Transistor im Ohr ein Konzert beim Spazierengehen hören kann …
Der Entwicklung der technischen Medien wie Radio und Fernsehen bin ich von Anfang an offen und neugierig gegenübergestanden. Die Mischung von Technischem und Künstlerischem übte einen eigenen Reiz auf mich aus. Ich habe jede Gelegenheit benützt, für die audiovisuellen Medien zu arbeiten. Und so hat neben dem Film in der mittleren Periode meines Lebens das Radio nun, in meinen reifen Jahren, eine besondere Bedeutung für mich gewonnen.
Meine erste Rundfunkserie hieß *Made in Austria* und wurde noch vom Sender »Rot Weiß Rot« aufgenommen. Diese Sendestation hatten die Amerikaner gleich nach dem Krieg gegründet. Sie existierte bis 1955, zur Staatsvertragsunterzeichnung. Wir arbeiteten unter den einfachsten Bedingun-

gen. Die gesamte Rundfunkstation bestand aus einer Wohnung – der »Zimmer-Kuchel-Kabinett-Sender«, wie wir Mitarbeiter ihn nannten. Damals wurde vieles improvisiert, die Programme kamen oft erst im letzten Moment zustande. Aber ich kann guten Gewissens sagen, daß wir wirklich ambitionierte Arbeit geleistet haben.

In diese Zeit fällt auch der Beginn der Serie *Die Radiofamilie*, die heute fast schon Legende ist. Walter Davy, der zusammen mit Peter Weiser und später Jörg Mauthe, das Buch verfaßte, führte Regie. Zum Stammensemble zählte ich als Oberlandesgerichtsrat Dr. Floriani, meine Schwägerin Vilma Degischer, die hier meine Frau spielte, Guido Wieland als Onkel Guido, Elisabeth Markus, Helly Servi und Wolferl Brandstätter.

Wir waren so gut aufeinander eingespielt, daß wir damals schon praktizierten, was heute wieder der letzte Schrei ist: Wir spielten sozusagen Stegreif. Wenn das Thema vergeben war, brauchten wir fast kein Manuskript, weil sich der Text ziemlich von selbst ergab. War ich zum Beispiel anderwärtig beschäftigt und konnte nicht zu den Proben kommen, so sagte man mir bloß vor der Aufnahme, worum es diesmal ging. Und ich fügte mich so vollkommen ein, daß sicher jeder geschworen hätte, der Text sei so und nicht anders geschrieben worden. Walter Davy hatte auch kein langfristiges Konzept, vielmehr wurden die einzelnen Episoden von einem aufs andere Mal festgelegt. Dabei kam es sicher auch zu Wiederholungen, aber dann lag ja so viel Zeit dazwischen, daß wir gar nicht mehr daran dachten – und das Publikum wohl auch nicht.

Der Erfolg der Familie Floriani bestand zweifellos darin, daß sie eine Durchschnittsfamilie war, mit den Freuden und Sorgen des Alltags. Die Menschen, die beim Radioapparat saßen, konnten sich denken: Jö, ganz wie bei uns. Und wir Interpreten wurden ungeheuer populär.

Die Zuhörer identifizierten uns mit den Rollen. Ich wurde auf der Straße und in den Geschäften mit »Herr Oberlandesgerichtsrat« angesprochen. Die Identifikation nahm groteske

Formen an. Einmal sprachen wir in der Sendung davon, daß wir auf Urlaub gehen wollten. Aber wir Florianis waren immer ein wenig in Geldschwierigkeiten. Da kam mir die Idee, daß eine Urlaubsvertretung in einer hübschen Gegend die ideale Lösung wäre. Prompt erreichte uns ein Brief aus der Provinz, wo uns ein Landesgerichtsrat schrieb, er wäre glücklich, wenn ich seine Vertretung übernehmen könnte ... Keine Angst, ich hab's nicht gemacht.

Eine andere Anregung aus dem Hörerkreis nahmen wir allerdings auf. In einem Schreiben hieß es, der Sohn der Familie sei so alt wie unser Floriani-Sohn, und man wüßte nicht recht, wie man ihn aufklären sollte. »Könnten Sie das nicht in einer Folge mit Ihrem Sohn besorgen?« wurden wir gebeten. »Wir hören immer zu.«

Erst lachten wir über diesen Brief. No – und dann klärten wir den Floriani-Filius halt auf.

Wir waren alle sehr traurig, als wir die letzte Sendung aufnahmen. Dennoch muß ich sagen, daß es richtig war, damals aufzuhören, als die Zuhörer uns noch nachtrauerten und wir ihnen noch nicht auf die Nerven gingen. Im ganzen brachte es unsere Radiofamilie in acht Jahren auf 351 Sendungen. Gesamtzeit: 175 Stunden. Manuskriptumfang: mehr als 4000 Maschinschreibseiten.

Dann habe ich in der Kinderserie *Achtung! Jägerlatein!* als alter Försterjörgl mitgewirkt. Die Texte dazu schrieb Günther Bauer. Dabei konnte ich den Kindern viele interessante und lehrreiche Geschichten erzählen. Zwischendurch habe ich dann gelogen und irgend etwas Unmögliches behauptet, und die Kinder mußten mir auf die Schliche kommen.

In der Sendung gab es auch ein Quiz, das bei den jugendlichen Hörern besonders beliebt war: Dabei wurden verzwickte Fragen gestellt: Stapelt ein Hamster fünf oder fünfzig oder fünfhundert Kilo Wintervorräte? Gibt es in den steirischen Wäldern noch Luchse? Kann ein Jäger einen Vierzehnender in einem Rucksack nach Hause tragen? Wie weit springt ein Gamsbock?

Für die richtige Lösung in dem Quiz wurden Buchpreise verteilt. Ich kann übrigens mit Stolz behaupten, daß die unwahrsten Geschichten, die ich den Kindern vergnügt aufgetischt habe, aus meiner reichen Jagderfahrung stammten ...

Nach den Kindern kamen für mich die alten Leute – nämlich der *Besuch am Montag*, eine Seniorensendung, die jeden Montagmorgen läuft und, wie es heißt, große Zustimmung findet. Darin werden die Probleme der älteren Generation aufgegriffen. Das hat zu Themenreihen geführt, die regelmäßig behandelt werden: Ernährungsfragen, Gymnastik, Krankheiten, Beschäftigungstherapien und ähnliches. Dazu nehmen Persönlichkeiten wie Universitätsprofessoren, Wissenschaftler, Ärzte oder Politiker Stellung. Prinzipiell geht es darum, das Verständnis für den Umgang mit älteren Menschen zu fördern, die Erfahrungen des Älterwerdens weiterzugeben, praktische Ratschläge und musische Anregungen zu vermitteln.

Es begann damit, daß man mich im Dezember 1971 aufforderte, eine Sendung dieser Art zu machen. Ich sprach das Manuskript, die Probesendung lief, die Hörer reagierten positiv. Zuschriften und Anfragen langten ein, also machte man eine Serie daraus.

Als ich im Jänner 1972 begann, fragte ich, wie lange *Besuch am Montag* laufen sollte. Je nachdem, war die Antwort, vielleicht bis Sommer. Nun, mittlerweile ist ein gutes Jahrzehnt vergangen, und die Sendung läuft noch immer. Die ersten Manuskripte verfaßte Edith Worschitz, dann kam Dr. Susanne Polsterer, technischer Betreuer ist Günther Riedl. Viele Leute glauben, ich schreibe meine Texte selbst. Das stimmt aber nicht. Ich redigiere die Manuskripte und ändere sie, und das so, daß sie klingen, wie mir der Schnabel gewachsen ist, das heißt, ich verwende meinen persönlichen Wortschatz. Außerdem halte ich an dem Vorsatz fest, daß ich nur sage, was ich persönlich auch wirklich vertreten kann. Steht etwas im Text, wo ich nicht zustimme, wird es herausgestri-

chen. Oft füge ich auch Erlebnisse und Erkenntnisse aus eigener Erfahrung hinzu und erlaube mir – mit Einverständnis von Frau Dr. Polsterer – kleine Änderungen in meinem Sinne vorzunehmen.
Bei der Beschäftigung mit *Besuch am Montag* lernte ich enorm viel. Ich mache diese Arbeit sehr gewissenhaft, schlage nach, wenn ich zu wenig über eine Sache weiß, und orientiere mich so gut wie möglich. Könnte ich mir noch alles merken, was ich da Woche für Woche erzähle, würde ich auch ungemein gescheit werden.
Aber leider...! Schon in meiner Jugend war ich recht schwach im »Sich etwas merken« – ein Problem für einen Schauspieler! Na, und jetzt im hohen Alter? Du lieber Gott!
Ich mache diese Sendungen mit besonderer Freude, weil ich das Gefühl habe, auf diese Art Kontakt mit den Mitmenschen zu pflegen. Ich selbst bin ein lebendes Beispiel für Parolen, die ich meinen Hörern predige, nämlich geistig rege zu bleiben und dadurch die Altersbeschwerden noch ein bisserl hinauszuschieben.
Und es gibt mir einen ungeheuren Auftrieb, daß diese Sendung nicht ungehört im Äther verhallt. Das beweist die Resonanz aus den Kreisen nicht nur älterer, sondern auch jüngerer Menschen, die sich dabei unterhalten und sich vielleicht das eine oder andere für ihr eigenes späteres Alter merken. Ebenso erfreulich ist es für mich, daß *Besuch am Montag* nicht nur in Österreich gehört wird, sondern auch viele Freunde in den angrenzenden Ländern hat.
Wir alle, der gesamte Aufnahmestab, haben riesigen Spaß an der Sendereihe. Vor allem dann, wenn wir die Aufnahmen nicht im Wiener Funkhaus, sondern bei mir in Wildalpen machen. Dieses Arrangement habe ich mit viel List und Tücke für mich »Pensionisten« durchgesetzt. Ich habe den ORF vor die Alternative gestellt, die Sendungen während der Sommerzeit ausfallen oder in Wildalpen aufnehmen zu lassen. Und was tat man? Man schickte freundlicherweise das Aufnahmeteam zu mir...

Anläßlich einer Jubiläumssendung von *Besuch am Montag* wiederfuhr mir die Ehre, daß sich auch Bundespräsident Dr. Rudolf Kirchschläger einfand. In einer kleinen Laudatio titulierte er mich immer wieder als »Herr Professor«. Später, als wir im privaten Kreis ein Glas Sekt miteinander leerten, klärte ich ihn auf, daß ich kein Professor sei – einer der wenigen in Österreich.
»Aber das gibt es doch nicht!« staunte der Bundespräsident.
»Doch«, beharrte ich. »Ich bin Kammerschauspieler, ich bin Ehrenmitglied des Burgtheaters, ich bin allerlei, aber Professor noch nicht...«
»Also, wenn Sie es noch nicht sind, so müssen Sie es werden«, entschied Dr. Kirchschläger. Und er hielt Wort. Kurz darauf wurde mir von dem damaligen Unterrichtsminister Dr. Fred Sinowatz das Professorendekret überreicht.
Im Alter häuften sich überhaupt die Ehrungen. Ich habe sie nie angestrebt, bin aber eitel genug, sie dann anzunehmen. 1981 haben Hermann und ich gleichzeitig den Ehrenring der Stadt Wien erhalten – ich bin froh, daß er es noch erleben durfte. Die Dankesrede ließ er mich halten, und ich plagte mich damit sehr. Ich sagte bei dieser Gelegenheit:

Herr Bürgermeister! Herr Stadtrat!
Die Würfel sind gefallen! Der große Bruder und der kleine Bruder haben gewürfelt: Wer die kleinere Punktezahl würfelt, dem fällt die Verantwortung zu, Dankesworte für die große Ehre zu finden, die uns mit der Verleihung des Ehrenringes der Stadt Wien zuteil wurde. Wer hat die kleinere Zahl gewürfelt? Natürlich der junge Thimig mit seinen lächerlichen 81 Jahren. So will ich es versuchen – obwohl es natürlich die Sache des Älteren wäre –, will ich es versuchen, Dankesworte zu stammeln. Ich bin leider nicht redegewandt, und ohne Souffleur schon gar nicht. Ich kann nur sagen: Wir freuen uns unendlich über diese Ehrung, zumal es sozusagen schon Tradition bei den Thimigs ist, den Ehrenring zu erhalten.

Herr Bürgermeister, Herr Stadtrat, Sie haben in Ihrer so überaus schmeichelhaften und schönen Laudatio, für die wir auch sehr zu danken haben, schon dieser einmaligen Tatsache Erwähnung getan, einmalig in der Geschichte der Ehrenringverleihung – daß Vater, Tochter und jetzt gar die beiden Söhne der Familie diese Ehrung erhalten. Alle vier »H«: Hugo, Helene, Hermann und Hans!
Obwohl in unseren Adern vom Vater her Dresdener und von der Mutter her Stuttgarter Blut fließt, so fühlen wir uns doch als waschechte, überzeugte Wiener. Also ist uns die heutige Ehrung eine aufrichtige, wahrhaft große Freude, für die wir innig Dank sagen. Dank denjenigen, die die Idee dieser Ehrung hatten, Dank denen, die diese Idee für gut fanden, und Dank denen schließlich, die es in die Tat umsetzten. Dank unserer so sehr lieben Stadt Wien!

Meine alten Tage verbringe ich heute zwischen Wien und Wildalpen. Das »Häusl auf der Salzahöh'«, heute bei den Einheimischen längst das »Häusl auf der Thimighöh'«, ist mein Eigentum und mein Refugium. Im Gegensatz zu meinen Eltern, denen in ihren letzten Lebensjahren die Reise hierher schon zu beschwerlich war, kann ich dank der gegenwärtigen Verkehrsverhältnisse immer herkommen. Und das tue ich auch – und jeder weiß, wie sehr ich an Wildalpen hänge.
Früher war Wildalpen der Treffpunkt für die Familie meiner Eltern, heute ist es der Treffpunkt für meine Familie geworden. Im Sommer sind wir hier alle zusammen, meine Frau Leni, meine beiden Töchter, Heidi und Netterl, und seit kurzer Zeit auch mein Schwiegersohn, Dr. Horst Nausch, Heidis Mann.
Unsere beiden Töchter machen uns große Freude. Meine Frau und ich haben uns über ihre Erziehung nie besonders den Kopf zerbrochen. Wir fragten nicht, was wohl als falsch oder richtig angesehen würde, sondern handelten einfach nach unserem Instinkt – so wie es auch meine Eltern gemacht

haben. Das heißt, etwas versuchte ich doch besser zu machen als mein Vater: Ich hatte mehr Zeit für die Kinder. Ich wollte immer für sie da sein und ihnen das Gefühl geben, daß sie in mir einen Freund haben.

Und sie vertrauten mir wirklich alles an. Auch wenn ich sie manchmal »enttäuschte«. Als meine ältere Tochter noch im zarten Teenager-Alter war, teilte sie mir plötzlich mit, sie hätte sich verlobt. Ich fürchte, da habe ich nicht mit dem richtigen Verständnis reagiert, sondern sie ausgelacht. Heidi war dann sehr gekränkt. Bis sie selber einsah, daß natürlich nichts daraus werden konnte, und sich noch so einige Male »verlobte«.

Wie das bei uns Thimigs schon Tradition ist, konfrontierten mich beide Töchter mit dem Wunsch, zum Theater zu gehen. Es war mir zwar nicht recht, aber ich protestierte nicht wie einst mein Vater, ich stimmte zu. Aber ich erklärte auch: »Ich helfe euch nicht. Ihr müßt selbst schauen, wie ihr euren Weg macht. Durch Protektion zum Theater kommen zu wollen, ist sinnlos. Schauspielerei hat nur einen Sinn, wenn man sich wirklich die höchsten Ziele setzt« – was ja immer mein Credo gewesen ist. Bin ich ihm immer ganz treu geblieben?

Heidi und Netterl nahmen Schauspielunterricht. Natürlich nicht bei mir. Sie hatten eine ganz wunderbare Lehrerin, nämlich Dorothea Neff. Ja, und es kam dazu, daß wir alle auf Tournee gingen. Wieder einmal standen drei Thimigs auf der Bühne!

Heidi war mit der Schauspielerei auf die Dauer nicht glücklich. Sie hatte zwar Erfolg, aber als immer mehr Angebote kamen, die keinen Wert auf Können, wohl aber auf »oben ohne« legten, gab sie den Beruf kurz entschlossen auf, ging in die Modebranche und heiratete.

Ich kann ihr diesen sicher nicht leichten Entschluß nicht hoch genug anrechnen. Sie hat es auch nicht zu bereuen gehabt und führt in ihrem Beruf ein zufriedenes und in ihrer Ehe ein glückliches, bürgerliches Leben, da sie einen Mann gefunden hat, der nicht nur zu ihr, sondern auch zu uns allen wirklich gut paßt.

Und die Henriette? Wie hat Josef Kainz gesagt? »Um bei der Bühne etwas zu erreichen gehört in erster Linie Glück, in zweiter Linie Glück und erst in letzter das Talent!« Henriette hatte Gott sei Dank beides. Sie hat die Schauspielerkarriere eingeschlagen und hat es nicht zu bereuen. Natürlich blieben und bleiben ihr, befangen in neuer Richtung, in die das Theater – zumal in der Bundesrepublik – zur Zeit steuert, Konflikte innerer und äußerer Art nicht erspart. Sie führen zu depressiven Zuständen, die sie leider von ihrem Vater geerbt, der sie wieder seinerseits von seinem Vater mitbekommen hat. Ich persönlich kann mich ja mit dem neuen Trend des Theaters nicht identifizieren, obwohl ich den Arbeitseifer, die besessene Einsatzfreudigkeit achten, ja bewundern muß. Nimmt man die darstellende Kunst wirklich ernst, muß sie außer Befriedigung auch schweres Leiden mit sich bringen. Oh, wie kenne ich das alles aus meiner Sturm- und Drangzeit! Darum interessiert mich die neue Welle maßlos, und Einblick nehmend in das Theaterschicksal meiner Tochter, wird meine angeborene Neugier befriedigt. Nach Engagements in Regensburg, Würzburg und Düsseldorf landete Netterl nun in Hamburg, wo sie eine geschätzte und gesuchte Darstellerin geworden ist.

Sind meine Frau und ich in Wildalpen, Heidi in Wien und Netterl so weit weg in Hamburg, so legen die Telefonrechnungen Zeugnis ab von unserer elterlichen Liebe.

Meinen Tagesablauf in Wildalpen habe ich mir genau eingeteilt. In der Früh nehme ich mein Fahrrad und radle in den Ort, zuerst aufs Postamt. Es gibt zwar einen Briefträger, aber der kommt erst am Nachmittag, und das ist mir zu spät, weil ich halt doch zu neugierig bin, was die Post wohl bringt.

Dann widme ich mich meiner jüngsten Leidenschaft: dem Garten. Bei Schön- und Schlechtwetter, ich muß immer draußen sein. Nicht nur, weil ich mir gern in frischer Luft Bewegung mache, sondern weil ich es genieße, der Natur zu-

zusehen, etwa das Werden einer Pflanze zu beobachten, das Anbauen, das Wachsen und das Blühen, das Früchtetragen und schließlich das Verwelken. Der Kreislauf der Natur hat mich schon immer fasziniert.

Ich betreibe die Gartenarbeit nicht aus dem Büchl, sondern rein gefühlsmäßig. Manches gedeiht auf diese Weise prächtig, manches gar nicht – aber das erschüttert mich nicht. Freude habe ich trotzdem daran. Ich bin glücklich in dieser Welt, in meinem Garten, bei meinen Blumen. Und darauf, daß mein Gemüse kein Ungeziefer hat, bin ich unbändig stolz!

Hobbygärtner zu sein, hat meine frühere Passion, die Jagd, abgelöst. Wobei mich das Schießen an sich am wenigsten interessiert hat. Ich liebte daran die nahe Beziehung zur Natur. Was man bei einer Pirsch, in diesem Zustand innerer Hochspannung, nicht alles hört und sieht, Dinge, die man nie bemerken würde, wenn man nur einfach spazierenginge! Wenn ich so durch die Natur streife, habe ich mir oft überlegt, ob es nicht schön sein müßte, Förster zu sein.

Doch zurück zu meinem Wildalpener Tagesablauf. Am Nachmittag sitze ich nach einem kurzen Schläfchen in meinem Schreibzimmer, beantworte Briefe, arbeite an meinen Rundfunk-Manuskripten oder lerne eine Rolle, falls das anfällt. Vormittags vergesse ich meinen Beruf völlig – am Nachmittag widme ich mich ihm wieder.

Bleibt mir noch ein bißchen Zeit, so befasse ich mich stolz mit meiner kleinen Sammlung – ich bin ja doch der Sohn meines Vaters! Ich habe meine Veranda mit -zigtausend Bierdeckeln tapeziert, und jeder kommt nur einmal vor. Wer ein Duplikat findet, dem spendiere ich einen Hunderter!

Außerdem habe ich in liebevoller Kleinarbeit auch allerlei bäuerliche Gerätschaften und altes Handwerkzeug zusammengetragen. Dabei hat mir der verstorbene Bruder meiner Frau geholfen. Es gibt darunter so kuriose Dinge, daß jedes Sammlerherz höherschlagen muß – Sachen nämlich, von denen man gar nicht mehr weiß, wozu sie gut sind. Übrigens

würde ich auch gerne einige Gegenstände aus unserer Küche meiner Sammlung einverleiben. Aber das scheitert am standhaften Widerstand unserer lieben Köchin. Sie verwendet grundsätzlich nichts »Neumodernes«, wie sie sagt. Mixer, Griller und dergleichen sind bei uns in der Küche verpönt. Sie macht alles mit der Hand, sogar die Nudeln. Aber es schmeckt halt auch danach! Seit mehr als 25 Jahren genießen wir schon ihre vorzügliche Kochkunst.
Oft wundere ich mich, wie schnell so ein Tag in dem Wildalpener Paradies vergeht. Habe ich mir nicht früher immer wieder gesagt: »Wenn ich älter bin, mache ich dies und das?« Jetzt bin ich über 80 – und komme zu rein gar nichts...
Wildalpen gehört für mich zum Glück meiner alten Tage. In einem Ort, wo mein Vater Ehrenbürger und ich fast einmal Bürgermeister war, haben die Thimigs seit 1893 ein Heimatrecht erworben, für das sie dankbar sind.

In diesem Buch habe ich nun das Resümee meines Lebens gezogen. Ich war Schauspieler beim Theater, beim Film, bei Funk und Fernsehen, Regisseur in den ebengenannten Medien, Theaterleiter und Schauspiellehrer, Tänzer und Pantomime, ich trat in Zirkus und Kabarett auf, in Oper, Operette und Musical, ich war Zauberer, Vortragskünstler, gescheiterter Verleger, Gemeindesekretär – und vielleicht habe ich noch etwas vergessen!
Alles hat mich interessiert, alles habe ich mit Ambition und vollem Einsatz gemacht. Aber eines blieb immer das Wichtigste, das, was ich zu Beginn war: Schauspieler. Ich weiß nicht, wann ich die letzte Vorstellung in das Buch eintragen werde, in dem ich meine Auftritte verzeichne. Derzeit, im Oktober 1983, halte ich bei 8367. Und wenn wieder ein Angebot kommt...
Vor nicht allzu langer Zeit hat in Wildalpen das Telefon geläutet. Am Apparat war Marcel Prawy, der anläßlich der Uraufführung von Friedrich Cerhas *Baal* eine Fernsehsendung vorbereitet hat. Ich war ja bei der seinerzeitigen Aufführ-

rung von Brechts Stück an der Josefstadt dabei, und Prawy wollte, daß ich einiges aus meinen Erinnerungen erzähle. Er versprach mir ungeheure Publicity für meine Person. Ich dachte kurz nach und sagte »nein«, was ja bekanntlich bei mir selten ist. Denn es ist beglückend, in einer Situation zu sein, in der man beruhigt auch »nein« sagen kann.
Aber ich habe dem Himmel keinen Eid geschworen, daß ich nicht mehr spielen werde. Wenn ich glaube, daß ich eine Rolle ausfüllen kann, wenn sie mich reizt und ich es gerne tue, werde ich wahrscheinlich »ja« sagen. Denn über allem steht der Schauspieler, vor allem wenn man Thimig heißt ...

Anhang

Hans Thimig: Bühnenrollen

(Ü) = Übernahme

1916

Karl Schönherr
VOLK IN NOT
Seppele
Wien, Deutsches Volkstheater,
2. Juli

1918

Friedrich Schiller
WILHELM TELL
Jenni
Wien, Burgtheater,
15. Dezember (Ü)

1919

Johann Wolfgang von Goethe
GÖTZ VON BERLICHINGEN
Georg
Wien, Burgtheater,
15. Jänner (Ü)

William Shakespeare
JULIUS CAESAR
Lucius
Wien, Burgtheater,
11. Jänner (Ü)

Anton Wildgans
DIES IRAE
Chorus Adolescentium
Wien, Burgtheater, 8. Februar

Karl Schönherr
ERDE
Knechtl
Wien, Burgtheater,
25. Februar (Ü)

Maja Löhr
TRISTANS TOD
Dritter Knappe
Wien, Schönbrunner Schloß-
theater, 6. Juni

Franz Blei
LOGIK DES HERZENS
Ulrich
Wien, Schönbrunner Schloß-
theater, 26. Juni

Fritz von Unruh
EIN GESCHLECHT
Jüngster Sohn
Wien, Burgtheater,
20. September

George Bernard Shaw
CANDIDA
Marchbanks
Wien, Schönbrunner Schloß-
theater, 8. Oktober

Franz Kranewitter
DER GASTEINER
Hansel
Wien, Akademietheater,
1. November

Gustav Freytag
DIE JOURNALISTEN
Bellmaus
Wien, Presseclub Concordia,
5. Dezember

Felix Salten
LEBENSGEFÄHRTEN
Heinz
Wien, Burgtheater,
13. Dezember

1920

William Shakespeare
MACBETH
Hecate
Wien, Burgtheater,
18. Februar

Thaddäus Rittner
DIE TRAGÖDIE DES EUMENES
Der Tyrann
Wien, Burgtheater, 3. März

Arthur Schnitzler
DIE SCHWESTERN ODER CASANOVA IN SPA
Tito
Wien, Burgtheater, 26. März

William Shakespeare
VIEL LÄRM UM NICHTS
Erster Wächter
Wien, Schönbrunner Schloßtheater, 5. Mai

William Shakespeare
EIN SOMMERNACHTSTRAUM
Puck
Wien, Park des Belvedere,
23. Mai

Franz Grillparzer
WEH' DEM, DER LÜGT!
Leon
Wien, Burgtheater, 6. Juni

Francis de Croisset
DER ERSTE BESTE
Giuseppe
Wien, Schönbrunner Schloßtheater, 23. Juni

Brauier und Alfred Grünwald
COUSIN PAMPOULETTE
Pampoulette
Wien, Rolandbühne,
1. Juli

Karl Schönherr
KINDERTRAGÖDIE
Jüngerer Bruder
Berlin, Kleines Schauspielhaus,
9. Oktober (als Gast)

Richard Beer-Hofmann
JAÁKOBS TRAUM
Raphael
Wien, Burgtheater, 9. Dezember

William Shakespeare
ROMEO UND JULIA
Balthasar
Wien, Burgtheater,
15. Dezember

1921

Elisabeth Räming
DER HOF
Torwartl
Wien, Burgtheater, 5. Jänner

Friedrich Schiller
DIE BRAUT VON MESSINA
Hippolyt
Wien, Burgtheater, 13. Jänner

Otto Erich Hartleben
ROSENMONTAG
Freiherr von Leyen
Wien, Burgtheater, 27. Jänner

Peter Nansen
DER HOCHZEITSABEND
Alfred
Mährisch Ostrau, National Kleinkunstbühne, 1. Februar
(als Gast)

Gustav Moser und R. Misch
DER SECHSTE SINN
Weber
Mährisch Ostrau, National Kleinkunstbühne, 1. Februar
(als Gast)

A. Glass
Die keusche Susanne
Biolet
Mährisch Ostrau, National Kleinkunstbühne, 8. Februar (als Gast)

Franz Molnár
Der Schwan
Georg
Wien, Burgtheater, 24. März

William Shakespeare
Der Kaufmann von Venedig
Lanzelot Gobbo
Wien, Burgtheater, 27. April

Giovacchino Forzano
Frühlingsfest in Florenz
Lando
Wien, Burgtheater, 21. Mai

William Shakespeare
Der Sturm
Trinculo
Wien, Park des Belvedere, 28. Mai

Ludwig Anzengruber
Der G'wissenswurm
Natzl
Wien, Burgtheater, 19. Juni (Ü)

Henrik Ibsen
Die Frau vom Meer
Ballestet
Wien, Burgtheater, 21. Juni (Ü)

Otto Erich Hartleben
Rosenmontag
Moritz
Wien, Burgtheater, 29. Juni (Ü)

Paul Géraldy
Hochzeitstage
Max
Wien, Burgtheater, 24. September

Gerhart Hauptmann
Und Pippa tanzt!
Hellriegel
Wien, Burgtheater, 10. November

Heinrich Mann
Madame Legros
Ladendieb
Wien, Burgtheater, 1. Dezember

Gerhart Hauptmann
Hanneles Himmelfahrt
Dritter Engel
Wien, Burgtheater, 23. Dezember

1922

William Shakespeare
Coriolanus
Erster Diener
Wien, Burgtheater, 1. Jänner

Molière
Der eingebildete Kranke
Thomas Diafoirus
Wien, Burgtheater, 15. Jänner

Gustav Kadelburg
Goldfische
Hans Roland
Baden bei Wien, Stadttheater, 1. Februar (Gastspiel des Hölbling-Ensembles)

Octave Mirabeau
Geschäft ist Geschäft
Xavier
Wien, Burgtheater, 1. März (Ü)

Franz Lehár
Frasquita
Hippolyt
Wien, Theater an der Wien, 22. Mai

Arthur Schnitzler
Der junge Medardus
Schellbacher
Wien, Burgtheater, 14. Mai

Das tanzende Märchen
Der standhafte Zinnsoldat
Wien, Großer Saal des Konzerthauses, 27. Oktober

Gustav Moser
Der Bibliothekar
Robert
Wien, Akademietheater, 28. Oktober

Fritz von Unruh
Louis Ferdinand, Prinz von Preussen
Heinz
Wien, Burgtheater, 16. Dezember

Alexander Baumann
Das Versprechen hinterm Herd
Strizov
Wien, Großer Saal des Konzerthauses, 26. Dezember

1923

Franz Molnár und Alfred Halm
Der Herr Verteidiger
Fred
Wien, Akademietheater, 4. Jänner

Hugo von Hofmannsthal
Elektra
Junger Diener
Wien, Burgtheater, 1. Februar

Otto Ernst
Flachsmann als Erzieher
Römer
Wien, Burgtheater, 4. Februar (Ü)

George Bernard Shaw
Der Arzt am Scheideweg
Reporter
Wien, Burgtheater, 19. Februar (Ü)

Egon Friedell
Judastragödie
Grieche
Wien, Burgtheater, 3. März

Karl von Zeska
Ein kleiner Irrtum
Otto Otto
Wien, Großer Saal des Konzerthauses, 3. März

Hanns Sassmann
Die Reise in die Mädchenzeit
Boby
Wien, Akademietheater, 10. März

Alfred Rottauscher
Das Kaiserreich Guyana
Chichibbio
Wien, Akademietheater, 17. März

Raoul Auernheimer
Der gute König
Bürgermeister
Wien, Akademietheater, 5. April (Ü)

Hermann Bahr
Der Krampus
Klemens Kohl
Wien, Akademietheater, 20. April

Johann Nestroy
Einen Jux will er sich machen
Christopherl
Wien, Burgtheater, 18. Mai

Franz von Schönthan und Gustav Kadelburg
GOLDFISCHE
Hans Roland
Wien, Burgtheater,
28. Mai

Franz und Paul von Schönthan
DER RAUB DER SABINERINNEN
Sterneck
Baden bei Wien,
Stadttheater,
23. Juni (als Gast)

William Shakespeare
EIN WINTERMÄRCHEN
Florizel
Wien, Burgtheater,
27. Juni

Molière
DER EINGEBILDETE KRANKE
Thomas Diafoirus
Salzburg, Schloß Leopoldskron,
20. August
Salzburg, Stadttheater,
21.–24. August (Salzburger Festspiele)

Oscar Wilde
BUNBURY
John Worthing
Wien, Akademietheater,
19. September (Ü)

August von Kotzebue
DIE DEUTSCHEN KLEINSTÄDTER
Olmers
Wien, Akademietheater,
26. September

William Shakespeare
KÖNIG RICHARD II.
Königlicher Page
Wien, Burgtheater,
14. Oktober (Ü)

Pedro Calderón de la Barca
ÜBER ALLEN ZAUBER LIEBE
Klarin
Wien, Großer Saal des Konzerthauses, 3. November

Eugen Heltai
DIE KLEINE KONDITOREI
Janci
Wien, Akademietheater,
6. Dezember

Oskar Karlweis
IN GUTENSTEIN
Franz
Wien, Burgtheater, 7. Dezember

1924

Gustave Quinson und Yves Mirbeau
EIN WUNDERVOLLER TAG
Blaise
Wien, Akademietheater,
28. Februar

George Bernard Shaw
CÄSAR UND CLEOPATRA
Dritter Bote
Wien, Burgtheater, 17. März (Ü)

Rudolf Eger
DIE RECHTE UND DIE LINKE HAND
Kaiser
Wien, Akademietheater,
17. April

Thaddäus Rittner
GARTEN DER JUGEND
Konrad
Wien, Akademietheater, 3. Mai

William Shakespeare
DER WIDERSPENSTIGEN ZÄHMUNG
Grumio
Wien, Schönbrunner Schloßtheater, 14. Juni

Hermann Bahr
Die Kinder
Beyerlein
Wien, Schönbrunner Schloßtheater,
18. Juni

Sutton Vane
Überfahrt
Duke
Wien, Theater in der Josefstadt,
14. November

Paul Raynal
Der Herr seines Herzens
Simon
Wien , Theater in der Josefstadt,
4. Dezember

F. P. Buch
Prinzessin Huschewind
Schnips
Wien, Theater in der Josefstadt,
19. Dezember

1925

William Shakespeare
Ein Sommernachtstraum
Lysander
Wien, Theater in der Josefstadt,
4. Februar

William Shakespeare
König Lear
Edgar
Wien, Theater in der Josefstadt,
13. März

Jean Sarment
Die Schattenfischer
Jean
Wien, Theater in der Josefstadt,
27. März

Nikolai Gogol
Der Spieler
Der junge Glow
Wien, Theater in der Josefstadt,
3. Juni

Jacques Natanson
Ihr kleiner Freund
Henri
Wien, Theater in der Josefstadt,
16. Juni

Gerhart Hauptmann
Die Jungfern vom Bischofsberg
Otto
Wien, Theater in der Josefstadt,
22. Juni

Franz Grillparzer
Weh' dem, der lügt!
Leon
Brünn, Deutsches Schauspielhaus, 26. September (als Gast)

Wilhelm Meyer-Förster
Alt Heidelberg
Karl-Heinz
Brünn, Deutsches Schauspielhaus, 27. September (als Gast)

Klabund
Der Kreidekreis
Pao
Berlin, Deutsches Theater,
20. Oktober

Max Mell
Das Apostelspiel
Johannes
Berlin, Kammerspiele,
29. Oktober

Funkheinzelmann
Funkheinzelmann
Berlin, Großes Schauspielhaus,
14. November

1926

Egon Friedell und Hanns Sassmann
ALLES UND NICHTS
Nach »Die Träume von Schale und Kern« von Johann Nestroy
Rochus
Wien, Theater in der Josefstadt, 5. März

Bertolt Brecht
BAAL
Johannes
Wien, Theater in der Josefstadt, 21. März

Noel Coward
SPLEEN
Simon Bliss
Wien, Theater in der Josefstadt, 1. April

Victorien Sardou
DIE GUTEN FREUNDE
Maurice Deval
Wien, Theater in der Josefstadt, 16. April

John Galsworthy
GESELLSCHAFT
Augustus Boriny
Wien, Theater in der Josefstadt, 27. Mai

André Birabeau
ZURÜCK ZUR SCHULE
Claude Sandry
Wien, Theater in der Josefstadt, 16. Juni

Carlo Goldoni
DER DIENER ZWEIER HERREN
Florindo
Salzburg, Stadttheater, 20. August (Salzburger Festspiele)

George Bernard Shaw
FANNYS ERSTES STÜCK
Bobby
Wien, Theater in der Josefstadt, 16. September

William Somerset Maugham
VICTORIA
Emilio Edwards
Wien, Theater in der Josefstadt, 27. November

Nikolai Gogol
DER REVISOR
Beamter der Kleinstadt
Wien, Theater in der Josefstadt, 20. Dezember

Arthur Schnitzler
SYLVESTERNACHT
Emil
Wien, Theater in der Josefstadt, 31. Dezember

1927

Franz Graf von Pocci
KASPERL LARIFARI
Kasperl Larifari
Wien, Theater in der Josefstadt, 12. Jänner

Alexander Lernet-Holenia
ÖSTERREICHISCHE KOMÖDIE
Der junge Neydisser
Wien, Theater in der Josefstadt, 28. Jänner

George Bernard Shaw
FRAU WARRENS GEWERBE
Frank
Wien, Theater in der Josefstadt, 16. März

Hans José Rehfisch
NICKEL UND DIE 36 GERECHTEN
Zeisig
Wien, Theater in der Josefstadt, 30. März

František Langer
PERIPHERIE
Toni
Wien, Theater in der Josefstadt, 1. Juni

Luigi Chiarelli
MASKE UND ANTLITZ
Piero Pucci
Wien, Theater in der Josefstadt, 23. Juni

William Shakespeare
EIN SOMMERNACHTSTRAUM
Lysander
Salzburg, Festspielhaus, 6. August
(Salzburger Festspiele)

Hugo von Hofmannsthal
JEDERMANN
Vorsänger, Spielansager
New York, Century Theatre, 7. Dezember (Ensemblegastspiel der Reinhardt-Bühnen)

Georg Büchner
DANTONS TOD
Camille Desmoulins
New York, Century Theatre, 20. Dezember (Ensemblegastspiel der Reinhardt-Bühnen)

1928

Leo Tolstoi
ER IST AN ALLEM SCHULD
Nachbar
New York, Cosmopolitan Theatre, 9. Jänner (Ensemblegastspiel der Reinhardt-Bühnen)

Leo Tolstoi
DER LEBENDE LEICHNAM
Petruschlein
New York, Cosmopolitan Theatre, 23. Jänner (Ensemblegastspiel der Reinhardt-Bühnen)

Bruno Granichstaedten
EVELYNE
Jan Flips
Hannover, Mellini Theater, 1. April (als Gast)

Friedrich Schiller
DIE RÄUBER
Kosinsky
Salzburg, Festspielhaus, 8. August
(Salzburger Festspiele)

Ossip Dymov
DIE LETZTE GELIEBTE
Der 26jährige
Wien, Theater in der Josefstadt, 17. September

Noel Coward
WEEKEND
Simon Bliss
Wien, Theater in der Josefstadt, 19. September

George Bernard Shaw
ZINSEN
Frank
Wien, Die Komödie, 6. November

Stefan Kamare
LEINEN AUS IRLAND
Pepi Leisinger
Wien,
Theater in der Josefstadt,
23. November

Klemens Neydisser
GELEGENHEIT MACHT LIEBE
Ferry
Wien,
Deutsches Volkstheater,
8. Dezember

Sacha Guitry
ER ZEIGT, WAS ER KANN
Robert Josselin
Wien, Die Komödie,
23. Dezember

1929

Noel Coward
EHE VON WELT
Harry
Wien, Theater in der Josefstadt,
31. Jänner

Jacques Natanson
COEUR-BUB
Henry
Wien, Renaissance-Bühne,
1. Februar

Ferdinand Bruckner
VERBRECHER
Franck
Wien, Theater in der Josefstadt,
18. April

Georg Büchner
DANTONS TOD
Camille Desmoulins
Wien, Arkadenhof im Rathaus,
2. Juni

Hugo von Hofmannsthal
DER SCHWIERIGE
Stani
Wien, Theater in der Josefstadt,
8. September

André Paul Antoine
DIE FEINDIN
Der junge Mann
Wien,
Theater in der Josefstadt,
11. Oktober

Ludwig Hirschfeld
DIE FRAU, DIE JEDER SUCHT
Bertl Baum
Wien,
Theater in der Josefstadt,
29. Oktober

Felix Salten
DER GEMEINE
Leutnant Daffinger
Wien, Theater in der Josefstadt,
27. November

Edouard Bourdet
SOEBEN ERSCHIENEN
Felix
Wien, Theater in der Josefstadt,
10. Dezember

1930

George Bernard Shaw
DER KAISER VON AMERIKA
Pliny
Wien, Theater in der Josefstadt,
11. Jänner

William Somerset Maugham
DIE HEILIGE FLAMME
Maurice Tabret
Wien, Theater in der Josefstadt,
14. Februar

Carl Laufs
PENSION SCHÖLLER
Eugen Rümpel
Wien, Theater in der Josefstadt,
1. März

Felix Joachimson
DAS HÄSSLICHE MÄDCHEN
Fritz
Wien, Theater in der Josefstadt,
25. März

André Birabeau
KLEINE SÜNDE
François
Wien, Theater in der Josefstadt,
17. April

Ladislaus Fodor
DIE FÜLLFEDER
Sperl
Wien, Theater in der Josefstadt,
20. Mai

Franz und Paul von Schönthan
DER RAUB DER SABINERINNEN
Sterneck
Wien, Theater in der Josefstadt,
17. Juni

Leo Perutz
DIE REISE NACH PRESSBURG
Karl
Wien, Theater in der Josefstadt,
4. Dezember

William Somerset Maugham
DER BROTVERDIENER
Patrick
Wien, Theater in der Josefstadt,
23. Dezember

Georges Feydeau
KÜMMERE DICH UM AMÉLIE
Adonis
Wien, Theater in der Josefstadt,
31. Dezember

1931

Max Alsberg und Otto Ernst Hesse
VORUNTERSUCHUNG
Fritz Berndt
Wien, Theater in der Josefstadt,
20. Jänner

Ben Hecht und Charles McArthur
REPORTER
Hildy Johnson
Wien, Theater in der Josefstadt,
9. Juni

François de Croisset
LIEBE UND FILM
Pierre Verdier
Wien, Theater in der Josefstadt,
2. Juli

Donald Stewart
RÜCKKEHR
Johnnie Coles
Berlin, Komödie, 26. September

William Shakespeare
WAS IHR WOLLT
Bleichenwang
Wien, Theater in der Josefstadt,
11. November

Ladislaus Fodor
ROULETTE
Gaston
Wien, Theater in der Josefstadt,
27. Dezember

1932

Arthur Schnitzler
DAS WEITE LAND
Paul Kreindl
Wien, Theater in der Josefstadt,
9. März

Wilhelm Lichtenberg
EVA HAT KEINEN PAPA
Heinz
Wien, Theater in der Josefstadt,
15. April

Alexander Hunyadi
SCHWARZROTE KIRSCHEN
Panto Nikitsch
Wien, Theater in der Josefstadt,
3. Mai

Jacques Deval
MADEMOISELLE
Boutin
Wien, Theater in der Josefstadt,
10. Juni

Emmerich Halasz
WIRST DU MICH IMMER LIEBEN?
Richard
Wien, Theater in der Josefstadt,
27. August

Hans Krug
MENSCHEN AM SCHIENENSTRANG
Huber Anton
Wien, Theater in der Josefstadt,
13. Oktober

Paul Geraldy und Robert Spitzer
WENN ICH WOLLTE
René
Wien, Theater in der Josefstadt,
4. November

Luise M. Mayer und A. Rundt
KYRILL REIST INS ABENDLAND
Kyrill
Wien, Theater in der Josefstadt,
25. November

Hanns Sassmann
STEUERAKT 17/3/24
Zimmetsberger
Wien, Theater in der Josefstadt,
25. Dezember

1933

Jean de Letraz
GLÜCK INS HAUS
Le Bris
Wien, Theater in der Josefstadt,
30. Jänner

Arthur Schnitzler
LIEBELEI
Fritz

Arthur Schnitzler
DER TAPFERE CASSIAN
Martin
Wien, Theater in der Josefstadt,
20. Februar

Hans Jaray
IST GERALDINE EIN ENGEL?
Victor Dely
Wien, Theater in der Josefstadt,
21. März

Gabor von Vaszary
EEINE HIMMLISCHE FRAU
Sekretär
Wien, Theater in der Josefstadt,
9. Mai

Denys Amiel
DREI UND EINS
Raoul Letard
Wien, Theater in der Josefstadt,
1. Juni

Arthur Schnitzler
ABSCHIEDSSOUPER
Max
Brünn, Stadttheater, 7. Oktober
(Gastspiel d. Th. i. d. Josefstadt)

Ladislaus Fodor
ROULETTE
Peter
Graz, Stadttheater, 12. Nov.
(Gastspiel d. Th. i. d. Josefstadt)

Paul Abraham
BALL IM SAVOY
Celestin
Wien, Scala, 15. Dezember

1934

Luigi Pirandello
SECHS PERSONEN SUCHEN EINEN AUTOR
Direktor
Wien,
Theater in der Josefstadt,
6. März

Johann Nestroy
DER ZERRISSENE
Lips
Wien, Raimundtheater,
27. März

Olga Scheinpflugova
WO WAR ICH HEUTE NACHT?
Professor Kind
Wien,
Kammerspiele, 13. April

Friedrich Schiller
MARIA STUART
Wilhelm Davison
Mailand, Teatro Manzoni,
3. Mai (Reinhardt-Gastspiel 1934)

Ladislaus Bush-Fekete
STERN DER MANEGE
Toto
Wien, Zirkus Renz,
15. Oktober

George Bernard Shaw
ELTERN UND KINDER
Bentley
Wien, Deutsches Volkstheater,
8. November

Felix Hollaender
HÖCHSTE EISENBAHN
Fahrdienstleiter
Wien, Moulin Rouge,
1. Dezember

1935

Edouard Bourdet
DIE ZEITEN SIND SCHWER
Bob
Wien,
Deutsches Volkstheater,
22. Jänner

Franz Molnár
DAS UNBEKANNTE MÄDCHEN
Offizial
Wien,
Deutsches Volkstheater,
6. Februar

Ladislaus Bush-Fekete
GEBURTSTAG
Ernst
Wien, Deutsches Volkstheater,
30. März

Leo Perutz und Frank Paul
MORGEN IST FEIERTAG
Höffner
Wien, Deutsches Volkstheater,
12. April

Raoul Auernheimer und A. Rundt
WENIGER UND DIE GERECHTIGKEIT
Weniger
Wien, Deutsches Volkstheater,
8. Mai

Karl Farkas
SKANDAL IM KONZERTHAUS
Steinwender
Wien, Scala, 21. September

Emmet Lavery
Die erste Legion
Pater Strelsky
Wien, Theater in der Josefstadt,
8. Oktober

Aldo Benedetti
Ich kenne dich nicht mehr
Spinelli
Wien, Theater in der Josefstadt,
29. Oktober

Ladislaus Fodor
Liebe ist nicht so einfach
Gattner
Wien, Theater in der Josefstadt,
19. November

Ladislaus Bush-Fekete
Liebe nicht genügend
Dr. Urban
Wien, Deutsches Volkstheater,
20. Dezember

1936

Johann Nestroy
Die verhängnisvolle Faschingsnacht
Geck
Wien, Deutsches Volkstheater,
15. Jänner

Hans Müller
Kleiner Walzer in a-moll
Peter, Raymond
Wien, Theater in der Josefstadt,
19. Jänner

Ladislaus Lakatos
Die Königin
Polizeipräfekt
Wien,
Theater in der Josefstadt,
18. Februar

L. M. Maier
Kleine Szene im Palasthotel
Gustav
Wien,
Theater in der Josefstadt,
22. Februar

Gotthold Ephraim Lessing
Nathan der Weise
Derwisch
Wien,
Theater in der Josefstadt,
17. März

Dodie Smith
Der erste Frühlingstag
Frank
Wien,
Theater in der Josefstadt,
7. April

Samuel und Bella Spewack
Happy
Law
Wien,
Theater in der Josefstadt,
15. Mai

Hans Lengsfelder
Hochzeitsreise
Thomas
Wien,
Theater in der Josefstadt,
5. Juni

Albert Hackett
Spionage
Clay
Wien, Scala,
18. September

Frank Vosper
Liebe eines Fremden
Gilbert
Wien, Kammerspiele,
13. Oktober

Emmet Lavery
MONSIGNORES GROSSE STUNDE
Gabriel

Jean Giraudoux
ES KOMMT NICHT ZUM KRIEG
Ajax
Wien, Theater in der Josefstadt,
6. November

Ladislaus Fodor
MATURA
Spindler
Wien, Theater in der Josefstadt,
22. November

1937

André Birabeau
DAS PARADIES
Talyier
Wien, Theater in der Josefstadt,
9. April

John Baines
ROVINA
Barry
Wien, Kammerspiele,
21. September

Franz Werfel
IN EINER NACHT
Kovač
Wien, Theater in der Josefstadt,
5. Oktober

Maxim Gorki
NACHTASYL
Satin
Wien, Kammerspiele,
12. Oktober

André Birabeau
SÜDFRÜCHTE
Ludovic
Wien, Theater in der Josefstadt,
23. Dezember

1938

Paul Géraldy
HOCHZEITSTAGE
Henry
Wien,
Theater in der Josefstadt,
11. Februar

Johann Nestroy
DER BÖSE GEIST LUMPAZIVAGABUNDUS ODER DAS LIEDERLICHE KLEEBLATT
Leim
Wien,
Deutsches Volkstheater,
16. April

Johann Wolfgang von Goethe
EGMONT
Brackenburg
Salzburg, Felsenreitschule,
28. Juli
(Salzburger Festspiele)

William Shakespeare
WIE ES EUCH GEFÄLLT
Silvius
Wien,
Theater in der Josefstadt,
4. Oktober

Anton Tschechow
DER KIRSCHGARTEN
Trofinow
Berlin, Deutsches Theater,
18. November

Ferdinand Raimund
DER BAUER ALS MILLIONÄR
Geiz
Berlin, Deutsches Theater,
22. Dezember

1939

Alois Johannes Lippl
DER ENGEL MIT DEM SAITENSPIEL
Adam
Wien, Theater in der Josefstadt, 11. April

William Shakespeare
WAS IHR WOLLT
Bleichenwang
Wien, Theater in der Josefstadt, 3. November

Paul Hellwig
AM HELLICHTEN TAG
Wendelin
Wien, Theater in der Josefstadt, 1. Dezember

1940

Juliane Kay
DER ZAUBERER
Springleben
Wien, Theater in der Josefstadt, 26. April

Paul Hellwig
GÖTTER AUF URLAUB
Benni
Wien, Theater in der Josefstadt, 23. Dezember

1942

Hans Adler und Alexander Steinbrecher
MEINE NICHTE SUSANNE
Eusebius Potasse
Wien, Theater in der Josefstadt, 13. März

1943

Hans Schweikart
ICH BRAUCHE DICH
Heinrich Scholz
Wien, Theater in der Josefstadt, 27. Jänner

Henrik Ibsen
NORA ODER EIN PUPPENHEIM
Helmer
Wien, Theater in der Josefstadt, 4. Mai

1949

Mary Chase
MEIN FREUND HARVEY
Chumley
Wien, Die Insel, 22. März

Johann Wolfgang von Goethe
CLAVIGO
Buenco
Salzburg, Landestheater, 28. Juli (Salzburger Festspiele)

Madeleine Bingham
DER HERR VOM MINISTERIUM
Higgins
Wien, Burgtheater im Ronacher, 2. November (Ü)

Franz Grillparzer
KÖNIG OTTOKARS GLÜCK UND ENDE
Ottokar von Horneck
Wien, Burgtheater im Ronacher, 4. Dezember

Johann Wolfgang von Goethe
FAUST II
Famulus
Wien, Burgtheater im Ronacher,
23. Dezember

1950

William Shakespeare
KÖNIG RICHARD II.
Stallbursche
Wien,
Burgtheater im Ronacher,
17. März

Henrik Ibsen
JOHN GABRIEL BORKMAN
Foldal
Wien, Akademietheater,
25. März

Sergej Prokofieff
PETER UND DER WOLF
Sprecher
Wien, Großer Saal des Konzerthauses, 29. März

William Shakespeare
DER WIDERSPENSTIGEN ZÄHMUNG
Tranio
Wien,
Burgtheater im Ronacher,
17. Mai

Ferdinand Raimund
DER VERSCHWENDER
Gründling, Rappelkopf
Salzburg, Landestheater,
28. Juli (Salzburger Festspiele)

Hugo von Hofmannsthal
JEDERMANN
Armer Nachbar
Salzburg, Domplatz, 30. Juli
(Salzburger Festspiele)

William Shakespeare
WAS IHR WOLLT
Fabio
Salzburg, Landestheater,
2. August (Salzburger Festspiele)

Boris Blacher
ROMEO UND JULIA
Erster Musikant
Salzburg, Landestheater,
9. August (Salzburger Festspiele)

1951

Carl Zuckmayer
DER GESANG IM FEUEROFEN
Neyroud
Wien, Burgtheater im
Ronacher, 16. Februar

Albert Lortzing
DER WILDSCHÜTZ
Pancratius
Wien, Volksoper, 8. Mai

Johann Nestroy
ZU EBENER ERDE UND ERSTER STOCK
Schlucker
Wien, Akademietheater,
11. Juni

Molière
DER EINGEBILDETE KRANKE
Doktor Diafoirus
Wien, Akademietheater,
26. Juni (Ü)

Johann Nestroy
DER FÄRBER UND SEIN ZWILLINGSBRUDER
Peter
Wien, Akademietheater,
20. Dezember

1952

Gerhart Hauptmann
VOR SONNENUNTERGANG
Steynitz
Wien, Burgtheater im
Ronacher, 2. Februar

Gerhart Hauptmann/Carl Zuckmayer
HERBERT ENGELMANN
Raumer
Wien, Akademietheater, 8. März

Friedrich Schiller
WALLENSTEIN
Gordon
Wien, Burgtheater im Ronacher, 29. März

T. S. Eliot
MORD IM DOM
Bote
Wien, Platz vor der Jesuitenkirche, 7. Juni

Lope de Vega
DER RITTER VOM MIRAKEL
Tristan
Wien, Akademietheater, 2. Oktober

Alexander Lernet-Holenia
OLLAPOTRIDA
Toison
Wien, Akademietheater, 4. November

1953

Christopher Fry
VENUS IM LICHT
Bates
Wien, Akademietheater, 14. Februar

Johann Nestroy
DIE TRÄUME VON SCHALE UND KERN
Schwarz
Wien, Burgtheater im Ronacher, 8. Mai

William Shakespeare
VIEL LÄRM UM NICHTS
Don Juan
Wien, Burgtheater im Ronacher, 20. Juni

George Bernard Shaw
DER KAISER VON AMERIKA
Crassus
Wien, Burgtheater im Ronacher, 31. Oktober

Leo Tolstoi
UND DAS LICHT LEUCHTET IN DER FINSTERNIS
Alexander Petrowitsch
Wien, Burgtheater im Ronacher, 19. Dezember

1954

Lope de Vega
DIE KLUGE VERLIEBTE
Hernando
Wien, Burgtheater im Ronacher, 14. Jänner

Jean Anouilh
COLOMBE
La Surette
Wien, Akademietheater, 20. Februar

Friedrich Dürrenmatt
EIN ENGEL KOMMT NACH BABYLON
Der Feierliche
Wien, Akademietheater, 15. Mai

Rudolf Henz
DIE GROSSE ENTSCHEIDUNG
Barnabas
Wien,
Burgtheater im Ronacher, 14. Juni

William Shakespeare
HAMLET
Erster Totengräber
Bregenz, Festspielhaus in der Sporthalle, 27. Juli (Bregenzer Festspiele, Gastspiel des Burgtheaters)

Hermann Bahr
DIE KINDER
Johann
Wien, Burgtheater im Ronacher, 2. Oktober

Harald Zusanek
JEAN VON DER TONNE
Pignol
Wien, Burgtheater im Ronacher, 17. November

Arhur Schnitzler
KOMTESSE MIZZI
Professor Windhofer
Wien, Akademietheater, 7. Dezember (Ü)

Franz Pühringer
DIE ERDE IST WIEDER BEWOHNBAR
Pedro
Wien, Akademietheater, 11. Dezember

Heinrich von Kleist
DAS KÄTHCHEN VON HEILBRONN
Gottschalk
Wien, Burgtheater im Ronacher, 23. Dezember

1955

Hans Friedrich Kühnelt
EIN TAG MIT EDWARD
Denis
Wien, Burgtheater im Ronacher, 23. Februar

T. S. Eliot
DER PRIVATSEKRETÄR
Eggerson
Wien, Akademietheater, 25. März

Friedrich Schiller
KABALE UND LIEBE
Kammerdiener
Wien, Burgtheater im Ronacher, 9. Mai

Charles Morgan
DIE UNSICHTBARE KETTE
Chassaigne
Wien, Akademietheater, 11. Juni

Richard Billinger nach Knut Hamsun
VICTORIA
Hauslehrer
Wien, Akademietheater, 10. September

Wolfgang Hildesheimer
DER DRACHENTHRON
Kaiser
Wien, Akademietheater, 11. Oktober

Friedrich Schiller
DON CARLOS
Prior
Wien, Burgtheater, 22. Oktober

Jean Giraudoux
AMPHITRYON 38
Trompeter
Wien, Akademietheater, 15. November

1956

Florimond Hervé
MAMSELLE NITOUCHE
Neu bearbeitet von Hans Weigel und Alexander Steinbrecher
Loriot
Wien, Akademietheater, 4. Mai (Ü)

William Shakespeare
MASS FÜR MASS
Schließer
Wien, Burgtheater, 26. Mai

Florimond Hervé
MAMSELLE NITOUCHE
Neu bearbeitet von Hans Weigel und Alexander Steinbrecher
Celestin
Wien, Akademietheater, 11. Juni (Ü)

Johann Nestroy
EINEN JUX WILL ER SICH MACHEN
Kraps
Wien, Burgtheater, 20. Juni

William Shakespeare
WAS IHR WOLLT
Malvolio
Wetzlar, Freilichtbühne, 4. Juli (Industriefestspiele in Wetzlar)

Max Mell
JEANNE D'ARC
Bruder Martin
Wien, Burgtheater, 9. September

1957

Paul Claudel
DAS BUCH VON CHRISTOPH COLUMBUS
Erster Weiser
Wien, Burgtheater, 11. Jänner

Fritz von Herzmanovsky-Orlando
KAISER JOSEPH UND DIE BAHNWÄRTERSTOCHTER
Moritatensänger
Wien, Akademietheater, 13. Februar

Jean Giraudoux
INTERMEZZO
Magister
Wien, Akademietheater, 16. März

William Shakespeare
WIE ES EUCH GEFÄLLT
Corinnus
Wien, Burgtheater, 17. Oktober (Ü)

Paul Claudel
DAS BUCH VON CHRISTOPH COLUMBUS
Erster Gelehrter
Wien, Burgtheater, 30. Oktober (Ü)

Thornton Wilder
DIE ALKESTIADE
Alter Nachtwächter
Wien, Burgtheater, 5. November

Rudolf Holzer
JUSTITIA
Pastor
Wien, Burgtheater, 23. November

Franz Grillparzer
EIN BRUDERZWIST IN HABSBURG
Rumpf
Wien, Burgtheater, 22. Dezember

1958

Franz Theodor Csokor
3. NOVEMBER 1918
Doktor Grün
Wien, Burgtheater,
1. Februar

Franz Grillparzer
DES MEERES UND DER LIEBE WELLEN
Tempelhüter
Wien, Burgtheater, 19. April

Franz Werfel
JUAREZ UND MAXIMILIAN
Doktor Barsch
Salzburg,
Landestheater,
6. August
(Salzburger Festspiele)

Reinhold Schneider
DER GROSSE VERZICHT
Ambrosius
Wien, Burgtheater,
9. September

Robinson Jeffers
DIE QUELLE
Pförtner
Wien, Burgtheater,
15. November

Fritz Hochwälder
DER UNSCHULDIGE
Krott
Wien, Akademietheater,
21. Dezember

1959

Ferdinand Bruckner
DAS IRDENE WÄGELCHEN
Bettelmönch
Wien, Burgtheater, 8. Februar

Johann Nestroy
DER ZERRISSENE
Staubmann
Wien, Akademietheater,
7. März

Friedrich Schiller
DIE JUNGFRAU VON ORLEANS
Bertrand
Wien, Burgtheater,
26. März

Jean Giraudoux
DER TROJANISCHE KRIEG FINDET NICHT STATT
Demokos
Wien, Burgtheater,
29. Mai

Tennessee Williams
DIE SCHATTENLOSE STRASSE
Nick

Franz Molnár
DAS VEILCHEN
Direktor
Wien, Burgtheater, 6. Juni

Arthur Schnitzler
DAS WEITE LAND
Rhon
Wien, Akademietheater,
29. Oktober

Hugo von Hofmannsthal
DER SCHWIERIGE
Lukas
Wien, Burgtheater,
22. Dezember

1960

William Shakespeare
KÖNIG HEINRICH IV.
Stille
Wien, Burgtheater, 23. März (Ü)

Ferdinand Raimund
MOISASURS ZAUBERFLUCH
Amtmann
Wien, Burgtheater, 12. Mai

William Shakespeare
EIN SOMMERNACHTSTRAUM
Egeus
Wien, Burgtheater, 19. Juni

Jean Anouilh
BECKET ODER DIE EHRE GOTTES
Erzbischof
Wien, Burgtheater, 22. Oktober

Henrik Ibsen
EIN VOLKSFEIND
Aslaksen
Wien, Akademietheater,
29. Oktober

1961

Fritz von Herzmanovsky-Orlando
ZERBINETTAS BEFREIUNG
Pantalone
Wien, Akademietheater,
13. Februar

Horst Budjuhn/Reginald Rose
DIE ZWÖLF GESCHWORENEN
Neunter Geschworener
Wien, Akademietheater,
16. März

Albert Camus
CALIGULA
Senectus
Wien, Akademietheater, 4. Juni

Georges Schehadé
DIE REISE
Pater Lamb
Wien, Akademietheater,
15. September

Jean Giraudoux
DIE IRRE VON CHAILLOT
Jadin
Wien, Akademietheater,
19. November

William Shakespeare
DER WIDERSPENSTIGEN ZÄHMUNG
Vincentio
Wien, Akademietheater,
23. Dezember

1962

William Shakespeare
KÖNIG RICHARD III.
Kanzleischreiber
Wien, Burgtheater, 8. März

Gerhart Hauptmann
DIE RATTEN
Pastor Spitta
Wien, Burgtheater, 25. Mai

Gotthold Ephraim Lessing
NATHAN DER WEISE
Patriarch
Wien, Burgtheater, 10. Mai

Johann Nestroy
DAS MÄDL AUS DER VORSTADT
Knöpfel
Wien, Theater an der Wien,
7. Juni

Gerhart Hauptmann
FLORIAN GEYER
Besenmeier
Wien, Burgtheater, 13. Oktober

Max Mell
DAS APOSTELSPIEL
Großvater
Herford, Stadttheater, 1. November (Landgraf-Tournee durch die BRD, Holland, Belgien)

1963

Friedrich Schiller
DON CARLOS
Medina Sidonia
Wien, Burgtheater,
13. Jänner (Ü)

Franz Molnár
LILIOM
Polizeikonzipist
Wien,
Theater an der Wien,
18. Februar (Ü)

Reinhard Raffalt
DER NACHFOLGER
Propaganda Fide
Wien, Burgtheater,
22. März

William Shakespeare
KÖNIG RICHARD II.
Gärtner
Wien, Burgtheater, 26. Mai

Hans Friedrich Kühnelt
STRASSE OHNE ENDE
Professor
Wien, Burgtheater, 12. Juni

Franz Grillparzer
EIN BRUDERZWIST IN HABSBURG
Rumpf
Wien, Burgtheater,
22. Dezember

1964

Luigi Pirandello
SO IST ES – IST ES SO?
Landisi
Eggenfelden, Theater an der Rott,
1. März (Landgraf-Tournee durch die BRD und Holland)

Gerhart Hauptmann
VOR SONNENUNTERGANG
Pastor
Wien, Burgtheater, 9. Juni

Hermann Bahr
DIE KINDER
Johann
Ludwigsburg, Schloßtheater,
26. September (Landgraf-Tournee durch die BRD, Luxemburg, Schweiz)

1965

Eugene O'Neill
SELTSAMES ZWISCHENSPIEL
Professor Leeds
Wien, Akademietheater,
21. Februar

Arthur Schnitzler
PROFESSOR BERNHARDI
Goldenthal
Wien, Akademietheater,
30. April

Johann Wolfgang von Goethe
URFAUST
Wagner
Wien, Burgtheater,
13. Mai

Johann Nestroy
DAS HAUS DER TEMPERAMENTE
Trüb
Wien,
Theater an der Wien,
23. Mai

Joseph Kesselring
ARSEN UND ALTE SPITZEN
Doktor Harper
Wien, Akademietheater,
18. September

Richard Strauss
ARIADNE AUF NAXOS
Haushofmeister
Wien, Staatsoper,
15. November (Ü)

Molière
DER EINGEBILDETE KRANKE
Doktor Diafoirus
Wien, Akademietheater,
15. Dezember

1966

Johann Nestroy
DER AFFE UND DER BRÄUTIGAM
Flachskopf
Wien, Akademietheater,
18. Juni

1967

Hermann Bahr
DAS KONZERT
Pollinger
Salzburg, Landestheater,
15. Jänner (Landgraf-Tournee durch Österreich, Schweiz, BRD, Belgien, Holland)

Hugo von Hofmannsthal
JEDERMANN
Armer Nachbar
Salzburg, Domplatz,
30. Juli

Eugene O'Neill
FAST EIN POET
Gadsby
Ludwigsburg, Schloßtheater,
15. September (Landgraf-Tournee durch die BRD und Holland)

Friedrich Schiller
DER PARASIT
Firmin
Wien, Burgtheater,
21. Dezember

1968

Franz Grillparzer
EIN BRUDERZWIST IN HABSBURG
Rumpf
Forchtenstein, Freilichtbühne,
31. Mai (Burgenländische Festspiele)

1970

Ödön von Horváth
GESCHICHTEN AUS DEM WIENERWALD
Zauberkönig
Düsseldorf, Schauspielhaus,
11. Jänner

1972

Rodgers & Hammerstein
KARUSSELL
Inspektor beim Himmelskarussell
Wien, Volksoper, 15. Oktober

Leonard Bernstein
WEST SIDE STORY
Doc
Wien, Volksoper, 16. Dezember

1974

Hugo von Hofmannsthal
DER SCHWIERIGE
Lukas
Wien, Theater in der Josefstadt,
28. Februar

1978

Ödön von Horváth
GLAUBE, LIEBE, HOFFNUNG
Buchhalter
Wien, Theater in der Josefstadt, 26. Jänner

Arik Brauer
SIEBEN AUF EINEN STREICH
Erzähler
Wien, Zentrum 22, 15. Juni

1980

Arthur Schnitzler
KOMÖDIE DER VERFÜHRUNG
Meyerhofer
Wien, Burgtheater, 30. Jänner

Hermann Bahr
DIE KINDER
Johann
Wien, Theater in der Josefstadt, 25. September

1981

Franz Molnár
LILIOM
Polizeikonzipist
Bregenz, Kornmarkttheater, 17. August (Bregenzer Festspiele, Gastspiel des Theaters in der Josefstadt)

1982

Egon Friedell
GOETHE
Schulrat
Wien, Theater in der Josefstadt, 21. März

Christopher Fry
DIE DAME IST NICHT FÜRS FEUER
Kaplan
Wien, Theater in der Josefstadt, 21. Mai

1983

Hugo von Hofmannsthal
DER SCHWIERIGE
Lukas
Bregenz, Festspielhaus, 15. August (Bregenzer Festspiele, Gastspiel des Theaters in der Josefstadt)

Hans Thimig: Theaterregie

(dt. = deutsche Übersetzung, B = Bühnenbild)

1928

Weekend
Lustspiel in drei Akten
von Noel Coward, dt. von Luise Maria Mayer
B: Karl Dworsky
Peppler, Hagen, Hans Thimig, Gessner, Waldau, Attila Hörbiger, Rosar
Wien, Theater in der Josefstadt, 19. September

1930

Das Konto X
Stück in drei Akten
von Rudolf Oesterreicher und Rudolf Bernauer
B: Karl Dworsky
Terwin, Wessely, Schöbinger, Strobl, Delius, Moser, Neugebauer, Medelsky, Daghofer, Rosar, Hübner
Wien, Theater in der Josefstadt, 14. Juli

1932

Mademoiselle
Komödie in drei Akten
von Jacques Deval, dt. von Franz Horch
B: Karl Dworsky
Hübner, Terwin, Horky, Rainer, Helene Thimig, Hans Thimig, Neugebauer, Brebeck, Degischer
Wien, Theater in der Josefstadt, 10. Juni

1933

Der fahrend Schüler im Paradeis
Fastnachtsspiel
von Hans Sachs
B: Sachs
Kassnar, Leddihn, Horner
Wien, Schönbrunner Schloßtheater, 26. Mai (Aufführung des Reinhardt-Seminars)

Das Apostelspiel
Versspiel in einem Akt
von Max Mell
B: Sachs
Eckener, Schulz, Söhngen, Trabauer
Wien, Schönbrunner Schloßtheater, 26. Mai (Aufführung des Reinhardt-Seminars)

1934

Der dreimal tote Peter
Komödie
von Sling
B: Wright
Nauhoff, Tauchen, Leddihn, Singer, Kerschbergen, Wehner, Skodler, Eckener, Kluge, Schreiber, Marek, Schönauer, Barten, Mattoni, Hardt, Czerny, Zeidler, Manker, Hahn
Wien, Schönbrunner Schloßtheater, 22. Februar (Aufführung des Reinhardt-Seminars)

Mädchen für alles
Lustspiel in vier Akten
von Hans Adler und Paul Frank

B: Max Frey
Olden, Berndt, Schafheitlin, Schmöle, Marenbach, Eckener, Ellinger, Streda, Starkmann
Wien, Die Komödie, 22. Dezember

1935

Grosspapa
Lustspiel in drei Akten von Rudolf Valentin Igler
Lessen, Ehmann, Glöckner, Arlau, Grieg, kl. Rohringer, Föry, Rehberger, kl. Loibner, kl. Hergesell, Gutmann, Stradner, Richard, Riedl, Berliner, Hübner, Keilholz, Seifert
Wien, Deutsches Volkstheater, 25. Februar

Liebe ist nicht so einfach
Stück in sieben Bildern von Ladislaus Fodor
B: Otto Niedermoser
Stössel, Terwin, Stradner, Paryla, Czepa, Frey, Neugebauer, Daghofer, Rainer, Hübner, Foltin, Gamberti, Rudolph, Brebeck, Mordo, Spieß, Hans Thimig, Rosar
Wien, Theater in der Josefstadt, 19. November

1936

Die Königin
Komödie in fünf Bildern von Ladislaus Fodor
B: Otto Niedermoser
Edthofer, Darvas, kl. Rohringer, Stössel, Jaray, Zedlitz, Lauterbach, Neugebauer, Frey, Teubler, Delius, Gessner, Rewalt, Kühne, Hans Thimig, Schulz, O.W. Fischer
Wien, Theater in der Josefstadt, 18. Februar

Happy (Keine Angst, sie kriegen sich)
Komödie in drei Akten von Bella und Samuel Spewack, dt. von Richard Hoffmann
B: Anton Schmid
Teubler, Grünbaum, Delius, Neugebauer, Olden, Hans Thimig, Kramer, Frey, O.W. Fischer, Daghofer, Spieß, Rudolph, Tilden, Sand, Hilde, Wurm, Tauber
Wien, Theater in der Josefstadt, 15. Mai

Fräulein Else
Schauspiel in sieben Bildern
Nach der gleichnamigen Novelle von Arthur Schnitzler dramatisiert von Ernst Lothar
B: Otto Niedermoser
Albert Bassermann, Skalla, Stradner, Else Bassermann, Frey, Brandhofer, Gessner, Brebeck, Woiwode, Stöger, Gamberti, Obonya, Hoyer
Wien, Theater in der Josefstadt, 2. Dezember

1937

Feine Gesellschaft
Lustspiel in fünf Bildern von Edouard Bourdet, dt. von Maria Gutmann
B: Ludwig Haas
Moser, Paryla, Brandt, Schulz, Streda, Niksch, Berliner, Unter-

kicher, Schiller, Böheim, Stöger, Feldmann, Spieß, Gamberti, Lang, Rosar, Eckener, Waldner
Wien, Kammerspiele des Theaters in der Josefstadt, 4. Februar

ORCHESTER
Schauspiel in elf Bildern
von Richard Reich
B: Otto Niedermoser
Albert Bassermann, Stengel, Arndt, Teubler, Berghof, Kraa, Delius, Else Bassermann, Frey, Forest, Maier, Hilde, Brebeck, Neugebauer, Rudolph, Stöger, Hoyer
Wien, Theater in der Josefstadt, 14. Februar

EIN OPTIMIST
Schwank in drei Akten
von Alexander Lernet-Holenia
B: Ludwig Haas
Valberg, Pfluger, Unterkircher, Neugebauer, Olden, Berliner, Koß, Teubler, Rudolph
Wien, Theater in der Josefstadt, 21. Juni

FREUT EUCH DES LEBENS
Lustpiel in drei Akten
von Moss Hart und George S. Kaufmann
B: Ludwig Haas
Stössel, Delius, Valetti, Werner, Frey, Danegger, Seidner, Frendt, Berliner, Paryla, Waldner, Hruby, Brebeck, Gamberti, Streda, Stürmer, Schich
Wien, Kammerspiele des Theaters in der Josefstadt, 22. Oktober

1938

DER HERR SCHLÖGL
Komödie in drei Akten
von Alexander Farago
B: Ludwig Haas
Moser, Rosar, Wichart, Witt, Horky, Frey, Pröckl, Brebeck, Gamberti, Donath, Berliner, Teubler, Selhofer, Spieß, Brenneis, Schulz
Wien, Kammerspiele des Theaters in der Josefstadt, 21. Jänner

VERTRAG UM KARAKAT
Schauspiel in drei Akten
von Fritz Peter Buch
B: Ludwig Haas
Max Paulsen, Paryla, Hübel, Brebeck, Teubler, Horky, Gamberti, Neugebauer, Frey, Xantho, Böheim, Spieß, Tamele
Wien, Theater in der Josefstadt, 13. Mai

WIENERINNEN
Lustspiel in drei Akten
von Hermann Bahr
B: Otto Niedermoser
Servaes, Krahl, Kuzmany, Böheim, Tilden, Aichinger, Edthofer, Sulzer, Kienast, Witt, Herga, Seidler, Weher, Brebeck, Wögerer, Wurm, Neugebauer, Datzig
Wien, Theater in der Josefstadt, 25. Oktober

1939

WIR ALLE HABEN SCHULDEN
Komödie in drei Akten
von Wolfgang Drews
B: Ernst Schütte

Edthofer, Servaes, Datzig, Brausewetter, Scharf, Herrmann, Klietsch, Ambesser, Zeilbusch, Zeiz, Wurm, Spalinger
Berlin, Kammerspiele,
22. Jänner

GLASTÜREN
Komödie in drei Akten
von Alexander Lernet- Holenia
B: Otto Niedermoser
Carl, Krahl, Frey, Breuer, Nikowitz, Heidt, Neugebauer, E. Markus, Hell, Ehmann, John, Kuzmany, Taucher, Teubler, Danegger, Rainer
Wien, Theater in der Josefstadt,
14. Februar

UNTREU
Komödie in drei Akten
von Roberto Bracco, dt. von Viktor de Kowa
B: Otto Niedermoser
Edthofer, Mardayn, Breuer, Brebeck, Böheim
Wien, Theater in der Josefstadt,
14. März

DIE GUTE SIEBEN
Komödie in drei Akten
von Adalbert Alexander Zinn
B: Ludwig Haas
Leitgeb, Servaes, E. Markus, Degischer, Witt, Räutz, Prack, Datzig, Winnie Markus, Wegrostek, Wurm, Brebeck, Hufnagl
Wien, Theater in der Josefstadt,
6. Juni

DER REVISOR
Komödie in fünf Akten
von Nikolaj Gogol, dt. von August Scholz
B: Otto Niedermoser
Neugebauer, Servaes, Datzig, Brebeck, Loibner, Pfaundler, Ehmann, Aichinger, Böheim, Erhardt, Karl-Heinz Schroth, Danegger, Teubler, Forest, Weithauer, Schich, Wurm, Normann, Koss, Obonya, Gamberti
Wien, Theater in der Josefstadt,
15. September

DER TRUTZIGE
Komödie mit Gesang in drei Akten
von Ludwig Anzengruber,
Musik von Karl Millöcker
B: Otto Niedermoser
Loibner, Koss, Kienast, Erhardt, Wessely, Böheim, Frey, Wurm, Hillinger, Forest, Brebeck, Gamberti, Reindl, Normann, Steinboeck, Aichinger, Weithauer, Witt, Geissler, Kuzmany, Datzig, Servi
Wien, Theater in der Josefstadt,
10. Oktober

1940

DR. MED. HIOB PRÄTORIUS
Komödie in sechs Bildern
von Curt Goetz
B: Otto Niedermoser
Attila Hörbiger, Neugebauer, Kriz, Pranger, Ehmann, Datzig, Erlandsen, Forest, Prack, Kuzmany, Wurm, Mardayn, Breuer, Teubler, Servi, Weithauer, Gamberti, Normann
Wien, Theater in der Josefstadt,
29. Jänner

DAME KOBOLD
Lustspiel in drei Akten
von Pedro Calderón de la Barca,

dt. von Adolf Wilbrandt
B: Otto Niedermoser
Breuer, Dimroth, Tilden, Degischer, Servi, Padlesak, Böheim, Teubler, Kuzmany
Wien, Theater in der Josefstadt, 27. Februar

DER MEISTER
Komödie in drei Akten
von Hermann Bahr
B: Otto Niedermoser
Edthofer, Mardayn, Neugebauer, Frey, Böheim, Holt, Degischer, Ehmann, Loibner, Aichinger, Teubler
Wien, Theater in der Josefstadt, 17. September

DIE DREI SCHWESTERN
Drama in vier Akten
von Anton Tschechow, dt. von Heinrich Stümcke
B: Otto Niedermoser
Holt, Degischer, Wessely, E. Markus, Ehmann, Edthofer, Steinboeck, Frey, Neugebauer, Moeller, Aichinger, Forest, Wurm
Wien, Theater in der Josefstadt, 29. Oktober

DES MEERES UND DER LIEBE WELLEN
Trauerspiel in fünf Aufzügen
von Franz Grillparzer
B: Otto Niedermoser
Wessely, Teubler, Hubschmid, Holt, Datzig, Moeller, Traeger
Wien, Theater in der Josefstadt, 26. November

1941

WAS IHR WOLLT
Komödie in fünf Akten
von William Shakespeare
B: Liselotte Maschek
Janatsch, Sudra, Wewerka, Papp, Aberle, Freitag, Hoffer, Reinhardt, Deleglise, Hecker, Kern, Cleve, Gabler, Prugg
Wien, Schönbrunner Schloßtheater, 28. April (Aufführung des Reinhardt-Seminars)

1942

PYGMALION
Komödie in fünf Akten
von George Bernard Shaw
B: Otto Niedermoser
Richard, Edthofer, Erhardt, Wessely, Servi, Moeller, Neugebauer, Hell, Servaes, Aichinger, Nikowitz
Wien, Theater in der Josefstadt, 6. Februar

HOKUSPOKUS
Komödie in drei Akten
von Curt Goetz
B: Otto Niedermoser
Neugebauer, Jaray, Schroth, Koß, Ehmann, Tilden, Stiegler, Gamberti, Winkler, Teubler, Frey
Wien, Theater in der Josefstadt, 8. Mai

1945

NINA
Komödie in drei Akten
von Bruno Frank, bearbeitet von Hans Thimig

B: Alfred Kunz
Blühm, Mardayn, Schmiedel, Konradi, Wegrostek, Pohl, Frank, Böhmer
Wien, Volkstheater, 26. Oktober

Lady Windermeres Fächer
Komödie in vier Akten
von Oscar Wilde
B: Otto Niedermoser
Frank, Blühm, Jordan, Grieg, Schmiedel, Radvany, Smytt, Brunner, Schönauer, Neff, Konradi, Engelhart, Gerzner, Lauterböck, Baumann, Konrad, Mardayn
Wien, Volkstheater, 23. Dezember

1946

Die kleine Stadt
Schauspiel in drei Akten
von Thornton Wilder, dt. von Wilfried Scheitlin
Neugebauer, Servaes, Ziegler, Böhm, Harlovanic, Danegger, Buschbeck, E. Jarno, Scholz, Schmid, Waldbrunn, Kyser, Strobl, Hell, Guilka, Brandt, Aichinger, Witt, Wurzel, Normann
Wien, Theater in der Josefstadt, 15. Februar

Weh' dem, der lügt!
Lustspiel in fünf Akten
von Franz Grillparzer
B: Gustav Manker
Frank, Bosse, Putz, Richter, Gerzner, Grieg, Smytt, Wegrostek, Kalwoda, Radvany, Kurth, Popovic, Gertel, Weimann
Wien, Volkstheater, 17. April

Die kleine Stadt
Schauspiel in drei Akten
von Thornton Wilder, dt. von Wilfried Scheitlin
Suessenguth, Riess, Kinz, Aberle, Hauser, Neuner, Floderer, Schmid, Schücker, Bach, Matthes, Pom, Pretsch, Ranz, Rehkopf, Rosshard, Rüden, Buchstab, Gasperl, Blanck
Innsbruck, Landestheater, 16. Mai

Im weissen Rössl
Lustpiel mit Musik in drei Akten
nach Oskar Blumenthal und Gustav Kadelburg von Hans Müller, Musik von Ralph Benatzky
B: Gustav Manker
Mardayn, Schmiedel, Huttig, Bei, Jalger, Smytt, Blühm, Bosse, Kalwoda, Konradi, Wengraf, Kurth, Willner, Herbert, Wegrostek, Lafka, Müller-Guttenbrunn, Gerbel, Alfred Böhm, Brunner, Peters, Friedl, Weimann, Langer
Wien, Volkstheater, 28. Juni

Meine Nichte Susanne
Burleske mit Musik in drei Bildern
von Hans Adler, Musik von Alexander Steinbrecher
B: Erni Kniepert
Mardayn, Breuer, Putz, Grieg, Bosse, Willner, Smytt, Konradi, Gerzner, Marbo, Radvany
Wien, Volkstheater, 23. Dezember

Zwischenspiel
Komödie in drei Akten
von Arthur Schnitzler

Stöhr, Mardayn, Schmiedel, Konradi, Klipstein, List, Bei, Grieg
Wien, Volkstheater, 10. Oktober

1947

NATHALIE (EIN MONAT AUF DEM LANDE)
Komödie in fünf Akten
von Ivan Turgenjew, dt. von Iwan Smith
Schmiedel, Helene Thimig, Truxa, Peter, Hartmann, Lauterböck, Willner, Frank, Putz, Haenel, Grieg, Fuchs, Bei
Wien, Volkstheater, 14. Mai

MADAME SANS-GÊNE
Komödie mit Musik in drei Akten
von Victorien Sardou, bearbeitet von Hans Weigel, Musik von Bernhard Grün
B: Gustav Manker
Mardayn, Blühm, Grieg, Konradi, Peter, Konrad, Heinz, Wegrostek, Truxa, Brunner, Stöhr, Overhoff, Havel, Putz
Wien, Volkstheater, 19. Dezember

1948

DER HERR HOFRAT (DER KRAMPUS)
Lustspiel in drei Akten
von Hermann Bahr
B: W. Bahner
Lessen, Gschmeidler, Bachmann, Waldner, Strahl, Zeller, Preyer, Meister, Müller, Krichsteiner, Gaugl, Schwarzbach, Kunz
Wien, Renaissancetheater, 28. Oktober

EIN MÄDCHEN TRÄUMT
von Elmer Rice, dt. von Herbert Mühlbauer
B: Gustav Manker
Maria Schell, Halovanic, Fischer-Marich, Skodler, Ziha, Gerhardt, Fochler
Wien, Wiener Kammerspiele, 9. November

IST GERALDINE EIN ENGEL?
Lustspiel in drei Akten
von Hans Jaray
Fochler, Zilcher, Tessen, Hubert, Karlweis, Maier, Schurli
Wien, Renaissancetheater, 22. Dezember

1949

EIN UNMÖGLICHER MENSCH
Lustspiel mit Musik in drei Akten
von Oskar Chloupek, Musik von Robert Bicher
B: Sully Corth
Haagen, Skodler, Kartousch, Fischer-Marich, Gerhardt
Wien, Wiener Kammerspiele, 3. Jänner

DER KÖNIG MIT DEM REGENSCHIRM
Operette in drei Akten
von Ralph Benatzky
B: Herta Hareiter
Fabricius, Karlweis, Haas, Bachmann, Ohlsen, Pokorny, Schurli, Riedl, Bülwatsch, Schwetter, Speiser, Strahl, Rudolph, Meister, Brückelmeier, Suchanek
Wien, Renaissancetheater, 8. Februar

Mein Freund Harvey
Komödie in fünf Bildern
von Mary Chase, dt. von Alfred Polgar
B: Max Meinecke
Karlweis, Gessner, Peyrer, Strakmann, Hans Thimig, Minersky, Schiel, Zilcher, Popp, Zeller, Krichsteiner
Wien, Die Insel,
22. März

Lotterie
Volksstück in drei Akten
von Otto Bielen
B: Erika Schepelmann-Rieder
Rosar, Wessely, Hufnagl, Ehmann, Halovanic, Schurli, Speiser, Tesas, Brückelmeier, Varda, Strnad
Wien, Renaissancetheater,
22. April

Cyprienne
Lustspiel in drei Akten
von Victorien Sardou und Emile de Najac, bearbeitet von Heinz Hilpert
B: Max Meinecke
Jürgens, Gold, Meinrad, Trojan, Kramer, Dux, Ott, Schmidt, kl. Böhm, Dolezal, Neugebauer, Altringen
Wien, Akademietheater,
17. Dezember

Was ihr wollt
Komödie in fünf Akten
von William Shakespeare
B: Gottfried Neumann-Spallart
Versten, Jessernigg, Loskot, Wilhelm, Lipp, Seelig, Langer, Jagersberger, Kragora, Menzel, Oberkogler, Ander
Stockerau, Theater der Schulen, Länderbühnen-Tournee,
1. Oktober

1950

Kabale und Liebe
Bürgerliches Trauerspiel in fünf Aufzügen
von Friedrich Schiller
B: E. Luhde
Gschnig, Neiser, Langer, Oberkogler, Sobotka, Loskot, Menzel, Ander, Weninger, Jessernigg
Frauenfeld, Schweiz, (Theater der Schulen, Länderbühnen-Tournee), 2. Mai

Schwarze Seide
Stück in drei Akten
von Lesley Strom, dt. von Joseph Glücksmann
B: Fritz Judtmann
Bettac, Helene Thimig, Janatsch, Mikulicz, Degenschild, Deutsch, Mell
Wien, Akademietheater,
15. September

1951

Der Raub der Sabinerinnen
Schwank in vier Akten
von Franz und Paul von Schönthan
B: Herta Hareiter
Neugebauer, Balser-Eberle, Matz, Eybner, Schmidt, Buschbeck, Tressler, Wolf, Meisel, Huttig
Wien, Burgtheater im Ronacher, 18. April

1953

Septemberflut
Stück in drei Akten
von Daphne du Maurier, dt. von Oscar Walleck
B: Fritz Judtmann
Servaes, Düringer, Jürgens, Buschbeck, Braun, Jansen
Wien, Akademietheater, 23. Jänner

1956

Mamselle Nitouche
Singspiel in fünf Akten
von Henri Meilhac und Albert Millaud, Musik von Florimond Hervé/Alexander Steinbrecher; dt. von Hans Weigel
B: Otto Niedermoser
Konradi, Wagener, Lindner, Skodler, Rueprecht, Braun, Schauer, Hubert, Böheim, Fassler, Karoly, Pfeiler, Gottschlich, Prokopp
Wien, Akademietheater, 7. Februar

Donna Diana
Lustspiel in fünf Bildern
von Augustin Moréto y Cavana, dt. von Joseph Schreyvogel
B: Erni Kniepert
Neugebauer, Almassy, Degenschild, Wilke, Rueprecht, Janisch, Lindner, Wolf
Wien, Akademietheater, 10. November

1957

Junger Herr für Jenny
Komödie in vier Akten
von William Douglas Home, dt. von Martin Dongen
B: Gottfried Neumann-Spallart
Bettac, Nicoletti, Verhoeven, Neusser, Korrontay, Gerstenberg, Jary, Barth
Wien, Akademietheater, 30. April

Die chinesiche Witwe
Komödie in vier Akten
von Hans Hömberg
B: Gottfried Neumann-Spallart
Moog, Mikulicz, Hauff, Servaes, Lindner, Pfeiler
Bregenz, Kornmarkttheater, 19. Juli (Bregenzer Festspiele, Gastspiel des Burgtheaters)

1960

Der Arzt wider Willen
Komödie in drei Akten
von Molière, dt. von Arthur Luther
B: Stefan Hlawa
Obonya, Christiane Hörbiger, Anders, Meinrad, Konradi, Maierhofer, Böheim, Braun, Wolf
Wien, Akademietheater, 12. April

1961

Unsere kleine Stadt
Schauspiel in drei Akten
von Thornton Wilder, dt. von Hans Sahl
Schossmann, Schenkel, Tardi,

Rupp, Hetzer, Dehmel, Placer, Friedl, Helmer, Jäger, Schmid, Wiegel, Stöckl, Waldegg, Egg, Franchy
Wien, Schönbrunner Schloßtheater, 17. Jänner (Aufführung des Reinhardt-Seminars)

Ein Ausgangstag
Schauspiel in zwei Akten
von Otto L. Fischer, dt. von E. Erlandsen
B: Walter Gerhardt
Hebenstreit, Lukan, Lepin, Pachler, Helene Thimig, Berliner, Grohmann, Kohr, Hannerl Thimig, Taghoff
Bundesrepublik Deutschland, 28. September (Ander und Landgraf-Tournee)

1962

Die gefesselte Phantasie
Zauberspiel in sieben Bildern
von Ferdinand Raimund
B: Oskar Kokoschka
Wilke, Matz, Gottschlich, Sutter, Obonya, Krastl, Schweiger, Fabricius, Wolf, Waldegg, Janatsch, Gegenbauer, Gasser, Hermann Thimig, Eybner, Braun, Schiele, Wichart, Stumvoll, Bary
Wien, Burgtheater, 17. April

Das Apostelspiel
Versspiel in einem Akt
von Max Mell
B: Gaby Niedermoser
Hans Thimig, Christiane Hörbiger, Reyer, Obonya
Herford, Stadttheater, 1. November (Landgraf-Tournee)

1963

Die beiden Damen Bordereaux
Stück in fünf Bildern
von Michael Redgrave, dt. von Heinz v. Carvin
B: Herta Hareiter
Dietl, Schult, Fernbach, Helene Thimig, Degischer, Ripper
Wien, Theater in der Josefstadt, 13. November

1964

Die Kinder
Komödie in drei Akten
von Hermann Bahr, bearbeitet von Hans Thimig
B: Gaby Niedermoser
Attila Hörbiger, Christiane Hörbiger, Albach-Retty, Anders, Janisch, Hans Thimig
Ludwigsburg, Schloßtheater, 24. September (Landgraf-Tournee)

1965

Die gelehrten Frauen
Komödie in fünf Akten
von Molière, dt. von Ludwig Fulda
T. Schenk, Mantscheff, Marquardt, Walzel, Truppe, Lasch, Kraft, Futterknecht, Thiel, Zankl, Brenner, G. Almassy
Wien, Schönbrunner Schloßtheater, 30. März (Aufführung des Reinhardt-Seminars)

1966

Der Unschuldige
Komödie in drei Akten
von Fritz Hochwälder
B: Gaby Niedermoser
Attila Hörbiger, Posselt, Mertinz, Inger, Cremer, Obonya, Janatsch, Gottschlich, Mittner
Eggenfelden, Theater an der Rott, 15. September (Landgraf-Tournee)

1967

Das Konzert
Lustspiel in drei Akten
von Hermann Bahr
B: Gaby Niedermoser
Holt, Degischer, Anders, Lukan, Hans Thimig, Heidi Thimig, Henriette Thimig, Kersten
Salzburg, Landestheater,
15. Jänner (Landgraf-Tournee)

1968

Nathan der Weise
Dramat. Gedicht in fünf Aufzügen
von Gotthold Ephraim Lessing
B: Rudolf Schneider-Manns-Au
Wolf, Heidi Thimig, Attila Hörbiger, Maresa Hörbiger, Schikel, Stendar, Schwarz, Friese, Nitsch
Bad Aibling, Kurtheater,
14. September (Landgraf-Tournee)

1969

Ehekarussell
Komödie in zwei Teilen
von Leslie Stevens, dt. von Edith Riemann-Bohne
B: Gaby Niedermoser
Holt, Andergast, Rath, Bauer
Eggenfelden, Theater an der Rott,
1. März (Landgraf-Tournee)

1970

Geliebter Antoine oder Verfehlte Liebe
Spiel in vier Aufzügen
von Jean Anouilh, dt. von Franz Geiger
B: Maxi Tschunko
Holt, Degischer, Bosse, Medwed, Eisenberger, Helene Thimig, Wieland, Brockmann, Rösner, Horeschowsky, Futterknecht, Jesserer, Andergast
Wien, Theater in der Josefstadt,
19. März

Hans Thimig: Rundfunkregie

Das Apostelspiel
Versspiel in einem Akt
von Max Mell
Pfaudler, Grieg, Wessely, Attila Hörbiger, Janatsch
Wien, RAVAG

Die Abgeschiedenen
Hörspiel
von Werner Riemerschmid
Meister, Skoda, Schweiger, Heim, Balser
Wien, RAVAG

Kein Wasser für Michèle
Hörspiel
von Harald Zusanek
Wessely, Eybner, Liewehr, Janatsch, Woegerer, Düringer, Messner, Peter, Buschbeck, Jagersberger, Ledl, Servaes, Witzmann, Habermann, Gegenbauer, Dallansky, Böhm, Wist, Zimmer
Wien, RAVAG

Literatur
Lustspiel von Arthur Schnitzler
Aus dem Einakterzyklus *Lebendige Stunden*
Seidler, Jordan, A. Rudolph, Krastl
Wien, RAVAG

Der Alpenkönig und der Menschenfeind
Romantisches Märchen in zwei Akten von Ferdinand Raimund
Attila Hörbiger, Riedl, Kerry, Hermann Thimig, Bukovics, Peter, Eybner, Auer, Servi, Pfaudler, Brebeck, Ledl, Braun, Glöckner, Örtl, Lauterböck, Schwarz, Valduga
Wien, RAVAG. Sendung am 4. Februar 1953

Viel Lärm um nichts
Komödie in fünf Akten
von William Shakespeare
Volters, Frey, Janatsch, Wieland, Neugebauer, Bachmann, Jaggberg, Grieg, Hermann Thimig, Gottschlich, Pröll, Zeska, Berghöfer, Kramer, Wolf, Peter, Kerry
Wien, RAVAG. Sendung am 13. März 1953

So war Mama
Lustspiel in drei Akten
von John van Druten, dt. von Carl Zuckmayer
Nicoletti, Helene Thimig, Bettac, Peter, Wolf, Höbling, Mayen, Balser-Eberle, Woegerer, Jansen, Pranger, Janatsch, Koschuth, Servaes
Wien, RAVAG. Sendung am 17. April 1953

Coelestina
Stück in drei Aufzügen
von Rudolf Binding, bearbeitet von Willy Grub
Gerzner, Willner, Pröckl, Peter, Servi, Braun, Servaes, Berghöfer, Gottschlich, Glöckner, Volters, Seidler, Messner, Dressler, Janatsch, Reichert
Wien, RAVAG. Sendung am 6. Dezember 1953

DAS FREMDE HAUS
von Martina Wied
Smytt, Fochler, Degischer, Meister, Gerhardt, Grieg, Servi, Skodler, Willner, Knüpfer, Servaes, Braun, Hendrichs, Dressler, Brandstetter, Koschuth
Wien, Österreichischer Rundfunk. Sendung am 12. Mai 1954

DER BÖSE GEIST LUMPAZIVAGABUNDES ODER DAS LIEDERLICHE KLEEBLATT
Zauberposse mit Gesang in drei Akten
von Johann Nestroy
Höbling, Balser-Eberle, Gregor, Degischer, Richter, Mittner, Willner, Wieland, Janatsch, Hermann Thimig, Wegrostek, Prokop, Örtl, Schwanda, Kerry, Schwarz
Wien, Österreichischer Rundfunk. Sendung am 31. Dezember 1954

Hans Thimig: Filmregie

1940

So gefällst du mir

Wien-Film Nr. 117, Bavariaverleih, hergest. von der Styria-Film Ges. m. b. H.

Buch: Rudo Ritter, Josef Fr. Perkonig, Fritz Koselka, Hans Thimig

Regieassistenz und Schnitt: Rudolf Schaad

Kamera: Georg Bruckbauer, Anton Prucker, Rudolf Kainz

Bauten: Hans Ledersteiger, Ernst Richter

Kostüme: Ella Bei, Herta Broneder

Musik: Anton Profes

Ballettmeister: Fritz Böttger

Ton: Emil von Versbach

Premiere: Berlin; Atrium, Tauentzien-Palast, U.T.-Friedrichstraße
28. Februar 1941
Wien; Schwedenkino, Opernkino
17. März 1941

Darsteller: Gusti Huber, Wolf Albach-Retty, Jane Tilden, Alfred Neugebauer, Oskar Sima, Franz Böheim, Josef Eichheim, Georg Vogelsang, Tibor von Halmay, Fritz Böttger, Karl Bachmann, Wilhelm Hufnagel, Robert Horky, Gisa Wurm, Hermann Erhardt, Viktor Braun, Helly Servi, Ilse Hanel, Elisabeth Markus, Otto Wegrostek, Herbert Aichinger, Max Brebeck, Maria Becker, Fritz Diestl, Fritzi Eckner, Edeltraut Eidam, Fritz Gamberti, Otto Glaser, Marie von Hösslin, Ernst Lipensky, Jenny Liese, Albert Paschmann, Walter Winkler

1941

Brüderlein fein

Wien-Film Nr. 122, Bavariaverleih, Herstellungsgruppe Erich von Neusser

Buch: Otto Emmerich Groh und Hans Thimig nach dem Roman *Da leg' ich meinen Hobel hin* von Eduard Paul Danzsky

Regieassistenz: Hermann Schöming, Willy Hecker

Kamera: Hans Schneeberger

Bauten: Julius von Borsody, Karl Hacker

Kostüme: Erni Kniepert

Musik: Alexander Steinbrecher, Willy Schmidt-Gentner

Ballettmeister: Hedy Pfundmayr

Schnitt: Henriette Brünsch

Ton: Ing. Herbert Janeczka

Premiere: Wien; Scala, Buschkino
29. Jänner 1942
Berlin; Gloria-Palast, Titania-Lichtspiele
13. Februar 1942
Darsteller: Hans Holt, Hermann Thimig, Marte Harell, Ferdinand Mayerhofer, Winnie Markus, Karl Skraup, Wilhelm Heim, Jane Tilden, Paul Hörbiger, Fred Liewehr, Hans Hotter, Franz Böheim, Egon von Jordan, Erik Frey, Max Brebeck, Polly Koss, Gisa Wurm, Karl Ehmann, Erich Dörner, Robert Horky, Georg Lorenz, August Keilholz, Lilian Onkovicz, Jenny Liese, Hermann Erhardt, Josef Stiegler, Josef Bergauer, Pepi Glöckner-Kramer, Otto Storm, Herbert Aichinger, Karl Bachmann, Karl Matuna, Hans Frank, Alfred Neugebauer, Ludwig Hillinger, Emilie Gieran, Marianne Barth, Erich Nikowitz

1942

DIE KLUGE MARIANNE
Wien-Film Nr. 133
Buch: Hugo Maria Kritz und Hans Thimig nach dem Lustspiel *Gefällt euch meine Frau?* von Guglielmo Zorzi
Regieassistenz: Ladislaus von Ronay
Kamera: Hans Schneeberger
Bauten: Werner Schlichting
Kostüme: Hill Reihs-Gromes, Albert Bei
Musik: Anton Profes
Schnitt: Henriette Brünsch
Ton: Ing. Herbert Janeczka
Premiere: Wien; Scala
10. Juni 1943
Berlin; Marmorhaus
14. September 1943
Darsteller: Paula Wessely, Hermann Thimig, Alfred Neugebauer, Richard Eybner, Jane Tilden, Will Dohm, Attila Hörbiger, Hans Holt, Axel von Ambesser, Theodor Danegger, Dagny Servaes, Karl Skraup, Felix von Dombrowsky, Kurt Oberland, Helly Servi, Ursula Skraup, Polly Koss, Paul Lorenzi, Karl Bachmann, Susi Witt, August Keilholz, Margarete Wilt, Jonny Angerer, Inge Konradi, Max Brebeck, Herbert Aichinger, Hubert Alda

1943

DIE GOLDENE FESSEL
Wien-Film Nr. 141, Deutsche Filmvertriebsges. m. b. H., Herstellungsgruppe Erich von Neusser

Buch: Franz Gribitz nach der Posse *Der Zerrissene* von Johann Nestroy
Regieassistenz: Karl Zoritschan, Josef B. Tanko
Kamera: Hans Schneeberger
Bauten: Alfred Kunz, Fritz Jüptner
Kostüme: Ilse Richter, Herta Broneder
Musik: Karl von Pauspartl
Ballettmeister: Hedy Pfundmayr
Schnitt: Armfried Heyne, Lore Stapenhorst
Ton: Willi Radde
Premiere: Wien; Ufa-Palast
2. Mai 1944
Berlin; Bildlichtspiele Potsdamerstraße
12. Juni 1944
Darsteller: Hans Holt, Erik Frey, Wilhelm Heim, Franz Böheim, Friedl Czepa, Attila Hörbiger, Hermann Thimig, Thea Weis, Helly Servi, Walter Janssen, Herbert Aichinger, Friedl Hofmann, Herma Rainer, Lotte Markus, Susi Witt, Oskar Wegrostek, Viktor Braun, Eduard Spieß, Alfred Sohn, Ursula Skraup, Max Brebeck, Ferry Wondra, Ludwig Zwickel, Karl Kalwoda, Fritz Gamberti, Heinz Grohmann, Josef Egger, Karl Ehmann

1944

Umwege zu dir
Wien-Film, Sascha-Verleih
Buch: Stefan Kamare und Hans Thimig nach einer Idee von Georg Zech
Regieassistenz: Viktor Becker
Kamera: Jaroslav Tuzar, Bruno Fohn, Jan Holpuch, R. Stahl
Bauten: Julius von Borsody, Vladimir Petrasek, Sinowatka
Kostüme: Hill Reihs-Gromes, Helga Tramberger
Musik: Anton Profes, Willy Schmidt- Gentner
Ton: Josef Zora
Premiere: Wien; Maria Theresien-, Flieger-, Löwen-, Wollzeile-Kino
7. November 1947
Darsteller: Marte Harell, Christl Mardayn, Richard Romanowsky, Rolf Wanka, Dagny Servaes, Susi Nicoletti, Hans Schenck, Auguste Pünkösdy, Erik Frey, Lotte Lang, Rolf Truxa, Ursula Ludwig, Rudolf Stadler, Viktor Janson, Alfred Neugebauer, Karl Neumayer, Ernie Kreutzer, Ilse Hanel, Egon Vogel, Emil Reisner, Hansi Knotek, Gretl Elb, Susi Peter

Wie ein Dieb in der Nacht
Wien-Film Nr. 151, Sascha-Verleih, Herstellungsgruppe Karl Künzel
Buch: Fritz Koselka, Lilian Belmont, Hugo Maria Kritz nach dem Bühnenstück *Das Mädchen im Schaufenster* von Fritz Gottwald
Regieassistenz: Hubert Leidenfrost, Josef Staetter
Kamera: Karl Kurzmayer, Jaroslav Tuzar, Bob Christbyn, Christian von Enk
Bauten: Otto Niedermoser, Josef Rothauer
Kostüme: Albert Bei
Musik: Willy Schmidt-Gentner
Schnitt: Henriette Brünsch
Ton: Willi Radde, Franz Aigner
Premiere: Wien; Wienzeile-, Flieger-, Löwen-Kino
23. September 1949
Darsteller: Richard Eybner, Gusti Huber, Wolf Albach-Retty, Anton Edthofer, Hermann Thimig, Christl Mardayn, Hans Olden, Lotte Lang, Georg Lorenz, Bruno Hübner, Alfred Neugebauer, Fritz Imhoff, Theo Prokop, Viktor Braun, Karl Günther, Clara Holl, Waltraut Klein, Gerda Windisch, Ernst Pröckl, Ingeborg Ecker, Mimi Stelzer, Max Brebeck, Karl Kalwoda, Otto Storm, Pepi Glöckner-Kramer, Richard Romanowsky

1947

Gottes Engel sind überall
Unitas-Film Nr. 1, Sascha-Verleih, Gesamtleitung Anton Profes
Buch: Kurt Heuser, Peter Francke nach dem Roman *Anderthalb Weidinger*
Regieassistenz: Alfred Sohen
Kamera: Hans Schneeberger
Bauten: Werner Schichting, Isi Ploberger
Musik: Anton Profes
Schnitt: Henriette Brünsch
Ton: Untersalmberger, Franz Aigner
Premiere: Wien; Apollo-Kino
22. März 1948
Darsteller: Attila Hörbiger, Heiki Eis, Susi Nicoletti, Lotte Lang, Helene Thimig, Maria Eis, Gisa Wurm, Dorothea Neff, Helly Servi, Ilse Hanel, Petra Trautmann, Paul Hubschmid, Alfred Neugebauer, Hermann Erhardt, Erik Frey, Richard Marcell, Hans Marr, Otto Schmöle, Erich Ziegel, Hans Putz, Franz Böheim, Karl Kalwoda, Camillo Koschuth, Alfred Sohn, Julius Lindner, Friedl Hofmann, Benno Smytt, Lina Frank

1948

Maresi

Unitas Film Nr. 2, Sascha-Verleih, Gesamtleitung Anton Profes
Buch: Kurt Heuser und Peter Francke nach der Novelle *Maresi* von Alexander Lernet-Holenia
Regieassistenz: Alfred Sohn
Kamera: Oskar Schnirch
Bauten: Julius von Borsody, W. Richter
Musik: Anton Profes
Ballettmeister: Hanna Kammer
Schnitt: Henriette Brünsch
Ton: Erwin Genewein
Premiere: Wien; Haydn-Kino 5. November 1948
Darsteller: Attila Hörbiger, Helene Croy, Franz Pfaudler, Maria Olczewska, Maria Schell, Siegfried Breuer, Alfred Neugebauer, Anton Pointner, Hans Feßler, Josef Albin, Camillo Koschuth, Max Schipper, Gretel Müller-Morelli, Hugo Lindinger, Eduard Loibner, Franz Muxeneder, Paul Horn, H. Fillippi, H. Pallonci, Major von Gasteiger, F. Bischof, Hans Tressler

1951

Frühlingsstimmen

Dillenz-Film Nr. 1, Union-Verleih, Gesamtleitung Prof. Dillenz
Buch: Dr. Josef Kobliha und Dr. Max Mell
Regieassistenz: Ladislaus von Ronay
Kamera: Herbert Thallmayer, Walter Tuch
Bauten: Felix Smetana, Heinz Ockermüller
Kostüme: Elfi Cerny
Musik: Alfred Uhl
Ballettmeister: Rudi Fränzl
Schnitt: Henriette Brünsch
Ton: Kemmeter, Untersalmberger, Franz Aigner
Premiere: Wien; Forum-Kino 22. Februar 1952
Darsteller: Paul Hörbiger, Hans Jaray, Josef Kepplinger, Alma Seidler, Senta Wengraf, Fritz Friedl, Susi Nicoletti, Franz Marischka, Christl Mardayn, Adrienne Gessner, Hanni Schall, Ilka Windisch, Helma von Pach, Viktor Braun, Wilhelm Heim, Otto Kerry, Mimi Schwarz, Helene Lauterböck, Wiener Sängerknaben

Personenregister